全国交通土建高职高专规划教材

Gaodengji Gonglu Weihu Jishu

高等级公路维护技术

周世红　主编
徐培华[长安大学]　主审

人民交通出版社

内 容 提 要

本书为交通土建高职高专规划教材。全书共十章,内容包括:绪论,高等级公路路基的维护,高等级公路沥青路面的维护,高等级公路水泥混凝土路面的维护,高等级公路桥梁、涵洞的维护,高等级公路隧道的维护,高等级公路的防洪、防冰、防雪、防沙与防雾,高等级公路沿线设施的维护,高等级公路绿化,高等级公路日常养护。

本书是高职高专院校高等级公路维护与管理专业教材,也可供相关专业教学使用,或作为职业培训教材。

图书在版编目(CIP)数据

高等级公路维护技术/周世红主编. —北京:人民交通出版社,2007.5
ISBN 978-7-114-06433-3

Ⅰ.高… Ⅱ.周… Ⅲ.公路养护-高等学校:技术学校-教材 Ⅳ.U418

中国版本图书馆 CIP 数据核字(2007)第 026688 号

书　　名:全国交通土建高职高专规划教材
　　　　　高等级公路维护技术
著 作 者:周世红
责任编辑:卢仲贤
出版发行:人民交通出版社
地　　址:(100011)北京市朝阳区安定门外外馆斜街 3 号
网　　址:http://www.ccpress.com.cn
销售电话:(010)85285656,85285838,85285995
总 经 销:北京中交盛世书刊有限公司
经　　销:各地新华书店
印　　刷:北京凯通印刷厂
开　　本:787×1092　1/16
印　　张:11.75
字　　数:289 千
版　　次:2007 年 5 月　第 1 版
印　　次:2007 年 5 月　第 1 次印刷
印　　数:0001—3000 册
书　　号:ISBN 978-7-114-06433-3
定　　价:21.00 元

21世纪交通版

全国交通土建高职高专规划教材编审委员会

总　序

针对高职高专教材建设与发展问题，教育部在《关于加强高职高专教材建设的若干意见》中明确指出：先用2至3年时间，解决好高职高专教材的有无问题。再用2至3年时间，推出一批特色鲜明的高质量的高职高专教育教材，形成**一纲多本、优化配套**的高职高专教育教材体系。

2001年7月，由人民交通出版社发起组织，15所交通高职院校的路桥系主任和骨干教师相聚昆明，研讨交通土建高职高专教材的建设规划，提出了28种高职高专教材的编写与出版计划。后在交通部科教司路桥工程学科委员会的具体指导下，在人民交通出版社精心安排、精心组织下，于2002年7月前完成了28种路桥专业高职高专教材出版工作。

这套教材的出版发行首先解决了交通高职教育教材的有无问题，有力支持了路桥专业高职教育的顺利发展，也受到了全国各高职院校的普遍欢迎。

随着高职教育教学改革的深入发展、高职教学经验的丰富与积累，以及本行业有关技术标准规范的更新，本套教材在使用了2至3轮的基础上，对教材适时进行修订是十分必要的，时机也是成熟的。

2004年8月，人民交通出版社在新疆乌鲁木齐召开了有19所交通高职院校领导、系主任、骨干教师共41人参加的教材修订研讨会。会议商定了本套教材修订的基本原则、方法和具体要求。会议决定本套教材更名为"交通土建高职高专统编教材"，并成立了以吉林交通职业技术学院张洪滨为主任委员的"交通土建高职高专统编教材编审委员会"，全面负责本套教材的修订与后续补充教材的建设工作。

2005年6月，编委会在长春召开了同属交通土建大类、与路桥专业链接紧密的"工程监理专业、工程造价专业、高等级公路维护与管理专业"主干课程教材研讨会，正式规划和启动了这三个专业教材的编写出版工作。

2005年12月，教育部高等教育司发布了"关于申报普通高等教育'十一五'国家级规划教材"选题的通知（教高司函[2005]195号），人民交通出版社积极推荐本套教材参加了"十一五"国家级规划教材选题的评选。

2006年6月，经教育部组织专家评选、网上公示，本套教材中有十五种入选为"十一五"国家级规划教材，标志着广大参与本套教材编写的教师的辛勤劳动得到了社会的认可、本套教材的编写质量得到了社会的认同。

在本套教材多数入选"十一五"国家级规划教材的结果的鼓舞和推动下，2006年7月，交通土建高职高专统编教材编审委员会及时在银川召开会议，有24所各省区交通高职院校或开办有交通土建类专业的高等学校系部主任、专业带头人、骨干教师以及人民交通出版社领导共39位代表出席了本次会议。会议就全面落实教育部"十一五"国家级规划教材的编写工作进行了研讨。与会代表一致认为必须以入选的十五种国家级规划教材为基本标准，进一步全面提升本套教材的编写质量，编审委员会将严格按照国家级规划教材的要求审稿把关，并决定本套教材更名为**"全国交通土建高职高专规划教材"**，原编委会相应更名为**"全国交通土建高职高专规划教材编审委员会"**。以期在全国绝大多数交通高职院校和开办有交通土建类专业的高等院校的参与、统筹、规划下，本套教材中有更多的进入“十一五”国家级规划教材行列。

本套高职高专规划教材具有以下特色：

——顺应交通高职院校人才培养模式和教学内容体系改革的要求，按照专业培养目标，进一步加强教材内容的针对性和实用性，适应学制转变，合理精简和完善内容，调整教材体系，贴近模块式教学的要求；

——实施开放式的教材编审模式，聘请高等院校知名教授和生产一线专家直接介入教材的编审工作，更加有利于对教材基本理论的严格把关，有利于反映科研生产一线的最新技术，也使得技能培训与实际密切结合；

——全面反映2003年以来的公路工程行业已颁布实施的新标准规范；

——服务于师生、服务于教学，重点突出，逐章均配有思考题或习题，并给出本教材的参考教学大纲；

——注重学生基本素质、基本能力的培养，教材从内容上、形式上力求更加贴近实际；

——为加强学生的实际动手能力，针对《工程测量》、《道路建筑材料》等课程，本套教材特别配套有实训类辅导教材。

本套教材的出版与修订再版始终得到了交通部科教司路桥工程学科委员会和全国交通职教路桥专业委员会的指导与支持，凝聚了交通行业专家、教师群体的智慧和辛勤劳动。愿我们共同向精品教材的目标持续努力。

向所有关心、支持本套教材编写出版的各级领导、专家、教师、同学和朋友们致以敬意和谢意。

全国交通土建高职高专规划教材编审委员会

人民交通出版社

2006年8月

前　言

本教材由全国交通土建高职高专规划教材编审委员会组织编写。2006年编委会在北京召开了“高等级公路维护与管理专业”教材编写工作会议，会议确定了本专业主干课程教材目录和编写原则。

高等级公路维护技术是高职高专院校“高等级公路维护与管理专业”主干课程之一，《高等级公路维护技术》以高等级公路维护为研讨对象，讨论高等级公路工程在使用过程中受到各种自然因素和在行车荷载作用下产生的各种病害，通过对各种病害产生的原因、后果的分析，阐述各种技术处理措施，保证高等级公路的使用质量和使用年限。内容包括：绪论，高等级公路路基工程、沥青路面、水泥混凝土路面的维护，高等级公路桥梁、涵洞及隧道工程的维护，灾害防治，沿线设施的维护，公路绿化，日常养护。本书是高职高专院校高等级公路维护与管理专业教学用书，也可供相关专业教学使用，或作为职业培训教材。

本课程实践性相当强，与路基路面施工、桥涵施工、工程检测等有很多相关之处，学习本课程时要注重联系工程实际的特点。

参加本书编写工作的有：吉林交通职业技术学院周世红（编写第一章~第四章）、山西交通职业技术学院李培荣（编写第五章）、吉林交通职业技术学院闫淑杰、汤红丽、赵洪波（共同编写第六章）、青海交通职业技术学院王荣（编写第七章）、吉林交通职业技术学院慕平（编写第八章）、河北交通职业技术学院武丽霞（编写第九章）、新疆交通职业技术学院李杰（编写第十章）。全书由周世红担任主编。

全国交通土建高职高专规划教材编委会特邀长安大学徐培华教授担任本书主审。

本书在编写过程中得到了人民交通出版社卢仲贤编审的关心与指导，全国各交通职业技术学院的领导也给予了大力支持，在此表示诚挚的谢意。

由于编写者水平有限，对有些前沿问题的探讨缺乏更深研究，书中难免有缺点、错误和不足之处，敬请广大读者、同行、专家批评指正。

目录 CONTENTS

第一章 绪 论

教学要求

1. 介绍高等级公路的分类、技术指标、组成以及高速公路的发展概况；
2. 介绍高等级公路维护的目的及基本任务，描述高等级公路维护的分类及工程内容；
3. 介绍我国公路维护工作的指导方针与技术政策及措施，展望其未来发展方向。

公路是国家经济发展和现代化建设的重要基础设施。公路在使用过程中由于反复承受行车荷载的作用和自然因素的侵蚀破坏，导致公路各种病害和损坏现象产生，致使现有公路的使用功能日益退化，难以适应社会发展对公路服务质量的要求，所以，在公路建设中必须高度重视公路维护工作，以保持公路正常使用功能。

尤其是近年来，随着我国高等级公路建设的快速发展，其维修养护技术如何围绕科学、安全、高效、高质量、低成本的完成维修养护工作更是至关重要。

第一节 高等级公路概况

一、高等级公路的分类

高等级公路一般指供汽车行驶的公路；是供汽车高速、安全、舒适、顺畅运行的现代化公路；是连接重要政治、经济中心，工矿区、港口、机场的交通纽带；一般由其构成国家公路网主骨架，是国家公路交通运输主动脉。根据公路功能、路网规划、交通量，并充分考虑项目所在地区的综合运输体系、远期发展等将高等级公路分为三个等级，其主要技术指标见表 1-1。

高等级公路主要技术指标汇总简表 表 1-1

公路等级		高速公路								一级公路					二级公路	
设计速度(km/h)		120			100			80		100		80		60	80	60
车道数		8	6	4	8	6	4	6	4	6	4	6	4	4	2	2
行车道宽度(m)		2×15.0	2×11.25	2×7.5	2×15.0	2×11.25	2×7.5	2×11.25	2×7.5	2×11.25	2×7.5	2×11.25	2×7.5	2×7.0	7.5	7.0
路基宽度(m)	一般值	45.00	34.50	28.00	44.00	33.50	26.00	32.00	24.50	33.50	26.00	32.00	24.50	23.00	12.00	10.00
	最小值	42.00		26.00	41.00		24.50		21.50		24.50		21.50	20.00	10.00	8.50
极限最小半径(m)		650			400			250		400		250		125	250	125
停车视距(m)		210			160			110		160		110		75	110	75
最大纵坡(%)		3			4			5		4		5		6	5	6

注：本表仅为简单汇总，所列各项技术指标应按有关条文规定选用。

高速公路为专供汽车分向、分车道行驶并应全部控制出入的多车道公路。一般能适应将各种汽车折合成小客车的年平均日交通量25000辆以上的交通。

一级公路为供汽车分向、分车道行驶，并可根据需要控制出入的多车道公路。一般能适应将各种汽车折合成小客车的年平均日交通量15000～55000辆的交通。

二级公路为供汽车行驶的双车道公路。一般能适应将各种汽车折合成小客车的年平均日交通量5000～15000辆的交通。

二、高等级公路的组成

高等级公路一般由路基、路面、桥梁、涵洞、隧道和交通工程等几部分组成。

1.路基工程

路基是在天然地表面按照路线位置和一定技术要求修筑的带状岩土构造物，是路面的基础，承受着路基路面的自重以及由路面传来的行车荷载。它是整个公路工程的重要组成部分，主要包括路基主体、路基排水、路基防护与支挡及其他附属设施等几部分。

路基横断面宽度是指两侧路肩外缘之间的宽度，主要为行车道宽度与路肩宽度之和，当设有中间带、变速车道、爬坡车道、紧急停车带时，应计入这几部分的宽度，如图1-1所示。

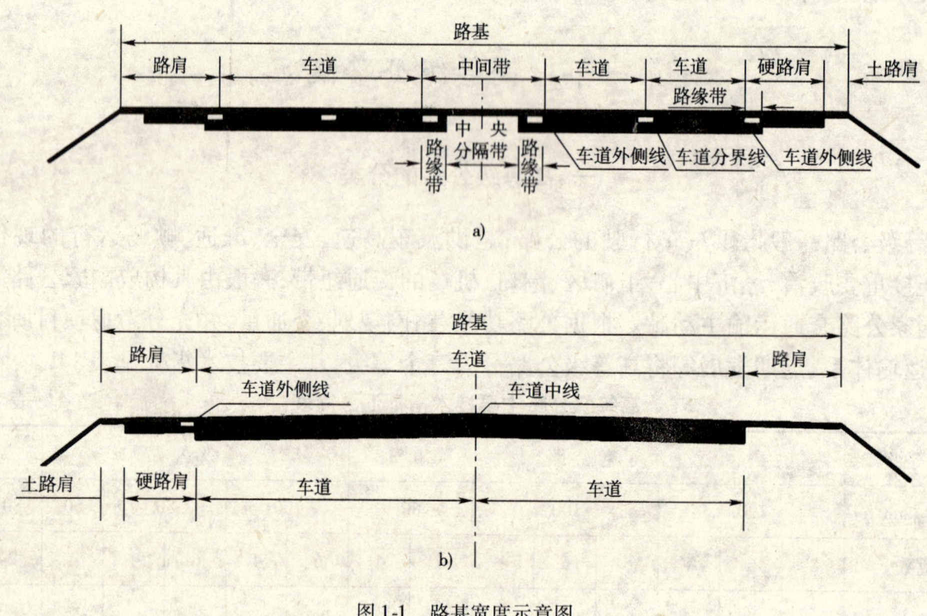

图1-1　路基宽度示意图

a)高速公路和一级公路；b)二级公路

2.路面工程

路面是在路基表面上，用各种材料或混合料按照一定技术要求分层修筑的层状结构物，使汽车在道路上能全天候快速、安全、舒适而经济地运行，直接承受行车荷载和自然因素的作用。而且行车荷载和自然因素对路面的影响，随深度的增加而逐渐减弱，因此路面结构通常按照使用要求、受力状况、土基支承条件和自然因素影响程度等的不同，自上而下分为面层、基层、垫层等，如图1-2所示。

3. 桥隧工程

桥隧工程包括桥梁、涵洞、隧道和交叉工程等，是高等级公路中不可缺少的组成部分。

4. 交通工程

交通工程包括安全设施、管理设施、服务设施、环保设施等，对提高公路尤其是高速公路和一级公路的服务水平，保障行车安全和交通畅通具有重要意义。

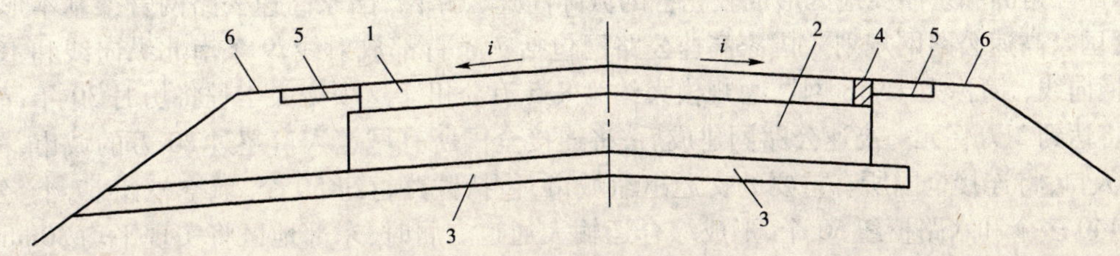

图1-2 路面结构层次划分示意图

i-路拱；1-面层；2-基层；3-垫层；4-路缘石；5-加固路肩；6-土路肩

三、高速公路发展概况

目前，全世界已有80多个国家和地区拥有高速公路，通车里程超过323万公里。美国是世界上拥有高速公路最多的国家，约9万公里，连接了美国所有5万人以上的城市；加拿大1.65万公里，居世界第三位；德国高速公路总里程为1.1万多公里，居世界第四位；法国目前拥有1万多公里高速公路，位居世界第五位；近年来，我国高速公路建设突飞猛进，突破了4万公里，稳居世界第二。

1988年上海至嘉定高速公路建成通车，结束了我国大陆没有高速公路的历史；1990年，被誉为"神州第一路"的沈大高速公路全线建成通车，标志着我国高速公路发展进入了一个新的时代；1993年京津塘高速公路的建成，使我国拥有了第一条利用世界银行贷款建设的、跨省市的高速公路。为了集中力量、突出重点，加快我国高速公路的发展，1992年，交通部制定了"五纵七横"国道主干线规划并付诸实施，从而为我国高速公路持续、快速、健康发展奠定了基础。到1997年底，我国高速公路通车里程达到4771km，10年间年均增长477km。相继建成了沈大、京津塘、成渝、济青等一批具有重要意义的高速公路，突破了高速公路建设的多项重大技术"瓶颈"，积累了设计、施工、监理和运营等建设和管理全过程的经验，为1998年后的快速发展奠定了基础。

从1998年至今，高速公路建设进入了快速发展时期，年均通车里程超过4000km，1999年，全国高速公路里程突破1万公里；2000年，国道主干线京沈、京沪高速公路建成通车，在我国华北、东北、华东之间形成了快速、安全、畅通的公路运输通道，高速公路达到1.6万公里；2001年，有"西南动脉"之称的西南公路出海通道经过10多年的艰苦建设实现了全线贯通，西部地区从此与大海不再遥远，高速公路达到1.9万公里，跃居世界第二；2002年11月，高速公路突破2万公里，年底，我国高速公路通车里程达2.5万公里，仍位居世界第二位；2004年年底已达3.4万多公里。除西藏外，各省、自治区和直辖市都已拥有高速公路，有15个省份的高速公路里程超过1000km。辽宁省和山东省已实现了省会到地市全部由高速公路连接，长江三角洲、珠江三角洲、环渤海等经济发达地区的高速公路网络也正在形成。据《2005年中国高速公路行业年度报告》,我国高速公路里程已达4.1万公里,继续稳居世界第二。

从起步到高速公路通车1万公里,我们用了12年时间,从1万公里到突破2万公里,只用了4年时间,从2万公里到突破3万公里只用了两年时间,而从3万公里到突破4万公里只用了一年时间。可以说,中国高速公路的发展创造了世界瞩目的速度,这是经济和社会发展的现实需要,也是交通实现跨越式发展的重要标志。

"十一五"期间,交通部将着手组织实施国家高速公路网规划,到2010年,新建高速公路2.4万公里,全国高速公路总里程达到6.5万公里。东部地区基本形成高速公路网,长江三角洲、珠江三角洲和京津冀地区形成较完善的城际高速公路网,国家高速公路网骨架基本形成。按照《国家高速公路网规划》,国家高速公路网包括7条首都放射线、9条南北纵向线和18条东西横向线,简称为"7918网",总规模大约为8.5万公里。这项庞大工程将历时30年,静态投资将达到2万亿元。高速公路网建成后,将连接全国所有城镇人口超过20万的城市,覆盖10亿人口;将连接全国所有重要的交通枢纽城市,包括铁路枢纽50个、航空枢纽67个、公路枢纽140多个和水路枢纽50个,形成综合运输大通道。届时,东部地区将实现平均30min上高速公路,中部地区平均1h上高速公路,西部地区平均2h上高速公路。随着高速公路里程的不断延伸,规模效益逐步发挥。高速公路的快速发展,大大缩短了省际之间、重要城市之间的时空距离,人们切身感受到高速公路带来的时间、空间观念的变化。

第二节　高等级公路维护工作的任务及工程分类

一、高等级公路维护的目的和基本任务

公路维护是保证汽车高速、安全、舒适行驶的不可缺少的经常性工作;是保持路网完好,并不断使其得到改善,延长其使用寿命,不断提高服务水平,为经济建设提供良好服务的根本条件;做好现有公路的维修养护工作是公路管理机构的首要任务。

公路维护的目的是:经常保持公路及其设施的完好状态,及时修复损坏部分,以确保行车快速、安全、舒适、畅通而经济地运行;且除不可抗拒的自然灾害外,在任何情况下应保持畅通。

公路维护的基本任务包括下列内容:

(1)采取正确的技术措施,提高维修养护工作质量,以延长公路的使用年限,以节省资金。

(2)防治结合,治理公路存在的病害和隐患,逐步提高公路的抗灾能力。

(3)对原有技术标准过低的路段和构造物以及沿线设施进行分期改善和增建,逐步提高公路的使用质量和服务水平。

二、高等级公路维护的工程分类

高等级公路的维护工作可按照不同的角度有多种分类方法,常见的有下列几种。

1.按维护对象及部位分类

这种分类方法,明确指出养护对象。如路基维护、路面维护、桥梁与涵洞维护、隧道维护、沿线设施维护等。

2.按维护系统与专业分类

这种分类方法是基于上述分类方法的基础上进一步归纳形成的专业分类方法。如道路维

护、桥梁维护、隧道维护、交通工程设施维护、机电设备维护、绿化景区维护等。

3. 按维护施工方法分类

这种分类方法主要从维护方法划分为机械维护和人工维护两类。

4. 按工程性质、规模及技术难易程度分类

这种分类方法是我国《公路养护技术规范》(JTJ 073—96)(以下简称《养护规范》)采用的分类方法,划分为维修保养、专项工程和大修工程三类。

(1)维修保养是为保持高等级公路及其附属设施的正常使用功能而安排的经常性保养和修补其轻微损坏部分的作业。

(2)专项工程是对高等级公路及其附属设施的一般性磨损和局部损坏进行修理、加固、更新和完善的作业。

(3)大修工程是指高等级公路及其附属设施当已达到服务周期,必须进行的应急性、预防性、周期性的综合修理,使之全面恢复原设计状态;或者由于水毁、地震、风暴、冰雪等自然灾害、交通事故等造成的高等级公路及其附属设施的重大损坏及时进行修复,保证其正常使用的作业。

高等级公路具体维护工作内容见表1-2。

表1-2

高等级公路维护工作内容

项目 \ 内容	维修保养内容	专项工程内容	大修工程内容
路基	1. 整修路肩、边坡,修剪路肩杂草,清除挡墙、护坡、护栏、集水井和泄水槽内的杂物; 2. 疏通边沟和修理路缘石; 3. 小段开挖、铺砌边沟; 4. 清除路基塌方、填补缺口; 5. 局部整修挡墙、护坡、泄水槽圬工; 6. 加固路肩	1. 全面修理挡墙、护坡、泄水槽,铺砌边沟和路缘石; 2. 清除大塌方、处治大面积翻浆; 3. 整段增设边沟、截水沟; 4. 局部软土地基处理	1. 拆除、重建或增建较大的挡土墙、护坡等防护工程; 2. 重大水毁路基的恢复; 3. 整段软土地基处理
路面	1. 清除路面上的一切杂物; 2. 排除积水、积雪、积冰,铺防滑、防冻材料; 3. 水泥混凝土路面接缝的正常养护; 4. 处理沥青路面和水泥混凝土路面的局部、轻微病害; 5. 日常巡视和定期调查	1. 处理路面严重病害; 2. 沥青路面整段罩面; 3. 处理桥头跳车	1. 周期性或预防性的整段路面改善工程; 2. 黑色路面整段加铺面层; 3. 水泥混凝土路面板整段更换或改善; 4. 重大自然灾害造成的路面损坏的修复
桥涵、隧道及交叉工程	1. 清除污泥、积雪、杂物,保持结构物的整洁; 2. 清除立交桥下和隧道通道中的污泥杂物; 3. 伸缩缝清理修整、泄水槽疏通、部分栏杆油漆; 4. 局部更换栏杆、扶手等小构件; 5 局部修理泄水槽、伸缩缝、支座和桥面; 6. 维修防护工程; 7. 涵洞整修及清淤; 8. 疏通排水系统; 9. 日常巡视和定期调查	1. 更换伸缩缝及支座; 2. 桥墩、桥台及隧道衬砌局部修理; 3. 桥梁河床铺底及调治构造物的修复; 4. 排水设施整段修理或更新; 5. 承载能力检测; 6. 金属构件全面除锈、油漆	1. 增建小型立体交叉或通道; 2. 整段改善大、中桥梁; 3. 隧道衬砌全面改善

续上表

项目＼内容	维修保养内容	专项工程内容	大修工程内容
绿化	路树花草的抚育管理和补植	1. 开辟苗圃； 2. 更新树种、花木、草皮； 3. 增设公路绿色小品和公路雕塑	
沿线设施	1. 标志、标线和集水井、通信井等设施的正常维修养护和定期检查； 2. 护栏、隔离栅和标志局部油漆和更换； 3. 路面标线局部补画	1. 全面修理护栏、隔离栅和各种标志； 2. 整段重画路面标线； 3. 整段钢质沿线设施定期油漆； 4. 通信和监控设施修理	整段更换沿线设施

第三节　我国公路维护工作的技术方针、政策、措施及发展方向

一、公路维护工作的技术方针

《中华人民共和国公路管理条例》规定，公路管理工作实行统一领导，分级管理的原则。国道、省道由省、自治区、直辖市公路主管部门负责修建、养护和管理。国道中跨省、自治区、直辖市的高速公路，由交通部批准的专门机构负责修建、养护和管理。

根据交通部颁发的《公路科学养护与规范化管理纲要》的要求，公路维护工作要建养并重、协调发展、深化改革、强化管理、提高质量、保障畅通。

二、公路维护工作的技术政策

公路维护应遵循下列技术政策：

(1)公路维护工作必须贯彻“预防为主，防治结合”的方针。根据积累的技术经济资料和当地具体情况，通过科学分析，预作防范，消除导致公路损毁的因素，增强公路设施的耐久性和抗灾能力，特别要做好雨季的防护工作，以减少水毁损失。

(2)因地制宜，就地取材，尽量选用当地天然材料和工业废渣；充分利用原有工程材料和原有工程设施，以降低维护成本。

(3)推广运用先进的维护技术和科学的管理方法，改善维护生产手段，提高维护技术水平。

(4)重视综合治理，保护生态平衡、路旁景观和文物古迹；防止环境污染；注意少占农田。

(5)全面贯彻执行《公路桥梁养护管理工作制度》，加强桥梁的检查、维修、加固和改善，逐步消灭危桥。

(6)公路维护工程设计，应符合现行《公路工程技术标准》(JTG B01—2003)的规定，公路

施工时应注重社会效益,保障公路畅通。

(7)加强以路面维护为中心的全面维护。

(8)大力推广和发展公路维护机械化。

三、公路维护工作的技术措施

公路维护工作的技术措施应遵循下列原则:

(1)认真开展路况调查,分析公路技术状况,针对病害产生的原因和后果,采取有效、先进、经济的技术措施。

(2)加强维护工程的前期工作、各种材料试验及施工质量检验和监理,确保工程质量。

(3)推广路面、桥梁管理系统,逐步建立公路数据库,实行病害监控,实现决策科学化,使有限的资金发挥最大的经济效益。

(4)推广 GBM 工程,实施公路的科学维护与规范化管理,改变现有公路面貌,提高公路的整体服务水平。

(5)认真做好公路交通情况调查工作,积极开发、采用自动化观测和计算机处理技术,为公路规划、设计、维护、管理、科研及社会各方面提供全面、准确、连续、可靠的交通情况信息资料。

(6)改革维护生产组织形式,管好、用好现有的维护机具设备,积极引进、改造、研制维护机械,逐步实现维护机械装备标准化、系列化,以保障维护工程质量,提高维护生产效率,降低劳动强度,改善劳动环境。

(7)加强对交通工程设施(包括标志、标线、通信、监控等)、收费设施、服务管理设施等的设置、维护、更新工作,保障公路应有的服务水平。

四、高等级公路维护工作的发展方向

根据国家有关部门的规划和要求,2002 年"两纵两横"国道主干线已基本建成通车;2010 年"五纵七横"国道主干线基本建成通车,国家高速公路网骨架基本形成;在西部大开发战略中,2020 年建成西部地区公路骨架网络;预计到 2050 年,全国高等级公路将实现联网,至此高速公路的规模效益将充分显现。随着我国高等级公路事业的飞速发展,公路里程特别是高等级公路里程的增加,以及 20 世纪 80 年代陆续建成的高等级公路逐步进入中修和大修时期,公路维修养护的工作任务日趋繁重。为使高等级公路充分发挥其应有的功能,高等级公路维护工作必须向高科技、现代化方向发展。

1. 向公路商品化方向发展

目前我国高等级公路的维修养护管理工作与一般公路的养护管理一样,大多仍采用事业型的管理体制,不能反映高等级公路社会化大生产的商品属性要求;养护经费来源仍采用拨款方式,不能适应高等级公路管理企业经营性要求。如何做到管养分开,如何进行社会化、公司化,有待我们进一步探讨。

2. 重视新材料的研究与推广利用

目前,我国高等级公路建设中普遍采用的改性沥青技术、SMA 路面技术、土工合成材料、乳化沥青、稀浆封层等都是发达国家在公路养护过程中发展起来的,它们的推广与使用,改善了公路桥梁等结构物的稳定性和耐久性,达到了节约能源、降低成本,实现公路交通可持续发展的目标。

3. 重视新技术、新工艺的开发研究

先进适用的维护技术,保证了高等级公路的正常使用,规范、科学、高效的管理使高等级公路的服务水平不断提高。面向21世纪的高等级公路维修养护管理,必须具备强大的技术支持。利用交通地理信息系统(GIS-T)促进公路维护工作现代化;利用高科技检测技术促进工程质量监测和公路维护智能化。

4. 向机械化方向发展

维修养护机械化是公路现代化的必由之路,维修养护机械化是实现高等级公路使用功能,提高服务水平的关键。高等级公路维护的主要特点是追求高效率、高质量、高效益,这要求维修养护机械要具有操作性能好、自动化程度高、作业能力大、速度快、污染小的特点。实现维修养护机械化,除了部分引进国外先进的大型综合养护机械外,必须不失时机地抢抓目前我国高等级公路大发展的机遇,立足维修养护机械的国产化,不断提高公路维修养护机械的装备率、配套率。

5. 重视旧路面材料的回收和再生利用问题

进行旧路面材料的回收和再生利用问题的开发研究,是路网大规模维修重建的需要。许多发达国家公路建设的发展过程都表明,在公路网建设发展到一定阶段时,必然提出旧路面材料的回收和再生利用问题。

6. 向预防性维护方向发展

有系统地实行预防性维护,是延长路面使用寿命,降低公路使用费用行之有效的方法。研究开发高等级公路预防性维护技术,是我国高等级公路发展的需要,是高等级公路发展到一定程度的必然产物。

本章小结

高等级公路是经济发展的必然产物,是一个地区乃至一个国家现代化水平的重要标志之一。正确树立“公路建设是发展,公路维护也是发展,而且是更为重要的发展”的观点,是我们从事公路维护管理工作的根本出发点;建养并重,协调发展,是公路交通事业自身发展的客观要求。高等级公路分为高速公路、一级公路、二级公路,本章介绍了其组成、维护的基本任务、维护工作的指导方针与技术政策及措施;高等级公路维护工作分维修保养、专项工程、大修工程三类,本章描述了其具体工程内容;并展望我国高等级公路维护工作的未来发展方向。

复习思考题

1. 高等级公路是如何分类的?

2. 高等级公路由哪几部分组成?

3. 高等级公路维护的基本任务是什么？

4. 高等级公路维护工程是如何分类的？其工程内容是什么？

5. 叙述我国公路维护工程的技术政策。

6. 叙述我国公路维护工程的技术措施。

第二章　高等级公路路基的维护

教学要求

1. 描述路基维护工作的内容和要求；

2. 描述路基的日常维修与养护的工作要点；

3. 根据本地区地质特点，可选择学习特殊地区路基的养护及翻浆、崩塌、滑坡、高路堤沉陷的防治，对所学的部分能分析病害并进行维修养护。

路基是公路的重要组成部分，是路面的基础，它与路面共同承担行车荷载。路基的强度和稳定性直接影响路面的平整度和强度，是保证路面稳定的基本条件。所以必须保持路基土的密实，排水性能良好，各部分尺寸和坡度符合要求，及时消除不稳定因素。

第一节　路基维护的内容和基本要求

一、路基维护的工作内容

路基工程是由路基主体(包括路基宽度、路基高度、路基边坡)、路基排水、路基防护与支挡及其他附属设施等组成的。所以路基维护工作紧紧围绕这几方面，通过日常巡视和定期检查，发现病害及时查明原因，采取有效措施进行修复或加固，消除病害根源。其作业范围应包括下列内容：

(1)维修、加固路肩、边坡；

(2)疏通、改善、铺砌排水设施；

(3)维修、修理各种防护构造物；

(4)清除坍方、积雪、处理塌陷，检查险情，防治水毁；

(5)观察、预防、处理翻浆、滑坡、泥石流、崩塌及其他路基病害，及时检查各种路基的险情并向上级报告，加强对水毁的预防与治理；

(6)有计划、有针对性地对局部路基进行加宽、加高、改善急弯、陡坡和视距不良路段，使之逐步提高其技术标准和服务水平。

二、路基维护工作的基本要求

(1)路基各部分经常保持完整，各部分尺寸保持规定的标准要求，不损坏变形，经常处于完好状态；

(2)路肩无车辙、坑洼、隆起、沉陷、缺口，横坡适度、边缘顺适，表面平整坚实、整洁，与路面接茬平顺；

(3)边坡稳定、坚固、平顺，无冲沟、松散，坡度符合规定；

(4)排水设施无淤塞、无高草，纵坡符合要求，排水畅通，进出口维护完好，保证路基、路面及边沟内不积水；

(5)挡土墙、护坡及防雪、防沙等设施保持完好无损坏，泄水孔无堵塞，砌体伸缩缝填料良好；

(6)做好翻浆、坍方、山体滑坡、泥石流等病害的预防、治理和抢修，尽量缩短阻车时间。

在上述维护工作中，要特别注意保持路基排水系统经常处于完好状态，这是因为水是造成多种病害产生的重要因素。应及时总结治理路基病害的成功经验和失败教训，针对具体路段，制订出具体的、切合实际的、有效的预防和维修养护措施，使维修养护工作系统化、规范化、进一步提高维护水平。

第二节 路基的日常养护工作

一、路　　肩

路肩位于行车道外缘至路基边缘的地带，是路基的组成部分，由右侧路缘带、加固路肩、土路肩组成。路肩的主要功能是保护路面边缘，也可供发生故障、事故的车辆临时停车；为路面提供侧向余宽、显示行车道外侧边缘，诱导行车视线、增加行车的安全舒适性；增加路堑弯道路段的横向视距；为设置交通安全设施或敷设地下管线及维护作业提供场地。因此，路肩必须经常保持适当的横坡，坡度顺适；经常保持平整、坚实。

1. 路肩的横坡度

路肩的横坡应平整顺适。

硬路肩横坡与同类型路面横坡相同；土路肩或草皮路肩横坡应比路面横坡大1% ~2%，以利于快速排水。

当路肩横坡过大或过小时，应及时整修。对于硬路肩，宜结合大修工程进行调整。对于土路肩，横坡过大时，易于被雨水冲刷成沟槽，应用良好的砂性土填补并压实；横坡过小时，不利于排水，影响路基稳定，应铲削整修至规定坡度。

2. 路肩的外观

路肩应经常保持平整坚实。

对车辙、坑槽、与路面产生错台以及堆积物形成的高路肩，必须及时整修或清除；及时排除积水、清除淤泥，并用与原路肩相同的土填平压实，保持原有状态。硬路肩产生病害参照同类型路面的治理方法处理。

路肩外侧边缘被流水冲缺或车轮碾压形成缺口时，应及时修补，或铺砌路肩边缘带。

对于因路肩湿软而经常发生啃边病害的路段，可在路肩内缘铺设排水盲沟，以便及时排除由路肩下渗的积水。

陡坡路段的路肩，易被暴雨冲成纵横沟槽，应采取相应的防护措施。设置截水明槽：自纵坡坡顶起，每隔20m左右两侧交叉设置30 ~50cm宽的斜向截水明槽，并用碎(砾)石填平，同时在路肩边缘处设置高10cm，顶宽10cm，底宽20cm的拦水土埂，在每条截水明槽处留一淌水缺口，其下的边坡用草皮或砌石加固，使雨水集中在截水明槽内排出；或有计划地铺筑硬路肩。

车辆在高等级公路上行驶，如果出现故障，都要停在紧急停车带进行检查、修理。特别是对于重型车辆，当它停下来使用千斤顶进行修理时，常常要给停车带的沥青路面留下难以恢复的千斤顶坑迹；同时，在修车过程中，个别车辆会在停车带漏下柴油，这些柴油会腐蚀沥青混凝土路面，造成停车带沥青路面松散。日积月累，随着时间的推移，这些千斤顶坑迹和被腐蚀的地方就会发展成坑槽。这种情况长期存在，既影响停车安全，又影响路肩的排水功能，并且会使路面水渗入基层或底基层，进而影响路面的质量。所以，要及时地对停车带上的坑迹和腐蚀处进行处理，确保路肩表面平整，横坡适度，边缘顺直。这些坑迹和腐蚀的处理办法可参照沥青路面坑槽维修办法，也可在路面坑槽修补时一块儿进行。

路缘石如有损坏，应及时进行修补。

3. 路肩的硬化

为减少土路肩的养护工作量，对路面过窄或行车密度大的路线，应有计划地加固、硬化路肩；高等级公路应用沥青混凝土或水泥混凝土，并铺砌路肩边缘带；此时路肩的维护工作将转变为同类型路面的维护工作。

实施GBM工程的公路，路肩应根据设计要求硬化，并铺砌路肩边缘带。

路肩边缘带又称护肩带，采用石块、水泥混凝土预制块（或现浇）铺砌，其宽度不小于20cm，既保护路肩，又美化路容。对雨水冲刷及车辆碾压造成的松动、破损，应及时修复或更换。

铺筑硬路肩有困难的路线或路段，也可种植草皮或利用天然草来加固路肩。种植草皮应选择宜于当地土质、易于成活和生长的草种，成活生长后定期进行维护和修剪，草高不得超过15cm，并随时清除杂草和草丛中积存的泥沙杂物，以利排水，保持路容美观。

二、边　　坡

路基边坡是路基的重要组成部分，主要作用是保证路基稳定、行车安全。其维修养护工作的重点是边坡坡面应保持平顺、坚实、无冲沟和裂缝，其坡度符合设计规定。

1. 路堑边坡

当土路堑边坡出现冲沟时，应及时用黏土填塞捣实；如出现潜流涌水，可开沟隔断水源，将水引向路基以外。

对于石质路堑边坡，应经常观察路堑边坡的稳定情况，如发现有危岩、浮石等，应及时处理、清除，避免危岩、浮石滚落危及行车、行人安全和堵塞边沟，影响排水。

2. 路堤边坡

土质路堤边坡因雨水冲刷，易形成冲沟和缺口，应及时用黏结性良好的土修补拍实。对较大的冲沟和缺口，不能在坡面上贴土修补，应将原边坡自下而上挖成台阶形状，再分层填筑夯实，夯实后的宽度要稍超出原坡面，以便切坡；并注意与原坡面衔接平顺。

路堤中间部分用粉煤灰填筑的路基，更应注意加强边坡的养护。发现冲沟、缺口，应及时修理，以防止粉煤灰流失，影响路堤整体强度和稳定性。

3. 边坡防护

边坡、碎落台、护坡道等易出现缺口、冲沟、沉陷、塌落或受洪水及边沟流水冲刷，应根据水流、土质等情况，采取相应措施。

对土质不良，容易出现少量坍塌的路基边坡，一般可采用种草、铺草皮的办法加固。

河面较宽、主流固定、流速较小、路线与水流方向接近平行的沿河路堤边坡，且仅受季节性水浸或轻微冲刷、土质又适合于草类生长，可采用种草、铺草皮或培育自然草皮加固。边坡的缺损应经修整恢复原状，并将表面挖松整平，以利草皮加速成活。

河滩、河岸的路堤边坡，宜采用植树加固。树种应选择适合当地土质、气候，生长迅速，根系发达，枝叶茂密的乔木及耐水浸的灌木。植树平面布置以乔、灌间种，多行带状或梅花式为宜。

当路堤边坡常年受水淹和风浪袭击，冲刷较严重，堤脚易被淘空时，可根据水流流速及冲刷情况采取不同的方法加固防护。水流方向比较平顺，流速不大于3m/s时，可采用抛石护坡；受水流冲刷但无滚石地段，或大石料缺少地区，可采用石笼防护；河道河水流速在2～4m/s时，可采用干砌片石护坡；河道河水流速在4～8m/s或常水位淹没部位，可采用浆砌片石护坡；当水流冲刷严重或峡谷急流地段，可设置浆砌块石或混凝土浸水挡土墙。对于受季节性水浸的山区公路的路堤边坡，可用柴束加固，并用木杆横压，然后打入带钩木桩固定。

对经常有浮石滚落和土块坍落的路堑高边坡，如种草、植树效果不佳，应考虑干砌或浆砌护坡、挡土墙；或将边坡开挖成台阶形并设置碎落台；也可采用铅丝、尼龙编织网或高强塑料网格，平铺于坡面，并打入带弯钩木桩或钢筋弯钩固定。

边坡上的植被对保护边坡大有益处，不能铲除，并禁止在边坡上割草、放牧；严禁在边坡坡面上及堤脚、护坡道上挖土取料或种植农作物。

对加固后的边坡，应加强养护与检查，发现损坏，及时修理或更换构件。

三、排水设施

水是造成路基及沿线结构物病害以至破坏的一项重要因素，对路基有危害的水有地表水与地下水两大类。

路基排水的主要作用是将路基范围内及流向路基范围的地表水及地下水，拦截并排除在路基范围之外，保证路基常年处于干燥状态，确保路基的强度和稳定性满足设计要求。路基排水系统能否正常工作，直接关系着路基的稳定性，因此，必须对路基排水设施进行经常性的、预防性的维修及养护工作，确保其功能完好、排水顺畅；同时，根据实际使用情况，不断改善路基排水条件。

路基排水设施分为地表排水设施和地下排水设施。地表排水设施通常有边沟、截水沟、排水沟、拦水带、泄水槽、跌水槽、急流槽、蒸发池、油水分离池、排水泵站等；地下排水设施通常有暗沟、渗沟（包括填石渗沟、管式渗沟、洞式渗沟）、检查疏通井、渗水隧洞、渗井、仰斜式排水孔及防水隔离层等。

1. 检查

边沟、截水沟、排水沟、跌水槽、急流槽、明沟、暗沟、渗沟等排水设施，在春融前，特别是汛前，均应全面检查、疏通。雨天必须上路巡查，及时排除堵塞并疏流，保持水流畅通，防止水流直接冲刷路基。暴雨后应重点检查，如有冲刷、损坏，应及时修理加固，如有堵塞应立即清除。

雨季前后应对拦水缘石及泄水槽进行检查维修，保持其完好，联结处应平顺无裂缝。对没有设置拦水缘石及泄水槽的路段，宜有计划地逐步改进、完善。

如发现高速公路的路面局部积水，应针对积水原因，及时采取清扫、整平路面及增设排水设施等相应措施。对于高速公路互通式立交区内的积水，雨后应及时排除，并采取相应改进措施。

2. 清淤

土质边沟，应经常保持设计断面，及时清除淤塞和杂草，满足排水需要。沟底保持不小于0.5%的纵坡，平原地区排水困难地段应保持不小于0.3%的纵坡。当边沟纵坡不能满足排水需要时，则应调整边沟纵坡。当边沟长度过长（一般地区不超过500m，多雨地区不超过300m），应分段将水流引出路基以外，或设置排水沟、涵洞等将水排出，不应使水积聚在边沟内，影响路基稳定。

如发现暗沟、渗沟的沟口长草、堵塞，应及时清除和冲洗；如反滤层失去渗水作用时，则应翻修，剔除较小颗粒砂石，补充大颗粒碎（砾）石，以保持空隙，便利排水；如渗沟设置位置不当，应考虑另建。

对于设有集中排水设施的中央分隔带的集水井、横向排水管，应经常清淤及维修，保持排水畅通。

3. 加固

对有可能被冲刷的土质边沟、截水沟、排水沟等，应结合地形、土质、纵坡、流速和使用要求等实际情况，进行相应的加固。

路基排水沟渠的加固类型有多种，参见表2-1；沟渠加固类型与沟底纵坡有关，参见表2-2；沟渠加固横断面如图2-1所示。

沟渠加固类型 表2-1

形　式	名　称	铺砌厚度(cm)
简易式	夯实沟底沟壁	
	平铺草皮	单层
	竖铺草皮	选铺
	水泥砂浆抹平	2~3
	石灰三合土抹平	3~5
	黏土碎（砾）石加固	10~15
	石灰三合土碎（砾）石加固	10~15
干砌式	干砌片石	15~25
	干砌片石砂浆勾缝	15~25
	干砌片石砂浆抹平	20~25
浆砌式	浆砌片石	20~25
	浆砌混凝土预制块	6~10
	砖砌水槽	

沟渠加固类型与沟底纵坡有关　　表 2-2

纵坡(%)	<1	1~3	3~5	5~7	>7
加固类型	不加固	土质好,不加固;土质不好,简易式	简易式或干砌式	干砌式或浆砌式	浆砌式或改用跌水

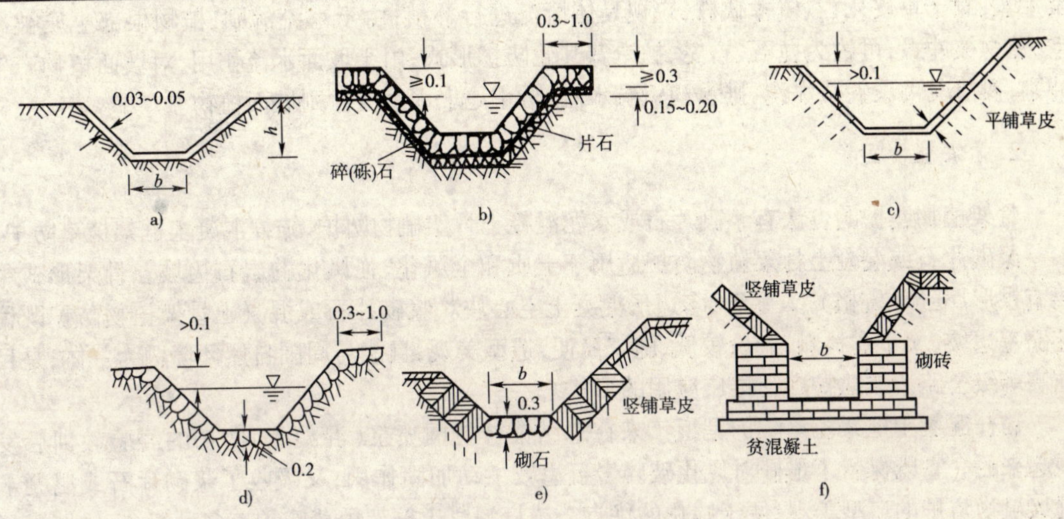

图 2-1　沟渠加固横断面(尺寸单位:m)

a)石灰三合土抹平层;b)干砌片石(碎石垫平);c)平铺草皮;d)浆砌片石(碎石垫平);e)竖铺草皮,砌石底;f)砖砌水槽

使用针刺无纺布作反滤层是一项新技术。针刺无纺布的规格可选用 200~300g/m^2,使用时应注意无纺布的有效孔径要小于渗流中黏粒的粒径。

四、防 护 工 程

路基防护与加固工程,按其作用不同,可分为坡面防护、冲刷防护和支挡结构物三大类。

(一)坡面防护

坡面防护分植物防护、骨架植物防护、圬工防护等类型。

1. 植物防护

植物防护的方法,有植被防护、三维植被网防护、湿法喷播、客土喷播等。它适用于具有适宜植物生长的土质边坡。采用植物覆盖层对坡面进行防护,工程简单,收效较好。它可以减缓地面水流速度,调节表层水温状况,植物根系深入土层,在一定程度上对表层土起到固结作用。

植被防护可采用种草、铺草皮、植树的方法对边坡坡面进行防护。一般用于土质良好的土质边坡。

三维植被网防护适用于砂性土、土夹石及风化岩石边坡,回填土采用客土或土、肥料及含腐殖质土的混合物。

湿法喷播是一种以水为载体的机械化植被建植技术,适用于土质、土夹石、严重风化岩石边坡,及中央分隔带、立交区、服务区、弃土堆的绿化防护。

客土喷播是将客土、纤维、侵蚀防止剂、缓效肥料和种子按一定比例,用专用设备充分混合后,喷射到坡面,使植物获得必要的生长基础,达到快速绿化的目的。它适用于风化岩石、土壤较少的软质岩石、养分较少的土壤、硬质土壤、植物立地条件差的高大陡坡面和受侵蚀显著的坡面。

植物防护的维护工作重点是对植物的栽植与管护，要经常洒水、施肥、除虫害，保证植物正常生长；对于草皮死亡、树木缺株，应视具体情况进行补植；由于水流淘刷，植物根部土质被冲空，植物被冲毁，可改为抛石、石笼、护岸等其他防护形式；由于坡面水流作用，对坡面植物产生冲刷，视情况可设置截水沟、排水沟引导水流，防止地表水过度冲刷坡面植物。

2. 骨架植物防护

骨架植物防护的方法有浆砌片石或水泥混凝土骨架植物防护，锚杆混凝土框架植草防护。

浆砌片石或混凝土骨架植物防护适用于土质和全风化、强风化的岩石边坡。骨架形式主要有拱形、菱形（方格）、人字形、多边形混凝土空心块。浆砌片石或混凝土骨架植物防护既稳定路基边坡，又节省材料，造价较低，施工简便，造型美观，且能与周围自然环境融为一体，是目前高等级公路边坡防护广泛推广应用的形式之一。

锚杆混凝土框架植草防护是近年来在总结锚杆挂网喷浆（混凝土）防护的经验教训后发展起来的。它既保留了锚杆对风化破碎岩石边坡主动加固作用，又吸收了浆砌片石或混凝土骨架植物防护的造型美观，便于绿化的优点。锚杆混凝土框架植草防护有多种组合：锚杆混凝土框架＋喷播植草、锚杆混凝土框架＋挂三维土工网＋喷播植草、锚杆混凝土框架＋土工格室＋喷播植草、锚杆混凝土框架＋混凝土空心块＋喷播植草等。

骨架植物防护的维修养护工作不仅要针对植物进行养护，又要针对骨架、锚杆不同程度与不同形式的松动、脱落、变形、损坏，及时进行维修与更换。

3. 圬工防护

圬工防护包括喷护、锚杆挂网喷浆（混凝土）、护坡、护面墙等结构形式。喷护分为喷浆及喷射混凝土；护坡分为干砌片石护坡、浆砌片石护坡、栽砌卵石护坡、混凝土预制块护坡。

圬工防护存在的主要问题是与周围环境不协调，道路景观差，应尽量少用。若采用圬工防护，应加强其细部处理，注意与周围自然环境和当地人文环境的融合，在边坡碎落台、边坡平台上种植攀藤植物，或采用客土喷播的岩面植生措施，以减少对周围环境的影响。

圬工防护构件如发生局部松动、脱落、损坏，应及时加固、补充、更换，保证圬工防护工程的整体完好；如损坏、变形不能恢复，应拆除重建，或改为其他更有效的防护形式。

（二）冲刷防护

冲刷防护包括直接防护措施和间接防护措施两种。直接防护是指在沿河路基外的河滩上植造防护林带，在坡面上加铺砌石或混凝土护坡、护面墙、土工织物软体沉排或土工膜袋，在坡面或坡脚处进行抛石、石笼、护坦、浸水挡土墙等形式的防护；间接防护则指沿河路堤修筑丁坝、顺坝、导流堤等调治构造物，以及改移河道，将危害路基的较大水流引向指定位置，以减少水流对路基的直接冲刷。

冲刷防护工程的破坏主要是由于水流作用，基础被淘空，构造物自身受水流冲刷、波浪冲击、漂浮物撞击等，以致产生开裂、位移、变形、毁坏等，应及时加固、修复；对已冲毁的构造物，应重建。

(三)支挡结构物

挡土墙是用来支撑天然边坡或人工填土边坡以保持土体稳定的建筑物,是公路工程中的重要组成部分。在公路工程中,它广泛应用于支撑路堤或路堑边波、隧道洞口、桥梁及河流岸壁等。其技术状况如何,对公路有较大的影响。

挡土墙的日常养护除经常检查其有否损坏外,每年应在春秋两季各进行一次定期检查。北方冰冻严重地区尤应注意,主要检查挡土墙在冰冻融化后墙身及基础的变化情况,以及冰冻前所采取的防护措施的效果。另外在反常气候、地震或重型车辆通过等特殊情况后应进行及时检查,发现裂缝、断缝、倾斜、鼓肚、滑动、下沉或表面风化、泄水孔堵塞、墙后积水、周围地基错台、空隙等情况,应查明原因,并观察其发展情况,采取相应的修理、加固等措施。对检查和修理加固情况,应做好工作记录,设立技术档案备查。

1. 裂缝、断裂的处理

挡土墙发生裂缝、断裂并且已停止发展,可将缝隙凿毛,清除碎渣和杂物,然后用水泥砂浆填塞。水泥混凝土或钢筋混凝土挡土墙的裂缝也可用环氧树脂黏合。

2. 挡土墙发生倾斜、鼓肚、滑动或下沉时的处理

(1)锚固法:适用于水泥混凝土或钢筋混凝土挡墙。采用高强钢筋作锚杆,穿入预先钻好的孔内,用水泥砂浆灌满锚杆插入岩体部位,固定锚杆,待砂浆达到一定强度后,对锚杆进行张拉,然后用锚头固紧,如图2-2所示。

(2)套墙加固法:在原墙外侧加宽基础,加厚墙身,如图2-3所示。施工时,应挖除一部分墙后填土,减小土压力,同时应注意新旧基础和墙身的结合。方法是凿毛旧基础和旧墙身,必要时设置钢筋锚栓或石榫,以增强联结。墙后回填土必须分层填筑并夯实。

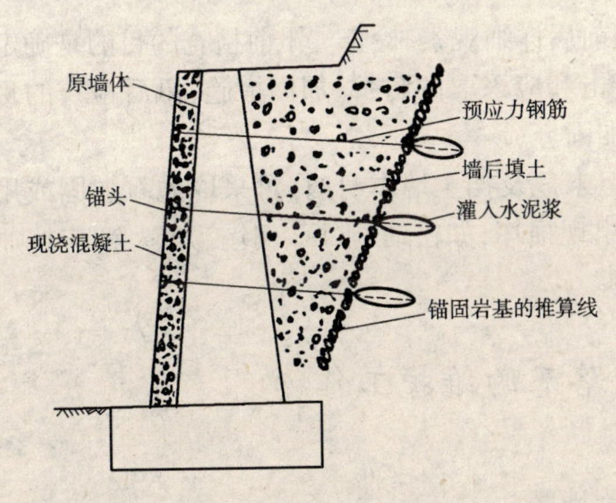

图2-2 锚固法加固挡墙

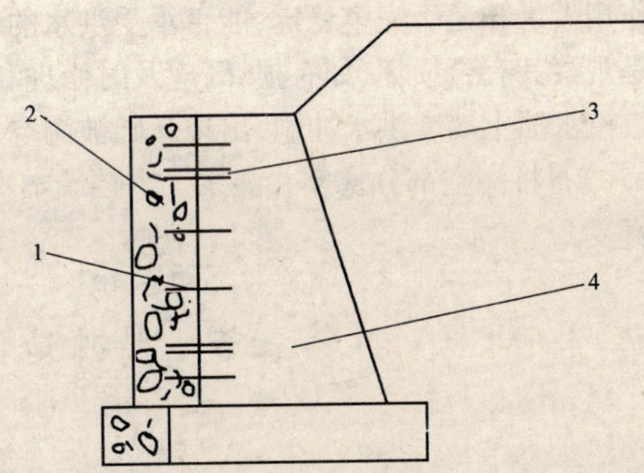

图2-3 套墙加固法

1-钢筋锚栓;2-套墙;3-连系石榫;4-原挡墙

(3)增建支撑墙加固法:在挡墙外侧,每隔一定的间距,增建支撑墙。支撑墙的基础埋置深度、尺寸和间距应通过计算确定,如图2-4所示。

(4)重砌处理:原挡土墙损坏严重,采用以上加固方法不能达到设计强度要求时,则应考虑将损坏部分拆除重建。为防止不均匀沉降,新旧挡墙之间应设置沉降缝,并应注意新旧挡墙

接头协调。

3. 泄水孔的处理

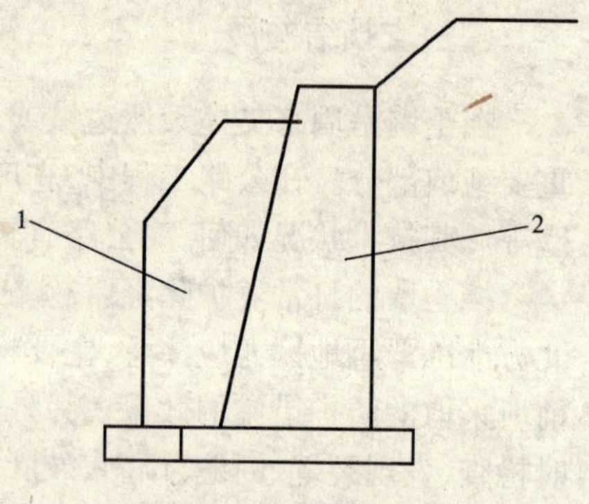

图 2-4　支撑墙加固法

1-支撑墙;2-旧挡墙

挡土墙的泄水孔应保持畅通。如有堵塞,应及时疏通;如无法疏通,应另行选择适当位置增设泄水孔,或在墙背后沿挡墙增做墙后排水设施,一般可增设盲沟将水引出路基以外,以防止墙后积水,引起土压力增加或冻胀,将耳墙挤裂、挤倒。

4. 风化的处理

挡土墙表面出现风化剥落时,应将风化表层凿除,喷涂水泥砂浆保护层,防止剥落恶化。当风化剥落严重时,应将风化部分拆除重砌。

5. 增建或接长挡土墙

应与路线或原挡土墙协调。对挡土墙两端连接的边坡,若被水流冲成沟槽或缺口,应及时填补、夯实,恢复原状。

6. 锚杆式及加筋土挡土墙

应经常注意有否变形、倾斜,或肋柱、挡板损坏、断裂。如有损坏,应及时修理、加固或更换。对暴露的锚头、螺母、垫圈应定期涂刷防锈漆,同时应经常检查锚头螺母有否松动、脱落,如有松动、脱落应及时紧固和补充。

7. 浸水挡土墙

除平时经常检查其有否损坏外,应在洪水期前后详细观察、检查。汛前检查的目的是确定其作用效果和是否完整稳定,能否承受洪水的袭击和应采取的防护、加固措施;汛后检查的目的是观察其有否损坏,如有损坏,应及时修理和加固。

浸水挡土墙受洪水冲刷,出现基础被淘空,但未危及挡土墙本身时,可采取抛石加固或用块(片)石将淘空部分塞实并灌浆。当挡墙本身出现损坏,如松动、下沉、倒塌、开裂等,应按原样修复。

第三节　特殊地区路基的维护工作

一、盐渍土地区

当地表 1m 内含有容易溶解的盐类超过 0.3% 时即属盐渍土。易溶解的盐类,主要有 $NaCl$、$MgCl_2$、$CaCl_2$、Ne_2SO_3、$MgSO_4$、Ne_2CO_3、$NaHCO_3$(重碳酸钠)等。在我国西北、东北的干旱气候地区及沿海平原地区分布着大面积的盐渍土,其含盐量通常是 5% ~20%,有的甚至高达 60% ~70%。

(一)盐渍土分类及路基常见病害

由于盐渍土含盐类型和含盐量、含硝量以及其他因素的不同,对路基的破坏各异。

1. 盐渍土根据含盐性质分类(参见表2-3)

盐渍土按含盐性质分类　　表2-3

盐渍土名称	离子含量比值	
	Cl^-/SO_4^{2-}	$CO_3^{2-}+HCO_3^-/Cl^-+SO_4^{2-}$
氯盐渍土	>2	
亚氯盐渍土	1~2	
亚硫酸盐渍土	0.3~1.0	
硫酸盐渍土	<0.3	
碳酸盐渍土		>0.3

注:离子含量以1kg土中离子的毫摩尔数计(mmol/kg)

2. 盐渍土根据盐渍化程度分类(参见表2-4)

盐渍土根据盐渍化程度分类　　表2-4

盐渍土名称	细粒土土层的平均含盐量(以质量百分数计)		粗粒土通过1mm筛孔土的平均含盐量(以质量百分数计)	
	氯盐渍土及亚氯盐渍土	硫酸盐渍土及亚硫酸盐渍土	氯盐渍土及亚氯盐渍土	硫酸盐渍土及亚硫酸盐渍土
弱盐渍土	0.3~<1.0	0.3~<0.5	2.0~<5.0	0.5~<1.5
中盐渍土	1.0~<5.0	0.5~<2.0	5.0~<8.0	1.5~<3.0
强盐渍土	5.0~8.0	2.0~5.0	8.0~10.0	3.0~6.0
过盐渍土	>8.0	>5.0	>10.0	>6.0

注:离子含量以100g干土内的含盐总量计。

3. 盐渍土地区路基常见病害

盐渍土在干旱季节和干旱地区,因盐类有结胶和吸湿作用,故有利于路基稳定;但一旦受到雨水、冰雪融化的淋溶,含水量急增,路基发软,强度降低,引起许多路基病害,如:道路泥泞(甚至泥泞不堪);加重路基翻浆与冰胀病害;遇水湿化、溶解,引起湿陷、溶陷;硫酸盐发生盐胀作用,导致路面鼓包、拱裂,路基表层疏松,边坡呈蜂窝状,土路肩与边坡被风蚀。

(二)盐渍土地区路基病害治理及防护措施

1. 选择合理的路基高度和边坡坡度

盐渍土地区路基应以路堤通过,其高度应结合当地气候特征、水文地质、土质盐渍化程度、地下水毛细作用高度、盐胀深度、冻胀深度以及公路等级等因素综合确定。

盐渍土地区,路基边缘高出地面、地下水位,或地表长期积水水位的最小高度,参见表2-5。

盐渍土地区路堤边坡坡率，应根据填筑材料的土质和盐渍化程度确定，参见表2-6。

盐渍土地区路基最小高度

表2-5

土质类别	高出地面(m)		高出地下水位或地表长期积水位(m)	
	弱、中盐渍土	强、过盐渍土	弱、中盐渍土	强、过盐渍土
砾类土	0.4	0.6	1.0	1.1
砂类土	0.6	1.0	1.3	1.4
黏性土	1.0	1.3	1.8	2.0
粉性土	1.3	1.5	2.1	2.3

盐渍土地区路堤边坡坡率

表2-6

填料盐渍化程度	砾类土	砂类土	粉质土	黏质土
弱、中盐渍土	1:1.5	1:1.5	1:1.5～1:1.75	1:1.5～1:1.75
强盐渍土	1:1.5	1:1.5～1:1.75	1: 1.75～1:2.00	1:1.75～1:2.00

2. 设置完善的排水设置、改善排水条件

盐渍土受到雨水、冰雪融化的淋溶，含水量急增，会出现湿化坍塌、溶陷、路基发软、强度降低，失去承载力。因此，盐渍土地区必须根据沿线地质、水文情况，设置必要的地面、地下排水设施，配合自然河流、农田灌溉渠，形成良好的排水系统。地面水以边沟、截水沟、排水沟、蒸发池等措施疏导引排至路基范围以外；地下水应采取隔断、疏干、降低等措施以达到不致影响路基稳定的目的。

排水沟沟底要保持0.5%～1%的纵坡；路基填土低、排水困难地段应加宽加深边沟，或在边沟外增设横向排水沟，其间距不宜大于500m，沟底应有向外倾斜2%～3%的横坡；对加宽加深边沟的弃土，可堆筑在边沟外缘形成护堤，以保护路堤不被水淹，如图2-5所示。

3. 设置隔断层

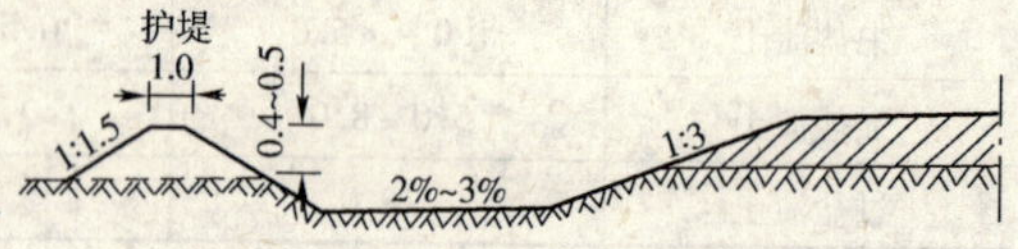

图2-5　加大边沟及护堤(尺寸单位:m)

隔断层是防止水分和盐分进入路基上部以及处理道路盐胀、翻浆病害的有效措施。隔断层类型按材料有土工布(膜)隔断层、沥青膜、沥青砂、油毛毡等不透水隔断层，砂砾、风积沙或河沙、碎(砾)石等透水隔断层；不透水隔断层可隔断下层毛细水和气态水的上升，透水隔断层只能隔断毛细水的上升。

路线通过中强盐渍土，特别是硫酸盐渍土地段受地面水或地下毛细水影响的路基，高程受限制的挖方路堑或被利用的原有路基含盐量超限路段，路基处理时宜考虑以隔断层配合其他措施综合治理。高速公路和一级公路，当路堤高度大于1.8m时，可选用透水隔断层，既可以使路基上部渗水下渗，也可阻隔下部毛细水上升；当路堤高度不足1.8m时，宜用不透水隔断层，以防止毛细水与气态水上升导致土基上部次生盐渍化的影响。

隔断层设置层位应高出地面或地表长期积水位，以隔断水分和盐分进入路基上层或路面基层。高速公路和一级公路的路堤隔断层顶面高程应比路基设计高程低1.5m以下，且同时满足最大冻深0.25m以下；二级公路，隔断层顶面高程应控制在路基边缘0.8m以下，且同时满足冻深要求，并高出边沟流水位；在与路基换填综合处理的路段，隔断层的顶面应在换填下缘或其层间下部，路堑路段应在新铺路面垫层以下至少0.30m。

采用风积沙或河沙隔断层时，应选择土或砂砾等材料包边，或将边坡放缓至1:2～1:3，以防止边坡蚀坍，保持边坡稳定。

4. 换填路基

在土质不良地段，老路路床土质含盐量超过规定要求，路床过湿、压实度不满足要求，或路基高程受限制的低填浅挖地段宜采用路基换填。

路基换填一般选用就近砂砾、风积沙或河沙。换填厚度，高速公路和一级公路应根据勘探资料慎重确定，不小于1.0m；二级公路一般为0.8m，并宜结合隔断层措施综合治理。

当原有路基填料换填受到限制时，可在原填料中掺入加固剂处治。加固剂的类型、成分和掺入剂量可根据填料土质通过试验确定。为了使化学处理过的盐渍土不受下层水分和盐分的影响，其底部应设置隔离层。

5. 路基加固

边坡经雨水冲刷或雪融后出现沟槽、溶洞、松散等，可采用盐壳平铺或用黏土掺砂砾铺上拍紧，防止疏松。为防止边坡水土流失，在坡脚处增设各侧宽2m的护坡道，护坡道高出常水位20cm以上，其上选植耐盐性的树木或草本植物（如红柳、红杨、甘草、白茨等）予以稳定，如图2-6所示。对硫酸盐渍土路基，根据需要与可能，宜采用卵石、砾石、黏土或盐壳平铺在路堤边坡上，以防止边坡疏松、风蚀和人畜踩踏而造成的破坏。

在过盐渍土（含盐量超过8%）地区，为防止路肩吹蚀、泥泞及水分从路肩部分下渗，造成路面沉陷，可对路肩采用加固措施。加固措施可用粗粒渗水材料掺在当地土内封闭路肩表层；或用沥青材料封闭路肩；也可用15cm厚的盐壳加固。

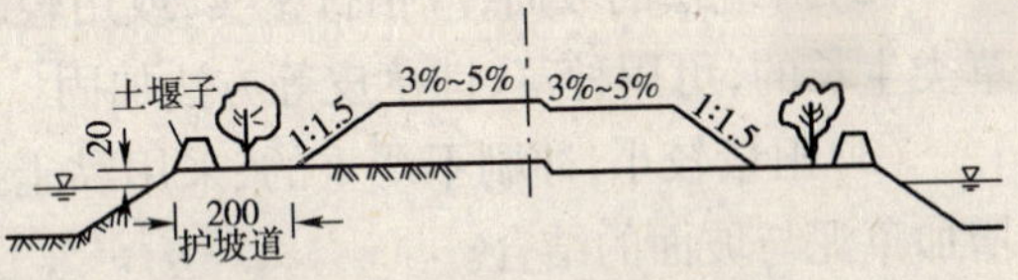

图2-6 设置护坡道并植树（尺寸单位：cm）

在盐湖地区用盐晶块修筑的路基表面，原来没有覆盖层或有而失散的，应用砂土混合料进行覆盖和恢复；出现车辙、坑凹、泥泞，应清除浮土，洒泼盐水湿润，再填补碎盐晶块整平夯实，仍用砂土混合料覆盖压实。

二、黄土地区

我国黄土的总面积占国土面积的6%以上，主要分布在大陆内部干旱和半干旱地区，以秦岭以北、长城以南、太行山以西、日月山以东的黄河中游地区的关中、陕北、宁夏、豫西、陇东及陇中的黄土高原的黄土最为典型，具有分布连续、土层厚度大等特点，且主要为风成黄土。

（一）黄土地区路基常见病害

黄土具有疏松、湿陷、遇水崩解、膨胀等特性，常见的有下列病害：

（1）路堤沉陷。

（2）路缘石周围渗水。

（3）路肩和边坡在多次干湿循环后，出现裂缝、小块剥落、小型塌方、沟槽、陷穴、滑塌或在地下水及地面水的综合作用下，形成泥流，使路肩、边坡受到破坏。

（4）边沟被水冲深、蚀宽。

（二）对病害的治理

应针对不同的情况，采取不同的加固措施。

1. 公路通过纵向、横向沟壑时，对边坡病害的治理

可采取下列措施：

（1）沟壑边坡疏松土层，应采用挖台阶的方法清除。台阶宽度不小于1m，如图2-7所示。

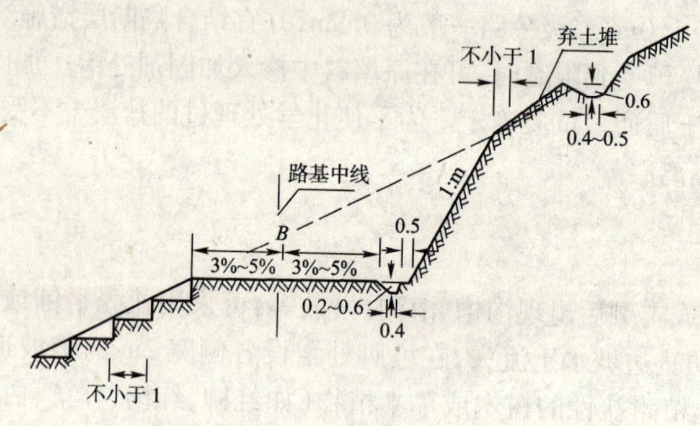

图2-7　边坡疏松土挖台阶（尺寸单位：m）

（2）对疏松的坡面，应拍打密实，或用轻碾自坡顶沿坡面碾实；如坡度缓于1∶1，雨量适宜草类生长的，可用种草、铺草皮等方法加固。

（3）雨量较小，冲刷不严重的，采用黏土掺拌铡草进行抹面，并每隔30～40cm打入木桩，增加草泥与坡面的结合。

（4）雨量较大的地区，应用石灰、黄土、细砂三合土或加炉渣的四合土进行抹面加固。

（5）高路堤边坡防护加固：植物护坡，宜选用根系发达、茎干低矮、枝叶茂盛、生长力强、多年生植物为宜；葵花拱式浆砌铺块，材料可用混凝土块或块片石等，然后可考虑播种草籽和种植小灌木。

2. 路基出现陷穴的治理

应查清水的来源、水量、发展情况等，采用灌砂、灌泥浆填塞或挖开填塞孔道后，再回填夯实，但事先应做好导水或排水措施。

3. 因地表水的侵蚀，路肩上出现坑凹的治理

可采用下列措施：

（1）用砂、土混合料逐步改善表层，防止地表水侵蚀。

（2）路肩硬化，采用无机结合料稳定类结构层、沥青表面处治层或其他硬化结构。

（3）路肩未硬化地段，为防止地表水渗入路面底层中，应每隔20～30m设盲沟一处。盲沟口与边坡急流槽相接，盲沟与盲沟之间铺设塑料薄膜防水层，如图2-8所示。

4. 在高路堤（大于12m）地段，防止路基下沉的措施

应在垫层下铺设塑料薄膜防水层（塑料薄膜厚度不小于0.14㎜），并必须设盲沟。路面

宜采用水泥混凝土预制块铺砌。

5. 对坡脚易受雨水冲刷或坡面剥落严重地段的处理措施

应根据水流、土质等情况，选用种草、铺草皮、栽灌木丛、铺柴束、篱格填石、投放石笼、干砌或浆砌片石护坡等措施，进行加固。

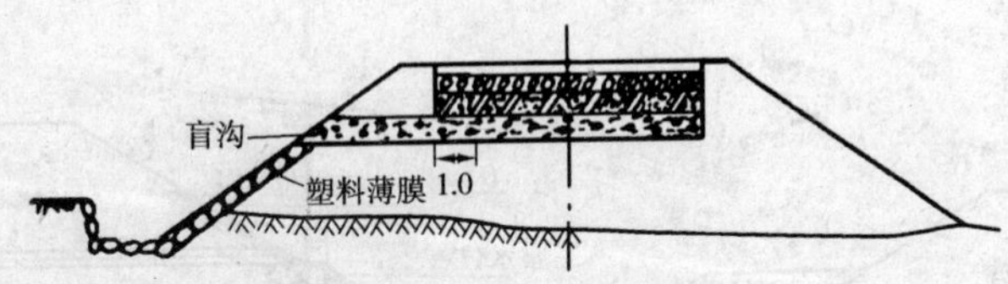

图 2-8 路肩未硬化设置盲沟与塑料薄膜(尺寸单位:m)

6. 对未设置防护工程的处理措施

应在上游一侧路基边坡底部先铺设塑料薄膜或其他隔水材料，然后贴在隔水层上铺砌浆砌片石坡脚，铺砌高度高于常水位 20 ~ 50cm。

三、泥沼和软土地区

我国东北的大小兴安岭、长白山、三江平原、松辽平原等地及青藏高原和西北地区的湖盆洼地、高寒山地均分布有泥沼；在内陆湖塘盆地、江河湖海沿岸和山河洼地则分布有近代沉积的软土。

(一) 泥沼和软土地区路基常见病害

泥沼和软土具有含水量丰富、透水性小、压缩性大、抗剪强度低、承载能力差等特性。泥沼软土地区的路基容易出现路基基底被压缩而产生较大的沉降，基底土被挤压溯流，向两侧或下坡一侧隆起使路堤下陷、滑动，冰冻膨胀而产生弹簧、翻浆等病害。

(二) 泥沼和软土地区路基病害的防治措施

1. 降低水位

当在路基两侧开挖沟渠的工程量不大时，可加深路堤两侧边沟，以降低水位，促进路基土渗透固结，达到稳固路基的效果。

2. 反压护道

当路堤下陷，两侧或路堤下坡一侧隆起时，采取在路堤两侧或一侧填筑适当高度与宽度的护道，在护道重力作用下，使路堤两侧(或单侧)有被挤出隆起的趋势得以平衡，保证路堤稳定，如图 2-9 所示。反压护道高度不宜超过路堤高度的 1/2，宽度应通过稳定性计算确定。

3. 换填土

当路基基底土被压缩而引起路基沉降，可采用换填土层法，即将病害处路堤下软土全部挖出，换以强度较高、渗透性较好的砂砾石、碎石等性能稳定的材料填筑并压实。

4. 抛石挤淤

抛石挤淤为强迫换土的一种形式,适用于软土液性指数大、层厚较薄,片石能沉达下卧硬层者。先将病害路段路堤挖到软土层,抛石自路堤中部开始,逐步向两侧展开,使淤泥挤出,在片(块)石抛至一定高度后,用压路机碾压,然后在其上铺设反滤层,再填土至路基高程,如图2-10所示。

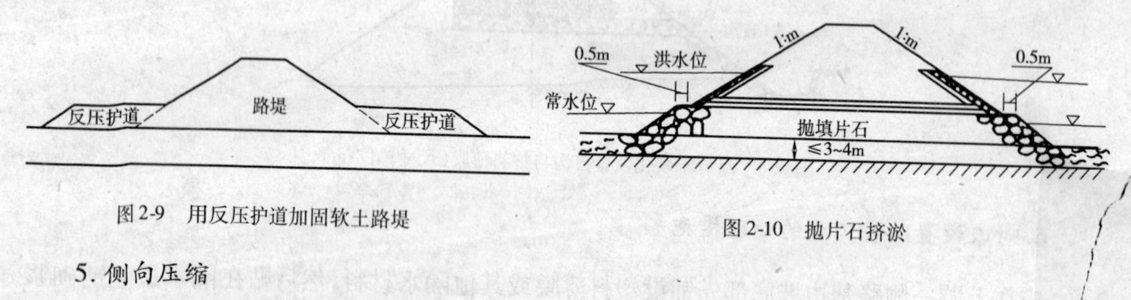

图 2-9 用反压护道加固软土路堤

图 2-10 抛片石挤淤

5. 侧向压缩

当基底土向两侧或路堤下坡一侧隆起而使路堤下陷、滑动时,可采用在路堤坡脚砌筑板桩、木排桩、钢筋混凝土桩、片石齿墙等纵向结构,限制基底软土侧向挤出,如图 2-11 所示。

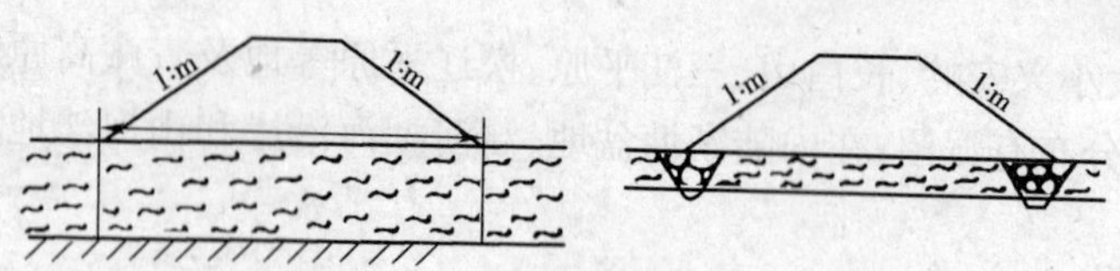

图 2-11 两种侧向压缩方法

6. 化学加固法

利用化学溶液或胶结剂采用压力灌注或搅拌混合等措施,使土颗粒胶结起来,达到对土基加固的目的。常用化学溶液和胶结剂如下:

(1)以水玻璃溶液为主的浆液,其配方较多,常用的是水玻璃浆液和氯化钙浆液配合使用,但价格较贵。

(2)以丙烯酸氨为主的浆液,我国研制的丙强是其中一种,但价格较贵。

(3)水泥浆液,由高强度等级的硅酸盐水泥,配以速凝剂而组成的常用浆液。

(4)以纸浆溶液为主的浆液,如重铬酸盐木质素和木铵,加固效果好,但有毒性,易污染地下水。

以上四类以水泥浆液使用较多。

7. 排水固结

对于因冰冻膨胀而产生的弹簧、翻浆等病害,可采用排水固结法。排水固结法是软土地基处理中成熟和经济的措施,在软土地基处理中经常使用。应根据软土厚度和性质、路堤高度、路基稳定与工后沉降控制标准、施工工期等,综合分析并确定采用砂垫层预压、袋装砂井或塑料排水板预压、真空联合堆载预压、土工布滤垫的处理方案,常与轻质路堤、加筋路堤、反压护道等配合使用。

塑料排水板预压法可用来代替传统的砂垫层或砂井预压法，应用插板机将塑料排水板插入土中，然后在上面加载预压，地基土中的水即在荷载作用下沿塑料排水通道逸出，使地基得以固结。

真空联合堆载预压法适用于高路堤或桥头路段的软土地基处理。真空预压法是在软土地基表面铺设的砂垫层中放置塑料或金属抽气筒，通过与抽气管连接的真空泵不断抽气，在砂垫层和地基中形成负压，该负压和路堤荷载共同作用使地基加速固结。采用真空联合堆载预压法应在地基中设置砂井或塑料排水板等竖向排水体；当表层存在良好的透气层以及在处理范围内存在水源补给充足的透水层等情况下，应采取切断透气层和透水层的措施。例如1994～1995年，汕头港深水港区集装箱堆场采用真空联合堆载预压法对57248m^2软土地基进行处理，由于表层有4～12.5m的细砂、中粗砂层，采用1.2m的黏土密封墙封闭，试抽气两周后真空负压即达到80kPa以上，该工程打设的塑料排水板最大深度达到25m；福宁高速公路漳湾互通立交匝道地基软土层局部有水平砂层、底板亚黏土混有卵石，经现场注水试验，卵石质亚黏土的渗透系数为2.5×10^{-4}cm/s，但通过增加射流泵的数量使真空度一直保持在70kPa，地基加固效果良好。

土工布滤垫在高压下具有较大的孔隙率，透水性能好，有良好的垂直、水平排水能力，有很高的抗拉强度及隔水作用，能提高路基整体强度，重新分布土基压力，增强路基稳定性。在饱水的软土地基上敷设土工布后，在上部材料和行车荷载的作用下，可将土中过多的水挤出，利用土工布的垂直透水性和水平透水性沿设计的底坡迅速排出；又由于土工布的过滤作用，在促使饱水土基迅速排水的同时，可以阻止细粒土随水通过，使土体保持稳定，加速土体固结过程。在填筑路堤时，为隔断可能上升的毛细水，一般在土工布上层先铺筑一层透水性好的砂砾层。土工布本身良好的竖向和横向排水性能与土工布上部的砂砾层，在路基与排水沟之间构成了一个完整的排水系统，有利于将固结水顺利、快速的排出路基之外。

8.挤密

在软土地基中采取振冲、沉管，深层搅拌、粉喷等方法形成一定直径的钻孔，在钻孔中灌以粒料或加固土，形成直径较大的桩体，利用桩体在土中的横向挤紧作用，使路基土颗粒彼此挤紧，且桩体本身具有较高的承载能力，对软土地基又有置换作用，达到对软土地基的加固目的。

桩体有振冲粒料桩、沉管粒料桩、深层搅拌加固土桩和粉喷加固土桩等；而且用粒料桩加固软土地基时还有排水固结的作用。

9.栽植

在路堤两侧边坡，宜栽植柳、枫、杨等亲水性好、根系发达的树木，以增强路基抵抗冲刷和侵蚀的能力。

四、泥石流地区

山岭地区，暴雨或融雪水夹带大量土、石等固体物质汇入沟谷，形成突然的、短暂的、间歇的破坏性水流，称为泥石流。按其物质组成和运动特性可分为黏性泥石流、稀性泥石流和泥流三种。

泥石流对路基的危害主要通过堵塞、淤埋、冲刷、撞击等造成的；也可通过压缩、堵塞河道使水位壅升，以致淹没上游沿河路基，或迫使主河槽改道、冲刷，造成间接水毁。我国泥石流主要分布在西北、西南及华北山区，华南、台湾及海南岛等地山区也有零星分布。

对泥石流病害，应通过访问、测绘、观测等获得第一手资料，掌握其活动规律，采取综合治理措施。对于高等级公路，在全流域泥石流活动频繁的地区，不采取治土、治水和排导等各项措施相结合的综合治理，就不能有效地控制泥石流和消除泥石流的危害。泥石流的防治措施具体如下。

（一）治土措施

（1）植树造林，封山育林。对流泥、流石的山坡，特别是在分水岭、山坡、洪积扇上及沟谷内，在春秋两季，应大量进行植树造林。

（2）平整山坡，填充勾缝，修筑土埂以控制水土流失，防止滑坡发生。

（二）跨越措施

（1）桥梁适用于跨越流通区的泥石流或者洪积扇区的稳定自然沟槽。设计时应结合地形、地质、沟床冲淤情况、河槽宽度、泥石流的泛滥边界、泥浪高度、流量、发展趋势等，采用合理的跨度及形式。

（2）隧道适用于路线穿过规模大、危害严重的大型或多条泥石流沟。隧道方案应与其他方案作技术、经济比较后确定。

（三）排导措施

1. 排导沟

排导沟适用于有排沙地形条件的路段。出口应与主河道衔接，出口高程应高出主河道20年一遇的洪水水位。排导沟纵坡宜与地面坡一致。排导沟的横断面应根据流量计算确定，排导沟应进行防护。

2. 渡槽

渡槽适用于排泄流量小于30m³/s的泥石流，且地形条件应能满足渡槽设计纵坡及行车净空要求，路基下方有停淤场地。

渡槽应与原沟顺直平滑衔接，纵坡不小于原沟纵坡，出口应满足排泄泥石流的需要。渡槽设计荷载按泥石流满载计算，并考虑冲击力，冲击系数可取1.3。

3. 导流堤

当在堆积扇的某一区间内，需要控制泥石流的走向或限制其影响范围时，可设置导流堤，以防止泥石流直接冲击路堤或壅塞桥涵。

导流堤的高度应为设计使用年限内的淤积厚度与泥石流的沟深之和；在泥石流可能受阻的地方或弯道处，还应加上冲起高度和弯道高度。

（四）拦截措施

1. 拦挡坝

拦挡坝适用于沟谷的中上游或下游没有排泥沙或停淤的地形条件，且必须控制上游产泥沙的河道，以及流域来泥沙量大，沟内崩塌、滑坡较多的河段。

拦挡坝体位置应根据设坝目的，结合沟谷地形及基础的地质条件综合考虑确定，并注意坝的两端与岸坡的衔接和基础埋置深度。坝体的最大高度不宜超过5m，坝顶宜采用平顶式。当两端岸坡有冲刷可能时，宜采用凹形。

2. 格栅坝

格栅坝适用于拦截流量较小、大石块含量少的小型泥石流。

格栅坝的格栅间隔按拦截大石块、排除细颗粒的要求布置，其过水断面应满足下游安全泄洪的要求。坝的宽度应与沟槽相同，坝基应设在坚实的地基上。

第四节　典型路基病害的防治技术要点

一、翻　浆

路基翻浆主要发生在季节性冰冻地区的春融时节，以及盐渍、沼泽、水网等地区。因地下水位高、排水不畅、路基土质不良、含水过多，经行车反复作用，路基会出现弹簧（弹软）、裂缝、冒泥浆等现象，统称为翻浆。翻浆的发生不仅破坏路面，妨碍行车，严重的还会中断交通。

（一）翻浆的分类和分级

路基中水分来源不同，并以不同形式存在于路基土中，对路基的影响不同。为了针对各种来源的水分所引起的翻浆，采取相应的措施进行根治，根据导致翻浆的水源不同，可将翻浆分为五个类型，参见表2-7；根据翻浆高峰时期路面变形破坏程度，将翻浆分为三个等级，参见表2-8。

翻　浆　分　类　　表2-7

翻浆类型	导致翻浆的水类来源
①地下水类	受地下水的影响，土基经常潮湿，导致翻浆。地下水包括上层滞水、潜水、层间水、裂缝水、泉水、管道漏水等。潜水多见于平原区，层间水、裂隙水、泉水多见于山区
②地表水类	受地表水的影响，使土基潮湿，导致翻浆。地表水主要指季节性积水，也包括路基、路面排水不良而造成的路旁积水和路面积水
③土体水类	因施工遇雨或用过湿的土填筑路堤，造成土基原始含水量过大，在负温度作用下使上部含水量显著增加导致翻浆
④气体水类	在冬季强烈的温差作用下，土中水主要以气态形式向上运动，聚积于土基顶部和路面结构层内，导致翻浆
⑤混合水类	受地下水、地表水、土体水或气态水等两种以上水类综合作用产生的翻浆。此类翻浆需根据水源主次定名

（二）翻浆路段的养护

翻浆现象是一年四季都在发生变化的过程。秋季，水分开始聚积；冬季，水分在路基中重分布；春季，水分使路基上部过分潮湿；夏季，水分蒸发、下渗，路基处于干燥状态。因此，在各个季节里，应根据各自不同的现象，采取适当的养护措施，加强预防性的防治工作，以防止或减轻翻浆病害。

1. 秋季养护

秋季养护的主要工作是排水，尽量防止水分进入路基，保持路基处于干燥状态，以减少冬季冻结过程中由于温差作用向路面下土层聚流的水分，因此秋季养护要做好下列工作。

翻 浆 分 级　　表 2-8

翻浆等级	路面变形破坏程度
轻	路面龟裂、湿润，车辆行驶时有轻微弹簧
中	大片裂纹、路面松散、局部鼓包、车辙较浅
重	严重变形、翻浆冒泥、车辙很深

(1)随时整修路面、路肩、边坡。

路面应维护好路拱和平整度，及时处理裂纹、松散、车辙、坑槽、搓板、纵向冲沟等病害，避免积水。

路肩应保持规定的排水横坡，尤其应在雨后夯压密实，保持路肩坚实平整。

边坡要保持规定坡度，要拍压密实，防止冲刷和坍塌阻塞边沟，造成积水。

(2)修整地面排水设施，保证地面排水通畅。

(3)检查地下排水设施，保证地下水能及时排出。

2. 冬季养护

冬季养护的主要工作，是采取措施减轻路基水分在温差作用下向路基上层聚积的程度，同时要防止水分渗入路基。所以冬季养护工作是：

(1)及时清除翻浆路段的积雪。

(2)经常上路检查，及时修补路面出现的裂缝、坑槽等，及时排除融化雪水。

(3)在往年发现有翻浆而尚未根治的路段以及发现翻浆苗头的路段，应在翻浆前做好准备工作，包括准备好抢防的用料。

3. 春季养护

春季是翻浆的暴露时期，在天气转暖的情况下，翻浆发展很快，养护的主要工作是抢防。

当路面经常出现潮湿斑点，发生龟裂、鼓包、车辙等现象，表明路基已发软，翻浆已开始，应及时采取下列养护措施，防止翻浆加重。

(1)在路肩上开挖横沟，及时排除表面积水。横沟间距一般为 3 ~ 5m，沟宽 30 ~ 40cm，沟深至路面基层以下，高于边沟沟底。

(2)及时修补路面坑槽和路肩坑洼，保持路面和路肩平整，以利于尽快排除路面积水。

(3)如条件许可，应控制重型车辆通过或令车辆绕道行驶。

(4)砂桩防治。当路基出现翻浆迹象时，可在行车带部位开挖渗水井，随时将渗水井内的水掏出，边淘水边加深，直至冰冻层以下；当渗水基本停止，即可填入粗砂或碎砾石，形成砂桩。砂桩可作成圆形或矩形，其大小以施工方便和施工时维持行车为度，一般其直径或边长为 30 ~ 50cm，桩距和根数可根据翻浆的严重程度而定，一般一个砂桩的影响面积为 5 ~ 10m^2。

4. 夏季养护

夏季是翻浆的恢复期，养护的主要工作是修复翻浆破坏的路基、路面，采取根治翻浆的措施。

首先要查明翻浆的原因，对损坏路段的长度、起讫时间、气温变化、表面特征、养护情况等进行调查分析，作出记录，确定治理方法和措施。

（三）翻浆的治理措施

1. 做好路基排水，提高路基

良好路基排水可以防止地面水或地下水浸入路基，使路基土体保持干燥，从而减轻冻结时水分聚流的来源，这是预防和处理地面水类和地下水类翻浆的首要措施。

提高路基是一种效果显著、简便易行、比较经济的常用措施。增大路基边缘至地下水或地面水位间的距离，使路基上部土层保持干燥，在冻结过程中不致因过分聚冰而失稳。

在重冰冻地区及粉性土地段，在提高路基时还要与其他措施，如砂垫层、石灰土等配合使用。

2. 铺设隔离层

隔离层设在路基顶面下 0.5 ~ 0.8m 处，其目的在于阻断毛细水上升通道，保持上部土基干燥，防止翻浆发生。地下水位或地面积水位较高，又不宜提高路基时，可铺设隔离层。隔离层按使用材料可分为两类。

（1）透水性隔离层：透水性隔离层采用碎石、砾石、粗砂或炉渣等粗集料作成。其厚度一般为 10 ~ 20cm。为了防止淤塞，应在隔离层上面和下面铺设 1 ~ 2cm 的泥炭、草皮或炉渣、石屑、针刺无纺布等透水性材料的防淤层。隔离层底部应高出地面水 20cm 以上，并作成向两侧倾斜 3% ~ 4% 的横坡，和边坡接头的地方，要用大块碎砾石铺进 50cm，如图 2-12 所示。

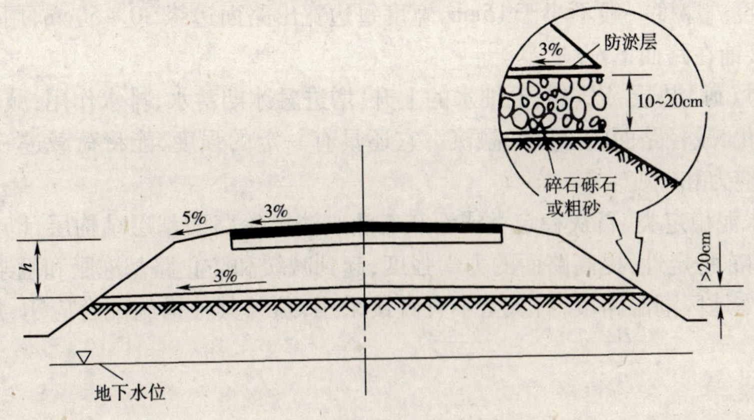

图 2-12 粗粒料透水隔离层

（2）不透水隔离层：不透水隔离层分不贯通式和贯通式两种。前者适用于一般路段，用以隔断毛细水；后者适用于地面排水有困难或地下水位高的路段，用以隔断毛细水和横向渗水。

隔离层的适用条件及注意事项：

①隔离层对新旧路线翻浆均可采用,特别适用于新线。

②不透水隔离层适用于不透水路基中,在透水路面下只能设透水隔离层。

3. 设置路肩盲沟或渗沟

(1)路肩盲沟:为及时排除春融期间路基中的自由水,达到疏干路基上部土体的目的,可在路肩上设置横向盲沟。适合于路基土透水性较好的地下水类翻浆路段。

盲沟布置应与路中心线垂直。当路段纵坡大于1%时,则与路中心线成60°~75°的交角(顺下坡方向),两边交错排列,一般5~10m设置一道,深为20~40cm,宽为40cm左右。

盲沟应用渗水性良好的碎(砾)石填充,沟底宜作成4%~5%的坡度。盲沟出水口应高出边沟水面30cm,出口按一般盲沟处理。

(2)排水渗沟:为了降低路基的地下水位,可在边沟下设置盲沟或纵向渗沟。为了拦截并排除流向路基的层间水,可采用截水渗沟。

近年来,开发了一种新型的加筋软式透水管。透水管内经磷酸防腐处理并涂敷PVC的高强度弹簧硬钢丝,在钢圈外紧接纺织三层高强尼龙和特殊纤维制成的滤布和透水层。坚固耐用,施工方便,尤其适于复杂地形使用,替代传统的盲沟和渗沟施工可取得较好的效果。

4. 换土

对因土质不良造成翻浆的路段,可在路基上部换填水稳性好、冰冻稳定性好、强度高的粗颗粒土,以提高土的强度和稳定性。

一般可根据地区情况、道路等级、行车要求、换填材料等因素确定换土厚度。一般在路基上层换填40~60cm厚的砂性土,路基即可基本稳定。在翻浆严重路段应将部分软土全部挖出,填入水稳定性良好的砂粒料并压实,然后重铺路面。

5. 改善路面结构层

(1)为防止水的冻结和土的膨胀,可在路基中设置隔温层(一般为北方严重冰冻地区),以减小冰冻层深度。厚度一般不小于15cm,宽度每边宽出路面边缘30~50cm,用泥炭、炉渣、碎砖等材料,直接铺在路面下。

(2)铺设砂(砾)垫层,以隔断毛细水的上升;增进融冰期蓄水、排水作用;减小冻结或融化时水的体积变化,减轻路面的冻胀和融沉。它还具有一定的强度,能将荷载进一步扩散,从而可减小路基的应力和应变。

(3)铺设水泥稳定类、石灰稳定类或石灰工业废渣类等路面基层结构层,以增强路面的板体性、水稳性和冻稳定性,提高路面的力学强度,起到减缓和防止路基冻胀和翻浆的作用。

但在重冰冻地区潮湿路段,石灰土不宜直接采用,须与其他措施配合应用,如在石灰土下铺设砂垫层等。

6. 改线

如果上述各种方法都不合适时,在可能的情况下可采用改线的方法。即将路线改至邻近的水文地质和土壤条件较好的地带去。对于新建公路,在勘测选线时,必须注意沿线的水文地质情况,尽量避免通过易于翻浆的地段,如不可避免时,在设计时应作出根治措施,彻底处理好翻浆。

(四)翻浆治理方案的选择

翻浆路段,必须查明原因,并对病害的范围、一般发生时间、当地当时气候变化、病害表面特征、路面结构、平时的维修养护情况等进行详细调查分析,作出记录,确定其治理方案。

二、边 坡 病 害

高等级公路特别是山区高等级公路的边坡病害是路基最常见病害之一。通常有崩坍、滑坡、坡面冲刷、坍塌、剥落、落石和泥石流等。这里着重介绍崩塌和滑坡。

公路边坡崩塌是较常见的病害,它危害严重,经常阻断交通。崩塌是岩体突然而猛烈地从陡峻的斜坡上崩离翻滚跳跃而下的现象,通常发生在高峻的自然山坡上,也可发生在高陡的路堑边坡上。发生崩塌的物体一般为岩石,但某些土坡也会发生崩塌。

这里所指的崩塌是包含碎落、落石、危岩、坍塌、崩坍的总称。崩塌的规模有大有小,由于岩体风化,破碎比较严重,边坡上经常发生小块岩石的坠落,成为碎落;一些较大岩块的零星崩落称为落石;规模巨大岩体的崩坍也称山崩。

路基山坡土体或岩体,由于长期受地面水、地下水活动的影响,使其结构破坏,逐渐失去支撑力,在自重力作用下,整体地沿着一定软弱面(或带)向下滑动,这种地质现象称为滑坡。滑坡一般是缓慢的,可延续相当长的时间;但坡度较陡时,也会突然下滑。

崩塌与滑坡的明显区别是:崩塌发生急促,破坏体散开,并有倾倒、翻滚现象;而滑坡体一般总是沿着固定滑动面整体地、缓慢地向下滑动。

(一)崩塌的防治措施

(1)边坡或自然坡面比较平整、岩石表面风化易形成小块岩石呈零星坠落时,宜进行坡面防护,以阻止风化发展,防止零星坠落。

(2)山坡或边坡坡面崩坍岩块的体积及数量不大,岩石的破碎程度不严重,可采用全部清除并放缓边坡。

(3)岩体严重破碎,经常发生落石路段,宜采用柔性防护系统或拦石墙与落石槽等拦截构造物。

(4)对在边坡上局部悬空的岩石,但岩体仍较完整,有可能成为危岩石,可视具体情况,采用钢筋混凝土立柱、浆砌片石支顶或柔性防护系统。

(5)易引起崩坍的高边坡,宜采用边坡锚固。

(6)当崩坍体较大、发生频繁且距离路线较近而设拦截构造物有困难时,可采用明洞、棚洞等遮挡构造物处理。

(7)对边坡坡脚因受河水冲刷而易形式崩塌者,河岸要做防护工程。

(8)在可能发生崩塌的地段,必须做好地面排水设施。

(二)滑坡的防治措施

1.排水工程

(1)地面排水。滑坡体以外的地面水,应予拦截引离;滑坡体上的地面水要注意防渗,并尽快汇集引出。各种地面排水措施的适用条件以及布置、设计与施工原则参见表2-9。

滑坡排水措施表 表 2-9

名　称	适用条件	布置及设计施工原则
环形截水沟	滑体外	截水沟应设在滑坡可能发展的边界5m以外，根据需要可以设置数条，分段拦截地表水，向一侧或两侧的自然沟系排出。在坡度陡于1:1的山坡上，常采用陡坡排水槽来拦截山坡上方的坡面径流。沟槽断面以满足滑泄坡面径流为准，如土质渗水性强，应采用黏性土、石灰三合土或浆砌片石铺砌防渗层
树状排水系统	滑体内	结合地形条件，充分利用自然沟系，作为排水工程渠道，汇集并旁引坡面径流于滑坡体外排出，排水沟布置应尽量避免横切滑体，主沟宜与滑移方向一致。支沟与主沟斜交30°~45°。如土质松软，可将土夯成沟形，上铺黏性土或石灰三合土加固。通过裂缝处，可采用搭叠式木质水槽或陶管、混凝土槽、钢筋混凝土槽，以防山坡变形拉断水沟，使坡面水集中下渗
明沟与渗沟相配合的引水工程	滑体内泉水或湿地	目的在于排除山坡上层滞水和疏干边坡土体含水，埋入地下部分类似集水渗沟，露出地面部分是排水明沟
平整夯实自然山坡坡面	滑体内	如山坡土质疏松，坡面水易于阻滞下渗，应对坡面整平夯实。填塞裂缝，防止坡面径流汇集下渗
绿化工程（植物、铺种草皮）	山坡滑体内	绿化工程是配合表面排水的一项有效措施，特别对渗水严重的黏性土滑坡和浅层滑坡，效果显著。在滑坡面种植灌木及阔叶果树，可疏干滑体水分，根系起加固坡面土层的作用。铺种草皮可滞缓坡面径流流速，防止冲刷，减少下渗，避免坡面泥土淤塞沟槽

（2）地下排水。排除滑坡地下水的工程措施，应视滑动面状况、滑坡所在山坡流域水文地质条件及地下水动态特征，选用渗沟、暗沟、仰斜式排水孔，或者隧洞等排水方案，应用较多的有各式渗沟。

①支撑渗沟，主要用以支撑滑坡前缘潮湿土体，兼起排除和疏干滑坡体内的浅层滞水、地下水的作用，适用深度（高度）为2~10m。

支撑渗沟有主干和分支两种。主干平行于滑动方向，布置在地下水露头处或由土中水形成坍塌的地方，支沟应根据坡面汇水情况合理布置，可与滑坡移动方向成30°~45°交角，并可伸展到滑坡范围以外，以起挡截地下水的作用，如图2-13与图2-14所示。

②边坡渗沟，用于疏干潮湿的边坡和引排边坡上层的滞水或泉水。修建边坡渗沟，以疏干和支撑边坡；同时，也能起到截阻坡面径流和减轻坡面冲刷的作用。

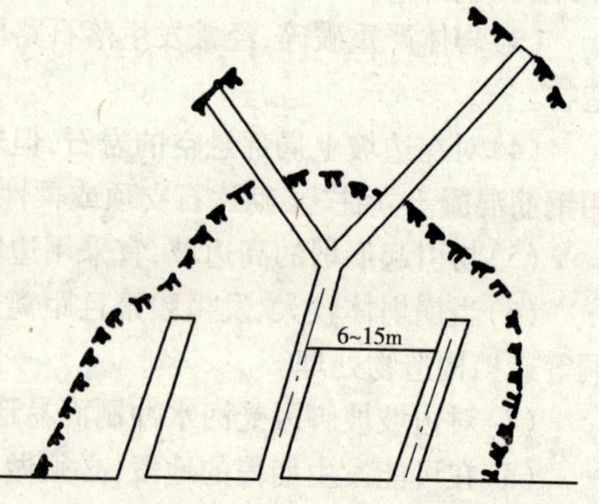

图2-13　支撑渗沟平面布置图

边坡渗沟的平面形状有垂直的、分支的及拱形的。分支渗沟的主沟主要起支撑作用，而支沟则起疏干作用。分支渗沟可以互相连接成网状布置，如图2-15所示。

③截水渗沟，用于截阻流向滑坡的浅层或深层地下水并将其排出滑坡体，可在垂直于地下水流的方向上设置截水渗沟，如图2-16所示。

④暗沟适用于排除滑坡体内外的封闭积水或地下出露泉水。

⑤仰斜式排水孔适用于疏干、排泄滑坡体内赋存的深层地下水，如图 2-17 所示。

⑥排水隧洞适用于引排深层地下水。

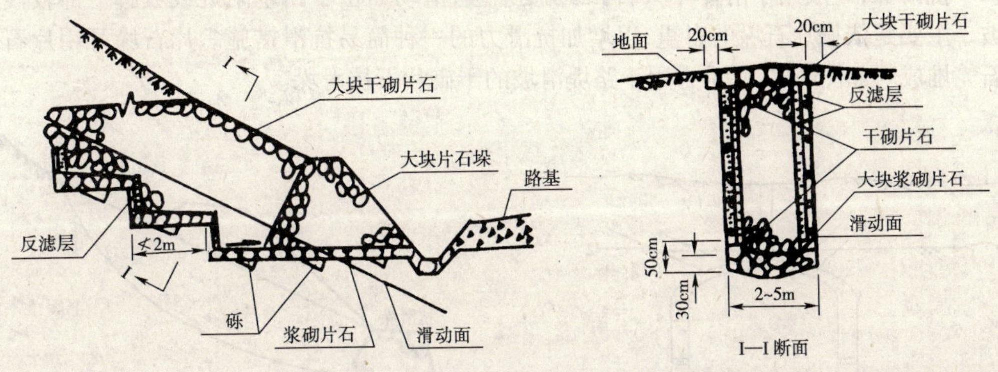

图 2-14　支撑渗沟结构示意图

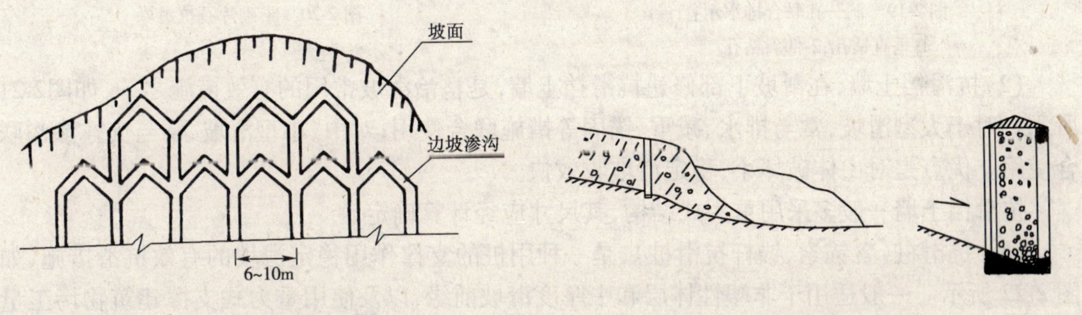

图 2-15　网状边坡渗沟

图 2-16　截水渗沟示意图

2. 减重

减重就是在滑坡体后缘挖除一定数量滑坡体面使滑坡稳定下来。这种措施适用于推动式滑坡，一般滑动面不深，滑床上陡下缓，滑坡后壁或两侧有岩层外露或土体稳定不可能再发展的滑坡。减重主要是减小滑体的下滑力，不能改变其下滑趋势，所以对中小型滑坡，减重可作为滑坡整治的主要手段之一；对大型滑坡，减重常与其他整治措施配合使用，见图 2-18 和图 2-19。

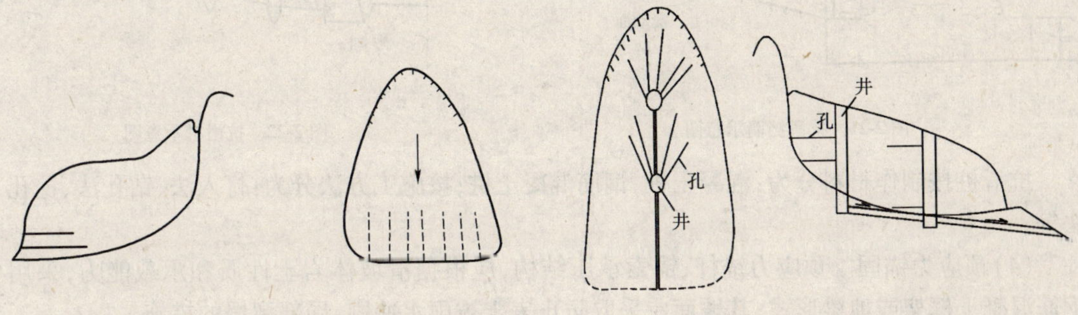

图 2-17　仰斜式排水孔示意图

图 2-18　井—孔联合排水示意图

3. 支挡工程

支挡工程分如下几类：

(1) 抗滑垛，一般用于滑体不大，自然坡度平缓，滑动面位于路基附近或坡脚下部较浅处的滑坡。主要是依靠片石垛的自重，以增加抗滑力的一种简易抗滑措施。片石垛可用片石干砌或石笼堆成。如图 2-20 所示为用于路堤滑坡的干砌片石抗滑垛。

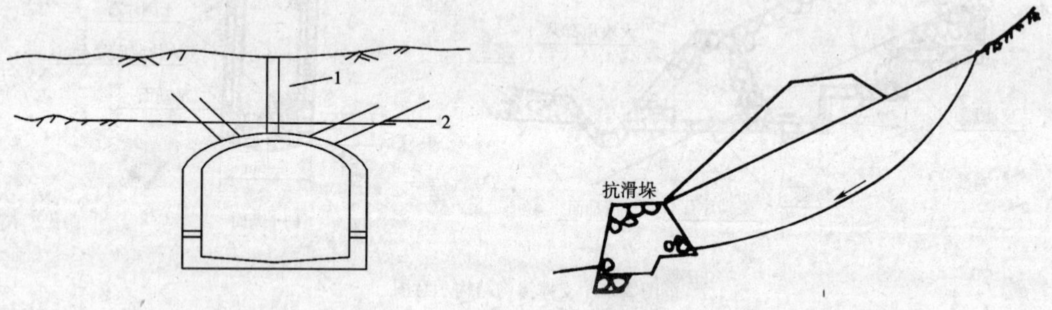

图 2-19　洞—孔联合排水示意图

1-垂直钻孔；2-仰斜钻孔

图 2-20　干砌片石抗滑垛

(2)抗滑挡土墙，在滑坡下部修建抗滑挡土墙，是整治滑坡常用的有效措施之一，如图2-21所示。对于大型滑坡，常与排水、减重、锚固等措施联合使用；对中、小型滑坡，常与支撑渗沟联合使用。优点是对山体破坏小，稳定滑坡收效快。

抗滑挡土墙一般多采用重力式结构，其尺寸应经计算确定。

(3) 抗滑桩(含锚索、锚杆抗滑桩)，是一种用桩的支撑作用稳定滑坡的有效抗滑措施，如图 2-22 所示。一般适用于非塑性体层和中厚度滑坡前缘，以及使用重力式支撑建筑物圬工量过大，施工困难的场合。具有布置灵活、施工简便、施工对滑坡稳定影响小等特点，近年来，随着山区高速公路工程的建设，应用非常普遍，效果明显。

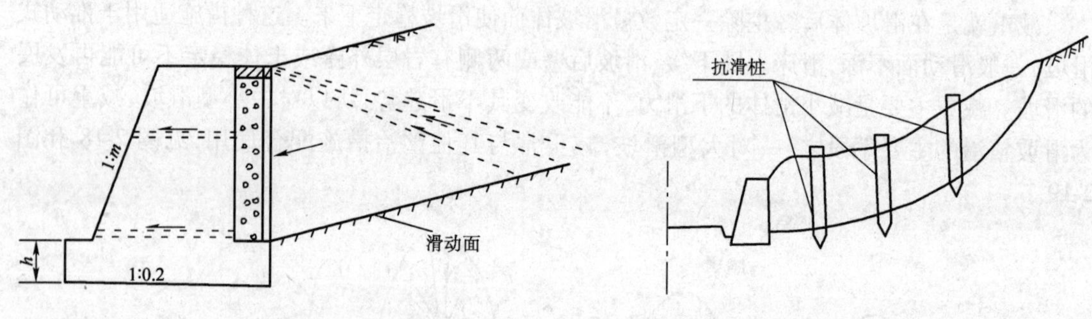

图 2-21　抗滑挡墙示意图

图 2-22　抗滑桩示意图

抗滑桩按制作材料分为：混凝土桩、钢筋混凝土桩；按施工方法分为：打入法、钻孔法、挖孔法等。

(4)预应力锚固。预应力锚杆、锚索承压结构，应根据滑坡体岩土性质和承载能力，采用钢筋混凝土框架或地梁形式；其坡面应采取防止表土被雨水冲刷、局部溜塌的措施。

(5)可采用高压旋喷桩或注浆改良滑动带岩土的措施，提高滑动带岩土抗剪强度，增强滑坡稳定性，对土质、中小型滑坡是一种有效途径。

4. 防护措施

滑坡体前缘受河水冲刷时，应采取防护措施。

三、高路堤沉陷

(一)高填路堤常见病害

高填路基由于施工和工程完工后在自然环境和重复荷载作用下，常出现一些路基病害，如沉陷、排水不畅、路堤冲刷等，影响公路的正常使用。

1. 沉陷

高填路基是以边坡的总高度大于20m(土质边坡)或12m(石质边坡)为界限划分的。高路堤施工完工后，随着时间的延长与荷载的作用，路基在垂直方向上常会发生较大的变形和沉陷。沉陷从反映在路面上的结果分不均匀下沉、局部沉陷、整体下沉三种类型；从路基产生沉陷的部位分路堤沉陷和地基沉陷两种类型。高路堤沉陷有时并不单单是沉陷一种变形，常常在沉陷的同时，伴随着路基纵、横方向开裂或边坡滑动。

2. 排水不畅

由于路基、路面、中央分隔带排水不畅，导致路基进水，路基局部沉陷，路面结构早期损坏。

3. 路堤冲刷

高路堤如果不是全防护，裸露部分易被雨水冲刷，造成病害。

(二)高路堤沉陷的处治措施

1. 换填法

因填筑土质不符合要求，路基出现下沉但面积不大且深度不深时，采用换填法是一种简单快捷的方法。是将原路基出现病害部分的土挖去，换以新的且符合规范要求的土。一般采用级配较好的砂砾土或塑性指数满足规范要求的亚黏土为宜；如需要时，可结合土工合成材料进行。

2. 化学加固法

在处理高填土路基的下沉时，如果更换路基填料受限制，且填料数量不大时，可在原填料中掺入一定数量的化学固化剂处理路基病害。

路用材料固化剂从形态上可分为固态和液态两大类；从化学构成上可分为主固化剂和助固化剂两大类。固体粉状固化剂中主固化剂以石灰、石膏、水泥为主；助固化剂采用高聚物，如聚丙烯酰胺、聚丙烯酸、或含有活性基因的有机化合物；液态固化剂中主固化剂多采用水玻璃；助固化剂采用各种无机盐，如碳酸镁、碳酸钙等。前者与土混合加压，适合于表层或浅层土的固化；后者使用时，采用特殊工艺将浆液注入土中使土固结，适合于深层土的固结。

3. 粉喷桩法

对于处理10m以内路基下沉病害，采用粉喷桩加固是较为理想的一种方法。粉喷桩处理的软基土之间新发生的一系列物理、化学反应，在原地基中形成强度、刚度较大的桩体，同时也使桩四周土体性质得到改善，桩体与桩间土体形成复合地基共同承担外荷载。

粉喷桩处理地基属隐蔽工程，通常是昼夜施工，必须做好质量控制，内容包括桩距、桩位检查，逐桩控制喷粉量、桩长等。

4. 灌浆法

灌浆法是利用液压、气压或电化学原理，使注浆液均匀的注入地层中，通过浆液充填、渗透和挤密等方式占据土粒间或岩石裂缝中的空间，经人工控制一定时间后，浆液将原来的土粒或裂隙胶结成一个整体，形成一个结构新、强度大、防水性能高和化学稳定性良好的"结石体"。

本章小结

路基是公路的重要组成部分，是路面的基础，与路面共同承担汽车荷载的作用。路基的强度和稳定性是保证路面平整度、强度和稳定性的重要条件。高等级公路是交通运输的主干道，其快速、安全、舒适、畅通的交通特点，要求高等级公路及其附属设施必须经常保持完好状态。因此，为了保证公路的正常使用，必须对路基进行周期性的、预防性的、科学合理的养护和维修，使路基经常处于良好的技术状态，不发生较大的变形和其他病害，满足汽车运行的需要。

本章概述了公路路基维护的基本内容和工作要求。对路基的日常维护做了详细的描述。对特殊地质地区的路基维护及路基常见病害的防治措施做了详细的讲解。

复习思考题

1. 试述路基维护工作的内容。
2. 路基的日常维护包括哪些内容？
3. 边坡维护有哪些要求？
4. 排水设施的维护有哪些要求？
5. 试述挡土墙的加固措施。
6. 盐渍土地区路基的防治措施有哪些？
7. 黄土地区路基的防治措施有哪些？
8. 泥沼及软土地区路基的防治措施有哪些？
9. 泥石流地区路基的防治措施有哪些？
10. 防治翻浆的措施有哪些？
11. 防治崩塌的措施有哪些？
12. 防治滑坡的措施有哪些？
13. 高路堤沉陷的处治方法有哪些？

第三章 高等级公路沥青路面的维护

教学要求

1. 明确沥青路面维护的工作要求及内容；
2. 进行沥青路面破损的分类及分级；
3. 通过对路面状况的调查，对路面状况做出评价；
4. 根据对路面现有使用质量的评定，决定路面的维护对策；
5. 结合生产实践，学习沥青路面的各种维护技术。

在高等级公路维护工作中，路面维护是公路维护工作的中心环节，是质量考核的首要对象。沥青路面是高等级公路的重要路面结构形式之一。随着公路建设事业的不断发展，沥青路面的数量和质量也有了较大的提高，但是由于交通量的迅速增长，载重车辆轴重的加大，致使沥青路面出现早期破坏情况较为普遍。路面的缺陷和损坏，必然严重影响路面的正常使用功能和服务水平。因此，必须对公路沥青路面加强维护，提高技术水平，保持路面的完好、畅通，确保高等级公路的服务质量和使用寿命。

第一节 概 述

为保证路面经常处于良好的技术状态，延长路面的使用寿命，确保高等级公路行车快速、安全、舒适而顺畅，应提高公路沥青路面的维护水平。

一、路面维护的工作要求及内容

（一）沥青路面维护工作应符合下列要求

(1)对沥青路面必须进行预防性、经常性和周期性维护。

沥青路面的维护应贯彻“预防为主，防治结合”的方针，根据日常调查的路况资料及交通量、气候情况，进行分析，预做防范，加强预防性维护工作，特别是做好雨季和冬季的预防工作。

必须加强路况巡视，掌握路面的使用状况，根据路面的实际情况制订日常小修保养和经常性、预防性和周期性的养护工作计划；对于较大范围路面维修和超过设计使用年限的路面维修应及时安排大中修工程和改建工程。

沥青路面使用到一定年限后，即使用到一定周期后，必须采取罩面或其他补强措施，以恢复其使用功能。即必须每年保证7%的大修率，使路面得到周期性的维护，实现路面使用质量的良性循环。

(2)沥青路面的维护必须加强计划及施工管理，根据计划做好进度安排、人员组织、物资设备供应，保证维护工作按照计划实施；必须加强维护工作质量管理和监督；必须加强沥青路面维护工作的经济核算和成本分析。

(3)沥青路面宜采用机械化维护,提高维护工程和服务水平。

(4)沥青路面的维护应依靠科技进步,加强维护技术管理,逐步采用先进的检测仪器设备采集路况资料,应用路面管理系统,正确评价路况,提出科学的维护对策;积极推广新技术、新材料、新工艺,发展现代化沥青路面的维护技术。

沥青路面维护中采用的新技术、新材料、新工艺是指能够提高路面维护质量,减轻劳动强度,降低成本的各项措施。

(5)沥青路面维护必须贯彻文明施工、安全生产的方针,制订技术安全措施,加强安全教育,严格执行安全操作规程,确保安全生产。

在维护工作中必须穿着安全标志服。由于维护工程作业的原因,使现有公路不能正常通行时,应当实行作业交通安全控制,确保维护施工的交通安全;同时采取安全措施,注意安全操作。

(二)沥青路面的维护工作

可分为日常巡视与检查、小修保养、中修、大修、改建和专项工程。

1. 日常巡视与检查

为及时掌握路面的技术状况,必须对路面进行经常性的检查与巡视,内容包括:

(1)路面上是否有明显的坑槽、裂缝、拥包、沉陷、松散、车辙、泛油、波浪、麻面、冻胀、翻浆等病害,其危害程度及趋势。

(2)路面上是否有可能损坏路面或妨碍交通的障碍物。

2. 小修保养

是对沥青路面进行的预防性保养和轻微损坏部分的维修工作,可分为日常保养和小修。

日常保养的内容:清扫路面泥土、杂物,保持路面整洁;排除路面积水、积雪、积冰、积砂,铺防滑料等,以维持路面安全畅通;拦水带(路缘石)的刷白、修理;清理边沟、维修护坡道、培土等。

小修的内容:修补路面的泛油、拥包、轻微裂缝、坑槽、沉陷、波浪、局部网裂、松散、车辙、麻面、啃边等病害。

3. 中修工程

是对沥青路面一般性损坏的修复工作,主要内容:沥青路面整段铺装、罩面或封面(稀浆封层);沥青路面局部严重病害处理;整段更换路缘石、整段维修路肩。

4. 大修工程

是对沥青路面较大范围内的损坏部分进行的综合性修理工作,以全面恢复原设计标准或原技术等级,内容包括路面的翻修、补强等。

5. 改建工程

是对原有沥青路面因不适应现有交通要求而进行的翻修、补强、局部改线等较大的工程项目,内容包括:提高路面等级;补强;加宽;局部改线,对不适应交通要求、不符合路线标准的路段,通过局部改线,提高公路等级,使其符合技术标准要求。

6. 专项工程

主要是当路面遭受自然灾害,如因洪水引起的水毁,因地震、滑坡、崩塌、泥石流引起的公路损坏、病害等,都必须进行专项修复;由于各种重大政治、经济活动等,如大型体育运动会的召开等,也需对路面进行整治。

二、路面破损分类和分级

路面破损状况是反映路面整体稳定性和其结构完整性的一个指标,按其形状可分为:裂缝类、松散类、变形类和其他类四大类,具体分类和分级参见表 3-1。

沥青路面破损分类分级 表 3-1

损坏类型		分级	外观描述	分级指标	单位
裂缝类	龟裂	轻	初期龟裂,缝细,无散落,裂区无变形	块度:20~50cm	m^2
		中	裂块明显,缝较宽,无或轻散落或轻度变形	块度:<20cm	
		重	裂块破碎,缝宽,散落重,变形明显,亟待修理	块度:<20cm	
	不规则裂缝	轻	缝细,不散落或轻微散落,块度大	块度:>100cm	m^2
		重	缝宽,散落,裂块小	块度:50~100cm	
	纵裂	轻	缝壁无散落或轻微散落,无或少支缝	缝宽:≤5mm	m^2
		重	缝壁散落重,支缝多	缝宽:>5mm	
	横裂	轻	缝壁无散落或轻微散落,无或少支缝	缝宽:≤5mm	m^2
		重	缝壁散落重,支缝多	缝宽:>5mm	
松散类	坑槽	轻	坑浅,面积较小(<$1m^2$)	坑深:≤25mm	m^2
		重	坑深,面积较大(>$1m^2$)	坑深:>25mm	
	麻面		细小嵌缝料散失,出现粗麻表面		m^2
	脱皮		路面面层层状脱落		m^2
	啃边		路面边缘破碎脱落,宽度 10cm 以上		m^2
	松散	轻	细集料散失,路面磨损,路表粗麻		m^2
		重	细集料散失,多量微坑,表面剥落		
变形类	沉陷	轻	深度浅,行车无明显不适感	深度:≤25mm	m^2
		重	深度深,行车明显颠簸不适	深度:>25mm	
	车辙	轻	变形较浅	深度:≤25mm	m^2
		重	变形较深	深度:>25mm	
	搓板		路面产生纵向连续起伏,似搓板状的变形		
	波浪拥包	轻	波峰波谷高差小	高差:≤25mm	m^2
		重	波峰波谷高差大	高差:>25mm	
其他类	泛油		路表呈现沥青膜,发亮,镜面,有轮印		m^2
	磨光		路面原有粗构造衰退或丧失,路表光滑		m^2
	修补损坏		应破损或病害而采取修复措施进行处治,路表外观上已修补的部分与未修补的部分明显不同		m^2
	冻胀		路基下部的水分向上聚集并冻结成冰引起路面结构膨胀,造成路表拱起和开裂		m^2
	翻浆		因路基湿软,路面出现弹簧、破裂、冒浆的现象		m^2

三、路面状况调查的内容

路面状况是指路面在被调查、评价时所具有的外观和内在的状态,也称为路面使用性能。通常外观状态指路面破损和平整度,内在状态指路面强度和表面抗滑性能。通过调查确定路面损坏类型,路面损坏一般分为结构性损坏和功能性损坏。结构性损坏包括路面结构整体或其中某一部分或某几部分的损坏,使路面达不到设计强度;功能性损坏包括平整度、抗滑能力的下降,使路面达不到预定的功能。一般来说,路面出现结构性损坏都会出现功能性损坏,但路面出现功能性损坏时则不一定出现结构性损坏。对于功能性损坏可通过整段罩面,使其功能得以恢复;对于结构性损坏,通常要对损坏路面进行翻修。

路面状况调查就是运用各种仪器设备,按照规定的调查频率对路面状况各项指标进行检测,以了解当时的路面状况,建立路面管理系统、积累数据,为公路管理部门编制公路养护年度计划和维修对策提供依据。

沥青路面调查可采用全面调查或抽样调查的方式,调查频率参见表3-2。

路面调查频率

表3-2

公路等级	评价指标			
	破损	平整度	强度	抗滑
高速公路、一级公路	每年1次		1~3年1次	
二级公路	每年重点调查		必要的调查	

路面状况调查主要包括:路面破损状况、路面结构强度、路面平整度、路面抗滑能力等四项内容。

1.路面破损状况调查

路面破损状况反映了路面结构的完好程度。对高等级公路路面破损,调查人员在范围不够大的情况下可用直尺、病害数据采集仪进行实地量测,必要时可拍摄照片或录像;当病害范围较广时,宜组织专业技术人员采用高速路面摄影车等高效测试设备进行调查。

调查时间,需根据路面病害类型确定,但调查次数一年应不少于一次。对于强度不足或疲劳引起的荷载性裂缝(龟裂),宜在春季或雨季最不利季节之后进行;对于因温度收缩等引起的非荷载性裂缝(块裂及横向裂缝)宜在冬季以后调查,当然为便于观测裂缝,最佳时机宜选择在雨后(或预先洒水)路表已干燥但尚有水迹的时候观测;对车辙、拥包、波浪等热稳性变形宜在夏季观测;对松散类破损宜在雨季观测。根据需要也可采用定期的或规定的同一时间内进行调查。

2.路面强度调查

路面强度调查主要用于评价路面结构的承载能力,从而确定路面的剩余寿命,即在达到预定的破损状况之前路面还能使用的年数或能承受标准轴载的作用次数。依据剩余寿命的长短,可以判断路面结构的完好程度和其损坏的速度,以确定必要的维护措施。

路面强度的调查指标为路面的弯沉值,高速公路和一级公路路面弯沉值的调查,宜采用自动弯沉仪或落锤式弯沉仪进行调查,但应建立与贝克曼梁测定结果的对应关系;二级公路可采用贝克曼梁式弯沉仪进行调查。路面的弯沉应在不利季节测定,并注意温度修正;若在非不利季节测定，应按各地的季节影响系数进行修正。

3. 路面平整度调查

路面平整度表示路面表面诱使车辆行驶出现振动的高程变化，是反映路面在行驶质量方面所提供服务能力的重要指标，它对车辆磨损、油耗、行驶舒适性、路面损坏和交通安全产生直接的影响。路面平整度的检测一般有3m直尺、连续式平整度仪、颠簸累积仪和纵断面量测方法。由于颠簸累积仪检测快速，故宜于路网平整度全面调查时采用。小范围的抽样调查，可采用连续式平整度仪或3m直尺检测。高等级公路平整度调查每年至少都要进行一次，每次都要安排在基本相同的时段内进行。

在同一路段上采用不同仪器进行检测会得出不同的平整度指标数值，所以国际上采用纵断面量测法，量测的结果称为国际平整度指标IRI。国际平整度指数IRI是目前国际上公认的衡量路面舒适性指数RCI或路面行驶质量指数RQI的指标，由精密水平仪测定路段上每隔0.25m测点的高程后通过计算确定，单位为m/km。

当采用其他设备测定时，可通过标定进行回归分析，建立与国际平整度指数的相关关系，换算成国际平整度指数。以车载式颠簸累积仪为例，其测定值与国际平整度指数之间的相关关系如式(3-1)所示：

$$IRI = a + b \times VBI_v \tag{3-1}$$

式中：IRI——国际平整度指数，cm/km；

VBI_v——测试车速为v(km/h)时颠簸累积仪测得的颠簸累积值，cm/km；

a、b——回归系数。

进行标定时，应选择5~6段不同平整度的路段，每段平整度应均匀，长度一般为250~300m，取3~5次测定值的平均值进行回归分析。

应用其他设备，同样可按上述方法建立与国际平整度指数或相互指标之间换算的相关关系。

4. 路面抗滑能力调查

路面抗滑性能反映了路面上车辆行驶的安全性，其调查指标为轮胎与路面的摩擦因数。路面在使用过程中，因车轮的不断磨损，路表面的抗滑能力因集料被磨光而逐渐下降，当抗滑能力下降到不安全时，便需采取措施予以恢复。影响路面抗滑能力的因素有路面表面特性、路面潮湿程度和行车速度等。

路面的抗滑能力可采用不同的方法测定，通常采用摆式摩擦系数测定仪和横向力摩擦系数(SFC)测定车。高速公路宜采用横向力摩擦系数测定车，一般每年春秋季节进行抗滑能力的测定。

横向力摩擦系数测定车测定值SFC与摆式摩擦系数测定仪测定值BPN具有良好的相关关系：$SFC = -34 + 1.98BPN$。

路表面的细构造是指集料表面的粗糙度，它随车轮的反复磨耗而逐渐磨光，通常用石料磨光值(PSV)表征其抗磨光的性能。路表的细构造在低速行车时，对路表的抗滑能力起决定作用；在高速行车时，对抗滑能力起决定作用的却是粗构造。粗构造是由路表外露集料构成的，其功能是使路表面水迅速排除，以免形成水膜，粗构造由构造深度来表征。构造深度是高速行车防止水漂和溅水影响驾驶员视线的重要因素。

四、路面现有使用质量的评价及路面维护对策

(一)路面现有使用质量的评价

路面现有使用质量评价的内容包括:路面破损状况、行驶质量、强度及抗滑性能。各项评价内容所用的指标及其关系如图 3-1 所示。

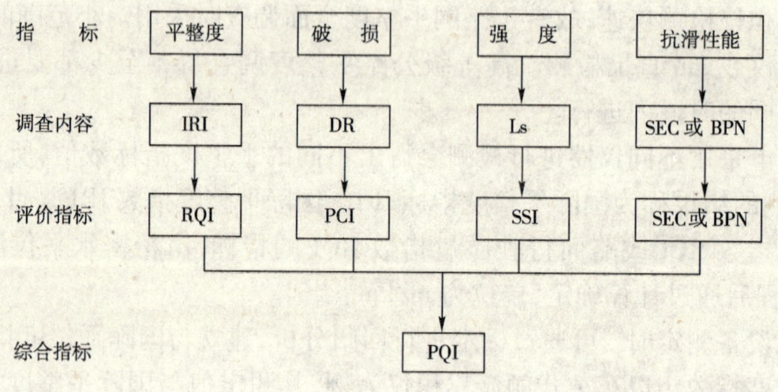

图 3-1 评价指标关系图

1. 路面破损状况

(1)路面破损状况指数(PCI)。

路面破损状况采用路面状况指数(PCI)进行评价,计算路面状况指数时,首先根据路况调查得出的路面破损类型及其严重程度,按式(3-2)计算路面综合破损率(DR):

$$\mathrm{DR} = D/A \times 100 = \sum\sum D_{\mathrm{ij}} \cdot K_{\mathrm{ij}}/A \times 100 \tag{3-2}$$

式中:DR——路面综合破损率,%;

D——调查路段内的折合破损面积,m^2;$D = \sum\sum D_{\mathrm{ij}} \cdot K_{\mathrm{ij}}$;

A——调查路段的路面总面积,m^2;

D_{ij}——第 i 类损坏、j 类严重程度的实际破损面积,m^2;如为纵、横向裂缝,其破损面积为:裂缝长度(m)×0.2m;车辙破损面积为:长度(m)×0.4m;

K_{ij}——第 i 类损坏、j 类严重程度的换算系数,参见表 3-3。

根据路面综合破损率 DR,按式(3-3)计算路面状况指数(PCI),其计算公式为:

$$\mathrm{PCI} = 100 - 15\mathrm{DR}^{0.412} \tag{3-3}$$

路面状况指数(PCI)的数值范围为 0~100。其值越大,表示路况越好;反之,则越差。

(2)路面破损状况的评价标准。

根据路面破损状况,将路面质量分为优、良、中、次、差五个等级。评价标准见表 3-4。

2. 路面强度

(1)路面强度指数(SSI)。

沥青路面强度采用强度指数作为评价指标,其计算公式如下:

SSI = 路面设计弯沉值/路段代表弯沉值

路段代表弯沉值依据现行《公路沥青路面设计规范》(JTJ 014—97)的有关规定进行计算。

路面破损换算系数 表 3-3

破损类型	严重程度	换算系数 K	破损类型	严重程度	换算系数 K
龟裂	轻 中 重	0.6 0.8 1.0	车辙	轻 重	0.4 1.0
不规则裂缝	轻 重	0.2 0.4	搓板		0.8
纵裂	轻 重	0.4 0.6	波浪	轻 重	0.4 0.8
横裂	轻 重	0.2 0.4	拥包	轻 重	0.4 0.8
坑槽	轻 重	0.8 1.0	泛油		0.1
麻面		0.1	磨光		0.6
脱皮		0.6	修补损坏面积		0.1
啃边		0.8	冻胀		1.0
松散	轻 重	0.2 0.4	翻浆		1.0
沉陷	轻 重	0.4 1.0			

路面破损状况评价标准 表 3-4

评价等级 / 评价指标	优	良	中	次	差
路面状况指数 PCI	≥85	≥70 ~ <85	≥55 ~ <70	≥40 ~ <55	<40

(2)路面强度评价标准，参见表 3-5。

路面强度评价标准 表 3-5

标准 / 公路等级 / 评价等级	优		良		中		次		差	
	高速公路、一级公路	二级公路	高速公路、一级公路	二级公路	高速公路、一级公路	二级公路	高速公路、一级公路	二级公路	高速公路、一级公路	二级公路
强度指数 SSI	≥1.0	≥0.83	<1.0 ~ ≥0.83	<0.83 ~ ≥0.66	<0.83 ~ ≥0.66	<0.66 ~ ≥0.5	<0.66 ~ ≥0.5	<0.5 ~ ≥0.3	<0.5	<0.3

3. 路面行驶质量

(1)路面行驶质量指数(RQI)。

路面的行驶质量采用行驶质量指数(RQI)作为评价指标，行驶质量指数由国际平整度指数(IRI)计算。

国际平整度指数 IRI 可由反应类设备测定，测定结果需经试验标定。IRI 与其他设备的标定关系式一般为：

$$\mathrm{IRI} = a + b \cdot \mathrm{BI} \tag{3-4}$$

式中：BI——平整度测试设备的测试结果；

a、b——标定系数，在使用中，各地可根据实际的标定结果确定其取值；

IRI——国际平整度指数，m/km。

路面行驶质量指数(RQI)与国际平整度指数(IRI)的关系为：

$$RQI = 11.5 - 0.75 \times IRI \tag{3-5}$$

式中：RQI——行驶质量指数，数值范围为0～10。如出现负值，则RQI值取0；如计算结果大于10，则RQI取值10。

(2)路面行驶质量评价标准，参见表3-6。

路面行驶质量评价标准　表3-6

评价指标＼等级	优	良	中	次	差
行驶质量指数 RQI	≥8.5	<8.5～≥7.0	<7.0～≥5.5	<5.5～≥4.0	<4.0

4.路面抗滑性能

路面抗滑性能采用抗滑系数作为评价指标，抗滑系数以横向力系数(SFC)或摆式仪的摆值(BPN)表示，评价标准参见表3-7。

路面抗滑能力评价标准　表3-7

评价指标＼评价等级	优	良	中	次	差
横向力系数 SFC	≥50	≥40～<50	≥30～<40	≥20～<30	<20
摆值 BPN	≥42	≥37～<42	≥32～<37	≥27～<32	<27

5.路面的综合评价

(1)路面的综合评价指标(PQI)。

PQI用分项指标加权计算得出，其数值范围为0～100，其值越大，路况越好。

$$PQI = PCI' \times P_1 + RQI' \times P_2 + SSI' \times P_3 + SFC' \times P_4 \tag{3-6}$$

式中：P_1、P_2、P_3、P_4——相应指标的权重，按PCI、RQI、SSI、SFC(或BPN)的重要性确定，建议值参见表3-8。

PCI′、RQI′、SSI′、SFC′的赋值参见表3-9。

P_1、P_2、P_3、P_4 权重建议值　表3-8

权重＼取值	建议值	
	高速公路、一级公路	二级公路
P_1	0.25	0.3
P_2	0.35	0.25
P_3	0.1	0.25
P_4	0.3	0.2

PCI′、RQI′、SSI′、SFC′的赋值　表3-9

取值＼等级	优	良	中	次	差
相应指标的赋值	92	80	65	50	30

(2)路面综合评价的评价标准，参见表3-10。

路面综合评价的评价标准　表3-10

评价指标＼等级	优	良	中	次	差
路面综合评价指标 PQI	≥85	≥70 ~ <85	≥55 ~ <70	≥40 ~ <55	<40

(二)沥青路面维护对策

沥青路面的维护对策应根据公路等级、交通量及分项路况评价结果确定。分项路况评价指标包括:路面破损状况、路面强度、行驶质量和抗滑性能等方面。路面综合评价指标仅用于对路面质量的总体评价。

公路养护管理部门可根据公路等级、交通量、分项路况的评价结果,结合养护资金情况,采取如下维修养护对策:

(1)在满足强度要求的前提下(路面的结构强度系数为中等以上时),若高速公路及一级公路的路面状况指数(PCI)评价为优、良,或者二级公路的路面状况指数评价为优、良、中时,以日常养护为主,并对局部破损进行小修;若高速公路及一级公路的路面状况指数(PCI)评价为中及中以下,或者二级公路的路面状况指数评价为次及次以下,应采取中修罩面措施。

(2)在不满足强度要求的前提下(路面的结构强度系数为中等以下时),应采取大修补强措施以提高其承载能力。

(3)若高速公路及一级公路的行驶质量指数(RQI)评价为优、良,或者二级公路的行驶质量指数评价为优、良、中时,以日常养护为主;若高速公路及一级公路的行驶质量指数(RQI)评价为中及中以下,或者二级公路的行驶质量指数评价为次及次以下时,应采取罩面等措施改善路面的平整度。

(4)高速公路及一级公路的抗滑能力不足(SFC <40 的路段),或二级公路抗滑能力不足(SFC <30 或 BPN <32)的路段,应采取加铺罩面层等措施提高路表面的抗滑能力。

(5)因路面不适应现有交通量或载重的需要,应通过提高现有路面的等级,或通过加宽等改建措施提高道路的通行能力和服务质量。

(6)因自然灾害致使路面遭受严重的损坏,可申请专款对路面进行修复。

(7)对项目级的养护维修对策,可根据公路网的资金分配情况和养护工作计划安排,结合各路况分项评价结果和本地区成熟的养护经验,选择具体的养护维修措施。

(三)沥青路面养护质量标准

(1)沥青路面平整度、抗滑性能及路面状况的养护质量标准参见表3-11。

平整度、抗滑性能及路面状况的养护质量标准　表3-11

序号	项目		高速公路、一级公路	二级公路
1	平整度(mm)	平整度仪 σ	≤3.5	≤4.5(≤5.5)[1]
		3m 直尺 h	≤7	≤10(≤12)[2]
		IRI(m/km)	≤6	≤8
2	抗滑性能	横向力系数 SFC	≥40	≥30
		摆式仪摆值 BPN		≥32
3	路面状况指数 PCI		≥70	55

注:1. 对于二级公路的平方差 σ:沥青碎石、贯入式取低值4.5,沥青表面处治取中值5.5;

2. 二级公路的平整度指标:沥青碎石、贯入式取低值10,表面处治取中值12。

(2)沥青路面强度、车辙、路拱横坡度的养护质量标准参见表3-12。

(3)对沥青路面采取中修、大修、改建及实施专项养护工程时,还应满足《公路路基施工技术规范》、《公路沥青路面施工技术规范》、《公路路面基层施工技术规范》、《公路工程质量检验评定标准》。

沥青路面强度、车辙、路拱坡度的养护质量标准 表3-12

评价指标	高速公路、一级公路	二级公路
路面强度指数SSI	≥0.8	≥0.6
路面车辙深度(mm)	≤15	
路拱坡度(%)	1.0~2.0	

第二节 沥青路面的维护

必须随时掌握沥青路面的使用状况,加强日常小修保养,及时修补各种破损,保持路面经常处于清洁、完好状态。

一、路面的小修保养

沥青路面应加强经常性、预防性小修保养,对局部的、轻微的初始破损必须及时进行修理。通常把清扫保洁、处理泛油、拥包、裂缝、松散等病害作为保养作业;修补坑槽、沉陷、处理波浪、啃边等病害作为小修作业;小修、保养是保持路面使用质量、延长使用周期的重要技术措施,分为初期养护、日常养护和预防性季节保养修理。

(一)各类沥青路面的初期养护应按下列规定进行

1. 热拌沥青混合料路面的初期养护

(1)热拌沥青混合料路面,必须充分压实,待摊铺层完全自然冷却,混合料表面温度低于50℃后方可开放交通,防止出现车辙等病害。

(2)纵横向的施工接缝是沥青路面的薄弱环节,尤应加强初期养护,随时用3m直尺查找暴露出来的轻微不平,铲高补低,经拉毛后,用混合料垫平、压实,消灭缝空隙,保持平整密实。

2. 沥青贯入式路面的初期养护

(1)路面竣工后,开放交通初期,行驶车辆限速在15km/h以下,根据表面成型情况,逐步提高到20km/h,防止路面松散。

(2)设专人指挥交通或设置临时路标,按先两边,后中间控制车辆易辙行驶,达到全面压实。

(3)应随时将行车驱散的嵌缝料回扫、扫匀、压实,以形成平整密实的上封层。当路面泛油后,要及时补撒与施工最后一层矿料相同的嵌缝料,同时控制行车碾压;过多的浮动石料应扫出路面或回收,以免搓动已经黏着在位的集料;如有其他破损,应及时进行修理。

(4)撒初期养护料时,应顺行车方向少撒、勤撒、薄撒、撒匀;撒料易在当天最高气温时进行,同时控制行车碾压。

3. 沥青表面处治路面的初期养护

(1)层铺法施工的沥青表面处治路面的初期养护与贯入式路面的要求基本相同,更应加强初期维修。

(2)拌和法施工的沥青表面处治路面的初期养护与热拌沥青混合料的要求基本相同,更应重视早期病害的及时修理。

4. 乳化沥青路面的初期养护

乳化沥青路面的初期稳定性差,压实后的路面应做好初期养护,设专人管理,按实际破乳情况,封闭交通2~6h;在未破乳的路段上,严禁一切车辆、人、畜通过;开放交通初期,应控制车速不超过20km/h,并不得制动和掉头;如不严格控制交通,路面成型后将出现严重车辙。当有损坏时应及时修补。

(二)沥青路面日常养护应按下列规定执行

(1)加强路况巡查,及时发现病害,研究分析病害产生的原因,并有针对性地及时对病害进行维修处理。

(2)及时清扫路面。

(3)严禁履带车和铁轮车在沥青路面上直接行驶,如必须行驶,应采取相应保护措施。

(4)雨后路面有积水的地方要及时排除。

(5)排水设施的养护。在春融期,特别是汛前,应对排水设施进行全面检查并疏通。雨天必须上路巡查,及时排除堵塞并疏通。防止水流直接冲刷路基、路面及路肩。暴雨过后应重点检查,如有冲刷、损坏,应及时修补。

(6)除雪防滑。路面积雪如不及时清除,不仅影响行车安全,而且到了春融期,雪水渗入路基,还影响路基稳定,尤其在翻浆地段,更会加剧翻浆的发展。

(三)季节性预防养护

沥青路面对气温变化比较敏感,因此应根据各地不同季节的气候特点、水和温度变化规律,按照“预防为主,防治结合”的原则,结合本地区成功经验,针对不同季节性病害根源,因地制宜,采取有效的技术措施,做好预防性、季节性保养和维修工作。

1. 春季

气温较暖,路基内的水分开始转移,是各种病害集中暴露的季节,应抓住时机,及时防治路面病害。

(1)路基含水量较大的路段,随着解冻,路基强度减弱,在行车作用下,面层容易出现裂缝病害;含水量已达饱和、强度和稳定性差的路段,经行车碾压容易出现翻浆。

(2)施工质量差的路面,在气温回升时容易变软,矿料经碾压产生松动,油层不稳定,容易出现拥包、波浪。

(3)秋末冬初低温施工路段,随着温度的上升,容易出现泛油。

(4)春融季节路面出现网裂后,如不及时处理,容易发展为坑槽。

2. 夏季

夏季气温较高，地面水分蒸发快，是沥青路面各种病害全面发展的季节。养护工作要充分利用夏季气温高、操作方便的条件，及时消灭病害。

(1)新铺的沥青路面在高温作用下容易出现泛油。

(2)基层含水量较大或质量差的路段，在行车作用下容易造成路面发软产生车辙。

(3)沥青用量过多，矿料过细或沥青黏度差的沥青路面容易出现拥包、波浪、发软等病害。

3. 秋季

气温逐渐降低，东南沿海地区易遭台风暴雨袭击，东北、西北地区将受北方冷空气活动影响，沥青路面维修必须密切注意天气预报，抓紧完成养护工程年度计划项目，及时处理病害，为冬季沥青路面的正常使用打下基础。

(1)秋季雨水较多，容易积水的路面，如果有裂缝和基层不密实，易出现坑槽。

(2)强度不够的路肩受雨水侵蚀或积水影响，在行车碾压下，易产生啃边。

(3)基层含水量较大、强度不够，或地基受水泡发软的路段，路面稳定受到影响，在行车碾压下易出现网裂。

4. 冬季

冬季气候寒冷，路基路面冻结，是沥青路面比较稳定的季节，继续做好冬季病害的防治。

(1)路面在低温下发生不同方向的收缩，容易产生横向、纵向裂缝。

(2)积雪地区做好除雪防滑工作。

二、路面常见病害的维修

对各种路面病害应分析其产生的原因，并根据路面的结构类型、设计使用年限、维修季节、气温等实际情况，采取相应维修措施。为防止病害发展和破损面积的扩大，对病害应及时进行处治。对病害的维修事先应有周密的计划，做好材料的准备，保证工序之间的衔接。

(一)裂缝的维修

(1)在高温季节全部或大部分可愈合的轻微裂缝，可不加处理。

(2)在高温季节不能愈合的轻微裂缝，可采用以下方法之一进行处治：

①将有裂缝的路段清扫干净，并均匀喷洒少量沥青(在低温、潮湿季节宜喷洒乳化沥青)，再匀撒一层2~5mm的干燥洁净石屑或粗砂，最后用轻型压路机将矿料压入路面。

②沿裂缝涂刷少量稠度较低的沥青。

(3)由于路面基层温缩和干缩而造成的纵向或横向的裂缝，应按裂缝的宽度分别予以处治。

①缝宽在5mm以内：

a. 清除缝中杂物及尘土。

b. 将稠度较低的热沥青(缝内潮湿时应采用乳化沥青)灌入缝内，灌入深度约为缝深的2/3。

c. 填入干净石屑或粗砂，并捣实。

d. 将溢出缝外的沥青及石屑、砂清除。

②缝宽在 5mm 以上：

a. 除去已松动的裂缝边缘。

b. 用热拌沥青混合料填入缝中，捣实。缝内潮湿时应用乳化沥青混合料。

(4)因沥青性能不好，或路面龄期较长，或油层老化等原因出现的大面积裂缝（包括网裂），如基层强度尚好时，通过技术经济比较，可选用下列维修方法：

①乳化沥青稀浆封层，封层厚度宜为 3 ~ 6mm。

②加铺沥青混合料上封层，或先铺设土工合成材料后，再在其上加铺沥青混合料上封层。

③改性沥青薄层罩面。

④单层沥青表面处治。

(5)由于土基、基层强度不足或路基翻浆等引起的严重龟裂，应先处治好基层后再重做面层。

(二)拥包的维修

(1)属于施工时操作不慎将沥青漏洒在路面上形成的拥包，将拥包除去即可。

(2)已趋于稳定的轻微拥包，将拥包采用机械刨削或人工挖除。如果除去拥包后，路表不够平整，应将路表处治平整。

(3)因面层沥青用量过多或细料集中而产生较严重拥包，或路面连续多处出现拥包且面积较大，但路面基层仍属稳定，应用机械或人工将拥包全部除去，并低于路面约 10mm。扫尽碎屑、杂物及粉尘后用热沥青混合料重做面层。

(4)因基层局部含水量过大，使面层与基层层间结合不良而被推移变形造成的拥包，应把拥包连同面层挖除，将水分晾晒干，或用水稳定性较好的材料更换已变形的基层，再重做面层。

(5)属于基层局部强度不足或水稳性不好，使基层松软而导致的拥包，应将面层和基层完全挖除。如土基中含有淤泥，还应将淤泥彻底挖除，换填新料并夯实；在地下水位较高的超湿路段，应采取措施引出地下水，并在基层下面加铺一层水稳定性好的材料，处理基层，待基层稳定后，再重做面层。

(三)沉陷的维修

(1)因路基不均匀沉降而引起的局部路面沉陷，若土基和基层已经密实稳定，不再继续下沉，可只修补面层。此时应根据路面的破损状况分别采取不同的处治措施。

①路面略有下沉，无破损或仅有少量轻微裂缝，可在沉陷处喷洒或涂刷黏层沥青，再用沥青混合料将沉陷部分填补，并压实平整。

②因路基沉陷导致路面破损严重，矿料已松动、脱落形成坑槽的，应按照坑槽的维修方法予以处治。

(2)因土基或基层结构遭到破坏而引起路面沉陷，应按照有关要求处治好基层后再重做面层。

(3)桥涵台背因填土不实出现不均匀沉降的处理方法。

①挖除沥青面层，在沉陷的部分加铺基层后重做面层。

②对于台背填土密实度不够的，应重新做压实处理，台背死角处的压实采用夯实机械。

③对含水量和孔隙比均较大的软基或含有机物质的黏性土层，宜采取换土处理。换土深

度应视软层厚度而定。换填材料首先应选择强度高、透水性好的材料，如碎石土、卵砾土、中粗砂及强度较高的工业废渣，填料要求级配合理。

④采用注浆加固处理。

⑤在对台背填土重做压实处理的基础上，加设桥头搭板。

(四)车辙的维修

(1)路面车道在高温季节因沥青面层软化后受车辆的作用产生侧向位移而形成的车辙，若面层仅有轻微变形，可以通过控制行车碾压使路面恢复平整。

(2)车道表面因磨损过度而产生的车辙，应将出现车辙的路面开凿成槽。槽深应根据破损情况而定，但至少不得小于原路面沥青混合料中主骨料粒径的1~2倍。在槽底及槽壁均匀喷洒或涂刷一层黏结沥青，再将沥青混合料填入槽内，摊平碾压密实。

(3)路面受横向推挤形成的横向波形车辙，如果已经稳定，可将凸出的部分削除，在波谷部分喷洒或涂刷黏结沥青并填补沥青混合料并找平、压实。

(4)因面层与基层层间有不稳定的夹层而形成的车辙，应将面层挖除，清除夹层后，重做面层。

(5)由于基层强度不足、水稳定性能不好，使基层局部下沉而造成的车辙，应先处治基层，再重做面层。

(五)波浪与搓板的维修

(1)属于面层原因形成的波浪或搓板，可按下述方法进行维修。

①路面仅有轻微波浪或搓板，可采用以下方法之一予以处治：

a. 在高温季节路面发软时，利用重型压路机沿与路中心线成45°角的方向反复进行碾压，以适当改善路面的平整度。

b. 在波谷部分喷洒沥青，并匀撒适当粒径的矿料，找平后压实。

c. 将凸起部分铣刨削平。

②波浪(搓板)的波峰与波谷高差起伏较大时，应顺行车方向将凸出部分铣刨削平，并低于路面约10mm。削除部分喷洒热沥青，再匀撒一层粒径不大于10mm的矿料，扫匀，找平，并压实。

③严重的、大面积波浪或搓板，应将面层全部挖除，然后重铺面层。

(2)如果基层平整度太差，应将基层处治后再重铺面层。

(3)若面层与基层之间存在不稳定的夹层，面层在行车荷载的作用下推移变形而形成波浪(搓板)，应挖除面层，清除不稳定的夹层后，喷洒黏结沥青，重铺面层。

(4)属于基层局部强度不足，或稳定性差等原因造成的波浪(搓板)，应先对基层进行处治，再重做面层。

(六)坑槽的维修

(1)路面基层完好，仅面层有坑槽时可按下述方法进行维修：

①按照"圆洞方补、斜洞正补"的原则，画出所需修补坑槽的轮廓线。

②沿所画轮廓线开凿至坑底稳定部分，其深度不得小于原坑槽的最大深度。

③清除槽底、槽壁的松动部分及粉尘、杂物，并涂刷黏结沥青。

④填入沥青混合料(在潮湿或低温季节,宜采用乳化沥青拌制的混合料)并整平。

⑤用小型压实机具或铁制手夯将填补好的部分压(夯)实。新填补的部分应略高于原路面。如果坑槽较深(7cm 以上),应将沥青混合料分两次或三次摊铺和压实。

⑥热补法修补。采用热修补养护车,用加热板加热坑槽处路面,翻松被加热软化铺装层,喷洒乳化沥青,加入新的沥青混合料,然后搅拌摊铺,压路机压实成型。

(2)对交通量较小的路段在低温寒冷或阴雨连绵的季节,无法采用常规方法,也无条件采用合适的材料补坑槽时,为防止坑槽面积的扩大,可采取临时性的措施,对坑槽予以处治,待天气好转后再按规范要求重新修补。

(3)若因基层结构组成不良,如含泥多,含水量过大或基层局部强度不足等使基层破坏而形成坑槽,应先处治基层,再修复面层。

(七)麻面与松散的维修

(1)基层稳定,仅面层出现麻面或松散时按下列要求进行处治。

①路面因嵌缝料散失出现轻微麻面,在沥青面层不贫油时,可在高温季节撒适当的嵌缝料,并用扫帚扫匀,使嵌缝料填充到石料的空隙中;对于轻微麻面也可用稀浆封层处治。

②小面积麻面可用棕刷在麻面部位涂刷稠度较高的沥青,再撒铺矿料。

③大面积麻面应喷洒稠度较高的沥青,撒适当粒径的嵌缝料,并使麻面部分中部的嵌缝料稍厚,周围与原路面接口要稍薄,定型要整齐,再控制行车碾压成型。

④因沥青用量偏少或低气温施工造成的沥青面层松散,应采用以下方法处治:

a.先将路面上已松动矿料收集起来;

b.待气温升至 15℃以上时,按 0.8 ~ 1.0kg/m^2 的用量喷洒沥青,再均匀撒上 3 ~ 6(8)mm 的石屑或粗砂(5 ~ 8m^3/1000m^2);

c.用轻型压路机压实。

⑤如在低温潮湿季节,宜采用乳化沥青作封层处理。

⑥对于因油温过高,沥青老化失去黏结性而造成的松散,应将松散部分全部挖除后,重做面层。

⑦因沥青与酸性石料间的黏附性不良而造成的路面松散,应将松散部分全部挖出后,重做面层。重做面层的矿料不应再用酸性石料;在缺乏碱性石料的地区,应在沥青中掺入抗剥离剂、增黏剂,或使用干燥的生石灰、消石灰、水泥等表面活性物质作为填料的一部分,或采用石灰浆处理粗骨料等抗剥离措施,以提高沥青与矿料的黏附力,并增加混合料的水稳性。

(2)由于基层或土基软化变形而造成的路面松散,应先处理好基层后,再重做面层。

(八)泛油的维修

对泛油的路段,应先取样作抽提试验测定出油石比,然后采取相应的处治措施。

(1)只有轻微泛油的路段,可撒上 3 ~ 5mm 粒径的石屑或粗砂,并用压路机或控制行车碾压。

(2)泛油较重的路段,可先撒 5 ~ 10mm 粒径的碎石,用压路机碾压。待稳定后,再撒 3 ~ 5mm 粒径的石屑或粗砂,并用压路机或控制行车碾压。

(3)面层含油量高,且已形成软层的严重泛油路段,可视情况进行处治。

①先撒一层 10 ~ 15mm 粒径(或更大)的碎石,用压路机将其强行压入路面,待基本稳定

后，再分次撒上 5 ~ 10mm 粒径的碎石，并引导行车碾压成型。

②将含油过高的软层铣刨清除后，重做面层。

（九）脱皮的维修

（1）由于沥青面层与封层之间黏结不好，或初期养护不良引起的脱皮，应清除已脱落和已松动的部分，再重新做封层，所做封层的沥青用量及矿料粒径规格应视封层的厚度而定。

（2）如沥青面层层间产生脱皮，应将脱落及松动部分清除，在下层沥青面上涂刷黏结沥青，并重做沥青层。

（3）面层与基层之间因黏结不良而产生的脱皮，应先清除掉脱落、松动的面层，分析黏结不良的原因。若面层与基层间所含水分较多，应晾晒或烘干；若面层与基层之间夹有泥层，则应将泥砂清除干净，喷洒透层沥青后，重做面层。

（十）啃边的维修

（1）因路面边缘沥青面层破损而形成啃边应将破损的沥青面层挖除，在接茬处涂刷适量的黏结沥青，用沥青混合料进行填补，再整平压实。修补啃边后的路面边缘应与原路面边缘齐顺。

（2）路面边缘的基层因松软、沉陷而形成的啃边，应先对路面边缘基层局部加强后再恢复面层。

（3）加强路肩的养护工作，保持路肩稳定；随时注意填补路肩上的车辙、坑洼或沟槽；经常保持路肩与路面衔接平顺，并保持路肩应有的横坡，以利排水。

（4）为防止路面出现啃边，宜采取以下措施：

①用砂石、碎砖（瓦）、工业废渣等改善、加固路肩或设硬路肩，使路肩平整、坚实。

②在路面边缘增设路缘石，或将路面基层加宽到其面层宽度外 20 ~ 25cm 处。

③在平交道口或曲线半径较小路面内侧，可适当加宽路面。

（十一）磨光的维修

（1）对高速公路、一级公路已磨光的沥青面层，可用路面铣刨机直接恢复其表面的粗糙度。

（2）对高速公路、一级公路的沥青路面，石料棱角被磨掉，路面光滑，抗滑性能低于要求值时，应加铺抗滑层。

（3）对表面过于光滑，抗滑性能特别差的路段，应作封层或罩面处理。

①封层可以采用拌和法或层铺法施工的单层表面处治，也可以采用乳化沥青稀浆封层。

②罩面宜采用拌和法。

③封层与罩面前，应先处治好原路面上的各种病害，若原路表面有沥青含量过多的薄层，应将其刮除掉后洒黏层油。罩面及封层的技术要求应符合现行《公路沥青路面施工技术规范》的规定。

（十二）冻胀和翻浆的维修

因路基冻胀使路面局部或大面积隆起影响行车时，应将胀起的沥青路面刨平，待春融后按翻浆处理的方法予以处治。

(1)因冬季基层中的水结冰引起冻胀,春融季节化冻而引起的翻浆应根据情况采用以下方法予以处治:

①换填砂砾。

②局部发生翻浆的路段,可采用打石灰梅花桩或水泥砂砾桩的办法予以改善。

③加深边沟,并在翻浆路段两侧路肩上交错开挖宽为30~40cm的横沟。如路面的翻浆严重,除挖横沟外,还应顺路面边缘设置纵向小盲沟。交通量较小的路段也可挖成明沟,但翻浆停止后,应将明沟填平恢复原状。

(2)因基层水稳性不良或含水量过大造成的翻浆应挖去面层及基层全部松软的部分,将基层材料晾晒干,并适当增加新的硬粒料(有条件时应换填透水性良好的砂粒或工业废渣等),分层(每层不超过15 cm)填补并压实,最后恢复面层。

(3)低温季节施工的石灰稳定类基层,在板体强度未形成时雨水渗入,其上层发生翻浆的,应将翻浆部分挖除,重做石灰稳定基层或换填其他材料予以填补,然后重做面层。

(十三)桥面沥青铺装层养护与维修

(1)经常保持桥面的清洁,及时清除各种污物、积水、积雪和冰块,疏通桥面泄水孔,冬季必要时应撒铺防冻、防滑材料。

(2)桥面沥青铺装出现的各种病害,经检查不是由桥梁结构破坏而引起的沥青面层损坏,应按上述有关病害的处治方法进行。

(3)当沥青铺装中的防水层被破坏时,宜采用与原防水层相同的材料与结构予以修复。

三、沥青路面的罩面技术

凡旧路面强度指标符合要求情况,在旧沥青路面面层上加铺的沥青混合料薄处理层,统称为沥青路面罩面。但是,由于铺筑厚度、采用的材料、施工工艺不同,所解决病害的功效程度存在差异,将沥青路面罩面按其使用功能划分为普通型罩面(简称罩面)、防水型罩面(简称封层)、抗滑型罩面(简称抗滑层)三种。也可按采用沥青品种或其他材料的不同分为:沥青罩面、改性沥青罩面、乳化沥青罩面、乳化沥青稀浆封层、改性乳化沥青稀浆封层,以及含有各种路面加筋的沥青混合料罩面等。

(一)普通型罩面

主要适用于消除破损、完全或部分恢复原有路面平整度、改善路面性能的修复工作。

1. 材料要求

(1)罩面的结合料宜采用性能较好的黏稠型道路石油沥青、乳化石油沥青、改性乳化沥青、改性沥青。

(2)矿料的选择宜采用耐磨、强度高的石料。

(3)高速公路、一级公路宜采用中粒式、细粒式密级配沥青混凝土或沥青玛蹄脂结构;二级公路宜采用热拌沥青碎石混合料结构。

2. 厚度要求

罩面厚度应根据所在路段的交通量、公路等级、路面状况、使用功能等综合考虑确定。

(1)当路面状况指数、行驶质量指数在中、良等级，路面只有轻微网裂时，可采用较薄的罩面层厚(1.0~3.0cm)。

(2)当路面破损、平整度、抗滑三项指标都在中等以下，又要求恢复到优、良等级时，应采用较厚的罩面层厚(3.0~5.0cm)。

(3)高速公路、一级公路罩面宜采用4.0~5.0cm的厚度；二级公路可采用较薄的罩面层厚度(1.0~4.0cm)。

3.施工要求

沥青路面罩面的施工，除应按《公路沥青路面施工技术规范》有关规定执行外，还应满足下列要求：

(1)对确定罩面的路段，在罩面前必须完成翻浆、坑槽、严重裂缝、沉陷、拥包、松散、车辙等病害的修复工作，并清除路面上的泥土杂物。

(2)根据施工气温、旧沥青路面状况等因素采取相应施工工艺措施，罩面前必须喷洒黏层沥青，确保新老沥青层结合，沥青用量为0.3~0.5kg/m^2，裂缝及老化严重时宜为0.5~0.7kg/m^2；有条件时，洒黏层沥青前最好用机械打毛处理。

(3)罩面不应铺在逐年加厚的软沥青层上，也不应铺在和原沥青路面结合不好、即将脱皮的沥青罩面薄层上，应将其铲除、整平后，再进行罩面。

(4)当气温低于10℃或路面潮湿时，不得浇洒黏层沥青，不得摊铺沥青罩面层。

(二)防水型罩面

主要适用于提高原有路面的防水性能、平整度和抗滑性能的修复工作。

1.材料要求

(1)封层的结合料宜采用乳化石油沥青、改性乳化石油沥青。

(2)矿料宜采用耐磨、强度高的石料。

(3)高速公路、一级公路可采用沥青稀浆封层，但宜使用粗粒式改性乳化沥青混合料；二级公路可采用乳化沥青混合料。

2.厚度要求

(1)交通量较大、重型车较多的路段宜采用厚约为1.0cm的封层。

(2)在中等交通量路段宜采用厚约为0.7cm的封层。

(3)在交通量小、重型车少的路段宜采用厚约为0.3cm的封层。

3.施工要求

采用乳化沥青稀浆封层时，除应按《公路沥青路面施工技术规范》有关规定执行外，还应满足下列要求：

(1)采用乳化沥青稀浆封层时，必须有固定的专业人员、固定的专业乳液生产和施工设备、专职的检测试验人员，并按有关规定进行检测和质量控制。

(2)稀浆封层撒布机在使用前，应根据稀浆混合料配合比设计，对骨料、乳液、填料、加水量进行认真调试，调试稳定后，方可正式摊铺。

(三)抗滑型罩面

主要适用于提高路面抗滑能力的修复工作。

1. 材料要求

(1)应选用适合铺筑抗滑表层的材料和沥青混合料。

(2)高速公路、一级公路宜选用重交通道路石油沥青、改性石油沥青、改性乳化石油沥青作为结合料。

(3)应选用抗滑、耐磨的石料,磨光值应大于42。

2. 厚度要求

(1)用于高速公路、一级公路时宜采用不小于4.0 ㎝的厚度。

(2)用于二级公路宜用中粒式、细粒式沥青混凝土结构,也可采用热拌沥青碎石或沥青表面处治结构,厚度不得小于最小施工层厚度。

3. 施工要求

抗滑型罩面应按《公路沥青路面施工技术规范》有关规定进行施工。

第三节　沥青路面的改善

一、沥青路面的补强

在现有的公路等级不变的情况下,沥青路面因损坏严重、强度系数(SSI)不符合要求,应进行路面补强;同时补强也适用于因公路等级提高而进行的改建工程。

(一)补强设计

1. 补强基本要求

(1)对原有沥青路面必须作全面的技术调查和方案比较。

(2)补强设计应综合考虑由补强厚度导致的纵坡与横坡的调整,以及与路面结构物的连接等方面的相互协调,使纵坡线形符合《公路工程技术标准》的要求。若线形不符合《公路工程技术标准》的规定,应改建线形,使其符合《公路工程技术标准》的要求后再进行补强设计。

(3)补强设计中应考虑补强结构层与原路面结构的连接问题。

2. 补强层材料的类型及结构形式

(1)沥青路面补强层材料的类型应按《公路沥青路面设计规范》的规定进行选取。

(2)对于高速公路、一级公路、二级公路的补强,宜采用半刚性基层加沥青混合料面层的结构形式。

3. 对原有公路的技术调查

(1)调查原有公路路况,如路面的破损及病害的情况和程度,路表面排水(积水)状况、积雪(砂)状况,路肩采取的加固措施等。

(2)调查原有路面设计、施工、养护的技术资料及使用效果等。

(3)调查年平均双向日交通量、交通组成和交通量增长率等。

(4)调查路基、路面的宽度,路线纵坡、路面横坡、平曲线半径等;每500m一断面,测定其原有路面结构层的厚度、各层材料的回弹模量及路基干湿类型,如路面宽度大于等于7m每个断面选二点,不足7m选一点;对沥青面层、基层和底基层材料应按层取样试验,判断其结构层或材料是否还可以利用。

(5)原有公路的分段及弯沉调查按《公路沥青路面设计规范》的有关规定进行。

4. 对原有公路的处理

(1)原有公路不符合《公路工程技术标准》时,应结合补强设计,对路拱进行调整,使其符合规定。

(2)对原有路面的病害,应视其层位、严重程度和范围,按有关规定先进行处理;若面层有病害,可直接处理后进行补强;若基层有病害,应先开挖面层对基层进行处理后,再进行补强。

5. 与桥涵的衔接

(1)路面补强路段内若有桥涵等构造物,在补强前应对其铺装层进行检查。若原有铺装层出现破损,应及时修复;若原有铺装层完好,可在桥涵构造物的承载能力范围内,适当加铺新的铺装层。

(2)为保证路面与桥涵顶面的纵坡顺适,应综合考虑和重新设计路线纵坡。路面的补强可从桥涵两侧的搭板外开始设计和施工,衔接点即为搭板两侧的端点,以衔接点的高程作为控制高程;对于无搭板的情况,衔接点设在桥涵台背两端外10m处。设计时要注意路面与桥涵构造物的衔接应保证路线纵坡顺适。在衔接点处路面补强的施工可视设计高程的情况向下开挖原有路面结构层,以重新铺筑补强结构层。

6. 补强设计

(1)补强层材料设计参数的选择按新建路面设计参数的选择方法进行,原有路面的整体强度以当量回弹模量表示。

(2)沥青路面补强层厚度应根据《公路沥青路面设计规范》的有关规定进行确定。

(二)补强层施工

沥青路面补强层的施工除应满足《公路沥青路面设计规范》、《公路路面基层施工技术规范》、《公路沥青路面施工技术规范》的有关规定外,还应满足下列要求。

(1)原有路面技术状况不良时,应按下列要求处理:

①平整度或路面横坡不符合规定要求时,应加铺整平层,或在加铺补强层时,同时找平或调整路面横坡。

②对原有路面出现的各种病害,应根据产生的原因,采取有效的处理措施后再铺筑路面基层。

③排水不良路段,应采取加深边沟,设置盲沟、渗井或隔水层等措施进行处理。

(2)为防止新旧层之间出现夹层,应采取浇洒透层油或黏层油等措施使新旧结构层连接良好,并保证结构层满足最小厚度的要求。

(3)为使路面边缘坚实稳定,基层应比面层宽出20~25cm或埋设路缘石;路肩过窄路段,应先加宽路基达到标准宽度,或采用护肩石的方法,再加宽基层。

(4)挖除面层或基层时,应尽量做到再生利用。

二、沥青路面的加宽

沥青路面的加宽,从线形上看,包括改善线形和不需改善线形两种;从加宽的位置看,包括双侧加宽和单侧加宽两种。

(一)加宽设计

1.加宽基本要求

(1)沥青路面加宽方案应根据原有公路等级、线形及交通量等确定。如原有公路线形不需改善,且路基较宽,加宽后路肩宽度符合《公路工程技术标准》时,可在原有公路的基础上直接加宽;如原有公路因线形较差而需改善时,设计时应尽可能利用原有的沥青路面,在此基础上先加宽路基,再加宽路面。

(2)若路面的横断面为整体断面形式,加宽的沥青路面宜采用压实性、水稳定性均较好的材料作基层,结构宜与原有沥青路面相近,加宽的基层强度应不低于原有沥青路面的基层强度;若加宽部分的路面横断面为分离式,加宽部分的结构和材料可不同于原路面;对加宽部分按新建路面进行调查、设计。

(3)路面加宽前,应对原有路面做全面的调查。

(4)加宽时必须处理好新路面与原路面的纵横向衔接,对于软土地基高路堤加宽时还应对新路基进行加固处理,待固结沉降稳定后方可进行加宽施工,避免加宽路面出现非均匀沉降。

(5)加宽宜采用双侧等宽加宽;当路基加宽宽度小于1m,加宽的路面或基层压实质量不好控制时,或因线形和地形的限制,宜采用单侧加宽的方式;单侧加宽时必须调整原有路面的路拱横坡。

(6)加宽路面处于路线平曲线处,应按《公路工程技术标准》的规定根据需要设置相应的超高和加宽,如原来未设置的,应补设。

(7)加宽以后的路基应保证原有路面排水系统的完善,在必要时要对原有路面的排水系统进行重新设计和施工。

(8)处于特殊地区的公路加宽,应采取措施对原地面进行处理,使其具有足够的强度和稳定性。

2.沥青路面基层的加宽

基层加宽前应对原有路面进行全面详细的技术调查和测定。

(1)基层加宽部分的厚度确定:

加宽部分应按新路基设计,即将原路面分段实测的计算弯沉值,作为加宽部分的设计弯沉值;根据调查检测的土质和路基干湿类型确定土基的回弹模量;按新建路面的设计方法设计加宽部分的基层厚度。

(2)基层同时加宽、补强时：

对原路面应进行全面的技术调查，逐段分析其技术状况，并根据有关加宽和补强的要求，综合考虑路线纵坡、与桥涵通道等构造物的衔接、路基的防护与加固、路面排水系统、环境保护、绿化等因素，再根据相关规范的规定进行设计；在原有路面上加宽和补强时，如原路面强度低，要首先对其进行全面的处理，使其符合规定的强度要求后，在进行加宽和补强。

(3)在季节性冰冻区，基层的补强还应验算防冻层厚度的要求。

3. 沥青路面双侧加宽

(1)加宽前应对原有路面进行技术调查。

(2)如原有路面路基较宽，路面加宽后路肩宽度符合《公路工程技术标准》时，可直接加宽；如路基较窄，不具备加宽路面条件的路段，应先加宽路基；为使路面边缘坚实，路基应比基层宽出 20～25cm，基层应比面层宽出 20～25cm 或埋设路缘石；如果施工机械和操作方法能保证路基加宽部分达到规定压实度，可随即加宽路面，否则应待路基稳定后，再加宽路面。

(3)路面加宽的不均匀沉降随着路面宽度的增加而增大，因此，对有条件的路段，宜采用两侧相等的加宽方式，如图 3-2 所示。

(4)对不能采取两侧相等加宽的路面，如果两侧加宽宽度之差在 1m 以下时，不必调整横坡，可直接加宽，如图 3-3 所示；如果两侧加宽宽度之差超过 1m 时，必须调整路拱横坡，如图 3-4所示。

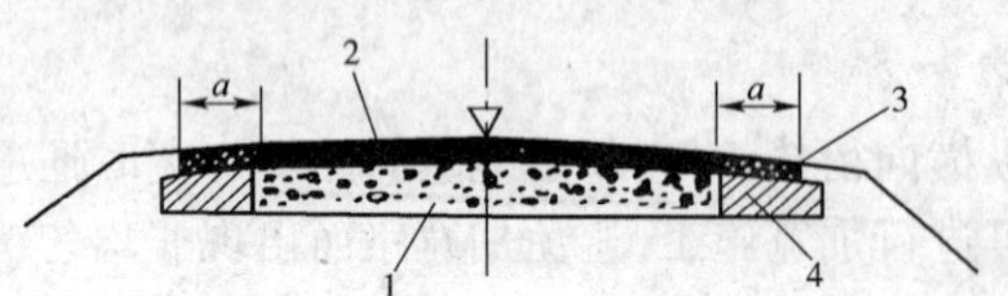

图 3-2　两侧相等加宽路面

1-原基层；2-原路面；3-加宽路面；4-加宽基层

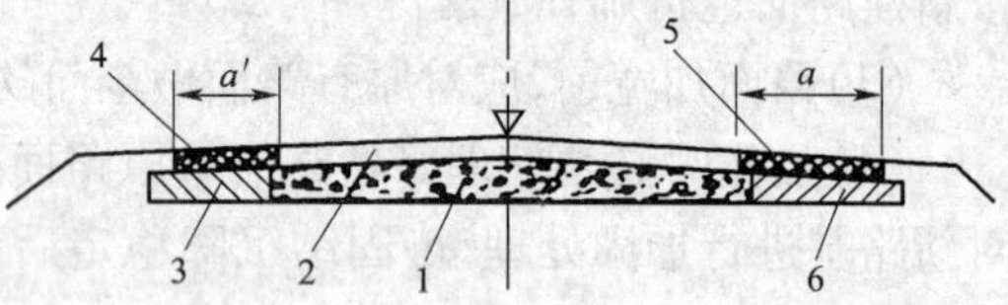

图 3-3　两侧不相等加宽路面(不调整路拱)

1-原基层；2-原路面；3-加宽基层较窄；4-加宽面层较窄；5-加宽面层较宽；6-加宽基层较宽

4. 沥青路面单侧加宽

沥青路面的单侧加宽往往是在原有公路路线较差而需改善或因地形条件限制时，在尽可能利用原有路面的情况下采用的加宽方式，如图 3-5 所示。

(1)因路拱中心位置变化较大，应采取措施以调整路拱，通常采用设置调拱层的方法。

(2)调拱层应视材料的要求满足一定的厚度规定，以免在加宽面层和旧面层之间形成薄层夹层，影响路面结构的稳定性；必要时可沿原有路面向下开挖一定深度，保证调拱层的厚度要求。

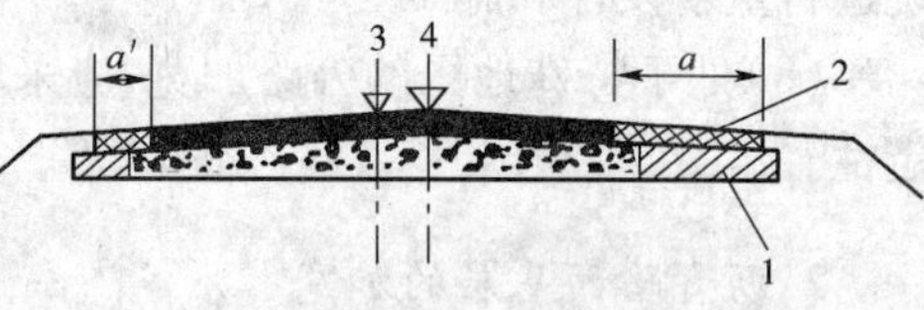

图 3-4　两侧不相等加宽路面(必须调整路拱)

1-加宽基层；2-加宽面层；3-原路拱中心；4-新铺路拱中心

(3)施工时要注意三角调拱层与上下路面结构层的连接，对沥青类调拱层，应浇洒必要的黏层油；对非沥青类的调拱层，可采用拉毛原路基顶面的办法。

(二)加宽施工

沥青路面加宽施工及质量控制除应满足《公路路基施工技术规范》、《公路路面基层施工技术规范》、《公路沥青路面施工技术规范》、《公路工程质量验收评定标准》的有关规定外，还应满足以下要求。

1. 路基加宽

路基加宽时所用的材料，宜与原路相同或选用水稳定性较好的土。

为保证路基加宽部分的压实度，应采用先超填超宽压实再削坡的办法，即路堤加宽一侧填土宽度应大于填土层设计宽度50 ㎝以上，压实宽度须超过设计宽度25 ㎝以上，最后削坡，增加加宽路基的稳定性；为防止新老路基出现不均匀沉降，应沿原路基边坡挖成向内倾斜的台阶，以增加加宽部分路基的稳定性，还应积极采用新材料和新工艺(如土工合成材料)；对于压路机无法操作的路段，应采用小型机具分层夯实，并达到规定的压实度。

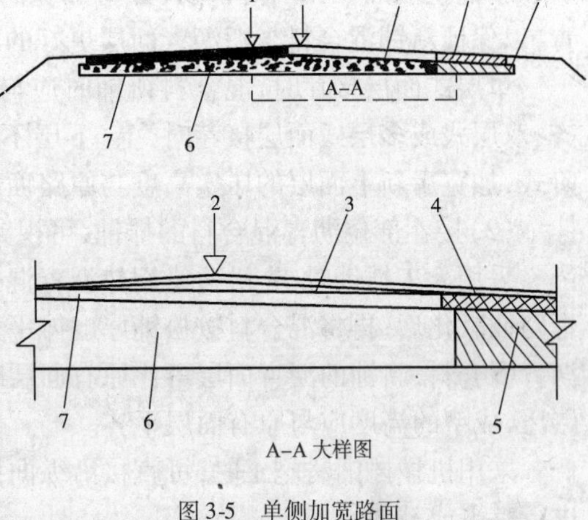

图 3-5　单侧加宽路面

1-原路拱中心；2-调拱后中心；3-三角调拱层；4-加宽面层；5-加宽基层；6-旧基层；7-旧面层

路基施工中应做好路基的防护与加固，保证其稳定性；路基的防护宜与改善环境、保护生态平衡和搞好公路绿化相结合。

路基的排水，除临时排水设施外，更要搞好永久排水设施；对于原有公路的排水沟渠，应进行妥善的处理。原有沟渠位置不适时，应作必要的改沟；尺寸过小的应视情况而加宽尺寸；对于原来漏设的应增设；原来损坏的应修复。

2. 基层加宽

基层加宽施工时，应做好基层接茬处的处理，纵向接茬应与路中线平行。

新旧基层应衔接良好，包括相错搭接法和平头接头法两种方法。

(1)基层厚度大于或等于25 ㎝时，宜采用相错搭接法。搭接长度不小于30 ㎝，搭接部位应首先采用小型机具夯实至设计规定的压实度，然后再对整个基层采用机械全面压实，至设计要求；压实成型的新基层；应与原路面基层平齐。

(2)基层厚度小于25 ㎝，宜采用平头接头法。新铺筑的基层成型后，应与原路面基层平齐。

为了保证新旧基层更好地衔接，邻接加宽部位30 ㎝的旧面层应予揭掉。并使原有沥青路面露出坚硬的边缘，材料不可松动，保持面层边缘垂直，基层顶面应平整；旧基层上的浮土、浮石渣应清扫干净，并将其顶面拉毛。

基层若需调拱时，加宽部分与调拱部分应按路面横坡的要求一次调正，整型压实。为了使调拱部分新旧基层结合良好，应将旧面层先铲除掉，把原基层拉毛后再与调拱层结合；为了避免在新旧基层与新铺面层之间形成夹层，减弱路面结构的联结性，调拱层的最小厚度应满足《公路沥青路面设计规范》的要求，不足时可向下开挖原基层，以保证调拱层的最小厚度要求，然后再做面层。

3. 面层加宽

(1)面层加宽施工时,应做好面层接茬处的处理,纵向接茬应与路中线平行,新旧面层的衔接一般采用毛茬热接法。

在基层加宽的基础上将原有沥青路面边缘刨切整齐,使其露出坚硬的垂直边缘,原路面面层和新铺基层的粒料不可松动,并将加宽的基层表面清扫干净;在接茬处均匀涂一层黏结沥青,以保证新铺混合料与旧沥青面层更好的黏结。

单层式面层接茬时,混合料摊铺时应与原路面平齐对接,压实后的高度与原路面面层平齐;双层式或多层式面层接茬时,上、下层不宜接在同一垂直面上,应错开 30cm 以上,作成台阶式,加宽后新上面层的压实高度与原路面上面层平齐。

(2)接茬部位沥青混合料的摊铺,可视路面加宽宽度的情况选择人工摊铺和机械摊铺。

采用人工摊铺时,先沿边缘用热沥青混合料覆盖于原有沥青路面边缘预热,待接茬处的沥青路面软化后,再将混合料按松铺厚度摊平,随时用小型振动板沿纵向接茬部位向外振动压实沥青混合料,新铺的沥青面层可比原有面层略高,最后用重型压路机后轮对新铺面层进行全面碾压,成型的高度应与原有面层平齐。

采用机械摊铺法施工时,可直接沿纵向接茬部位机械摊铺碾压,但应注意随时对接茬部位进行整平或补料。

(3)在加宽部位,若原有路面不需调拱,新铺沥青混合料的碾压应从接茬处向外碾压,以便形成设计路拱;若原有路面需要调拱,压实方法同新建的沥青路面有关施工规定。

施工完毕后,纵向接茬处不应有凹凸不平的表面,应保持接缝位置平顺和具有正确的设计路拱,压实度达到设计要求。

(4)如原路面有路缘石,应将路缘石移至新加宽(或加厚)路面的外侧,在路缘石里侧涂黏结沥青,并重新夯实。夯实路肩后,路缘石与沥青路面连接以平接为宜,当采用集水槽排除路面水时,可高出路面起拦水埂作用。

第四节　沥青路面的翻修与再生利用

一、翻　修

当路面结构承载能力不足、混合料质量差或基层用料不当、路基不稳定等,造成路面破损严重,采用罩面等养护方法不能使路面根除病害,恢复良好的工作状态时,为保证必要的服务功能,应进行翻修。

翻修前,应对需要翻修路段的路面结构、路基土特性和交通量等进行调查分析,并按《公路沥青路面设计规范》的规定进行结构厚度设计,以保证路面翻修后具有足够的强度和刚度。对原有沥青路面必须作挖检调查和经济比较,尽可能采取再生利用或重复利用旧沥青面层的方法,并考虑旧面层挖除后的剩余强度下降的因素进行设计,同时应采取措施防止新面层受原路面不利因素的危害。

(一)面层翻修

施工时应根据设计的路面结构类型、施工方案按有关施工技术规范进行。

(1)根据调查分析资料或厚度设计需要翻修部分或全部沥青面层时，宜采用铣刨机进行铣刨作业，按预定翻修厚度正确作业，应避免损坏完好的下面层或基层；如局部翻修的面积较小，可采用小型机械或人工翻挖；其他机具如十字镐、风镐、落锤式破碎机等，容易损坏完好的下层结构，操作时需注意。

翻修的沥青旧料应避免泥土或其他杂质混入并及时收集，运送至沥青拌和厂(场)，以便再生利用。

(2)清扫碎屑、灰尘后，下层表面浇洒0.3～0.6kg/m^2 的黏层沥青；与不翻修路段接界的原路侧壁涂刷0.3kg/m^2 左右的黏层沥青。

(3)采用与原沥青层相同或按设计要求的材料和厚度进行铺筑。

(4)用压路机进行碾压密实。当采用热拌沥青混合料铺筑时，压实后对与不翻修路段的接缝采用热烙铁烫边密封。

(5)开放交通后应根据具体面层材料情况做好初期养护工作。

沥青贯入式和沥青表面处治需控制车速和合理调整行车带；沥青稀浆封层需在破乳后才能开放交通，并控制车速和合理调整行车带；热拌热铺沥青混合料经碾压后，温度冷却至环境温度即可开放交通；冷拌冷铺沥青混合料经碾压后控制车速和合理调整行车带。

(二)面层、基层同时翻修

当基层损坏引起面层破损时，面层、基层应同时翻修。

(1)可先将沥青路面铣刨后翻挖基层，也可采用合适的破碎机具将路面破碎；沥青面层翻修的宽度需超出基层翻修宽度的边缘线30cm左右，以使基层、面层接缝分开。

(2)将沥青旧料收集运送后，才可清除基层材料；避免两种材料混杂，影响旧料的再生利用。

(3)避免雨天翻修，必要时在路肩处布置盲沟，防止路床积水。

(4)整平路基表面并经碾压后，采用与原路段相同或符合设计要求的基层材料进行铺筑，每层压实厚度应不大于20cm；当翻修面积小，压路机难以碾压时，可采用小型振动压路机或振动夯板压实，但每层压实厚度应不大于15cm。

(5)当基层稳定并达到要求强度后，浇洒0.7～1.1kg/m^2 透层沥青，与不翻修路段接界的原路侧壁涂刷0.3kg/m^2 左右的黏层沥青；采用与原路段相同或符合设计要求的材料铺筑面层。

(6)开放交通后应根据具体面层材料情况做好初期养护工作。

(三)面层、基层、路基同时翻修

如路基软弱导致路面损坏时，应对软弱路基采取有效措施，处理达到质量标准后，再修筑基层、面层。

二、再生利用

为了节约能源，减少环境污染，合理利用筑路资源，尽可能减少筑路废料堆放用地和降低路面维护工程造价，在沥青路面进行大修、改建工程中，积极推广利用旧沥青面层的再生利用技术，是当前国内外公路养护部门普遍重视的问题。

再生沥青混合料的拌制一般分为热拌和冷拌两种。热拌再生沥青混合料是旧料、新矿料、再生剂与新沥青在热态下拌和而成；冷拌再生沥青混合料是旧料、新矿料、再生剂与乳化沥青在常温下拌和而成。热拌再生沥青混合料强度高,路用性能良好;冷拌再生沥青混合料成型期较长,强度相对较低。

热拌再生沥青混合料一般适用于翻修养护工程,可用于一、二、三级公路的中、下面层;对于一级、二级、三级公路的上面层,以及高速公路中、下面层,必须经试验、总结、评定合格后才能使用。冷拌再生沥青混合料一般适用于翻修养护的四级公路的路面。在这里主要介绍高等级公路常用的热拌再生沥青混合料的再生利用。

(一)旧料质量要求

旧料是路面翻修时所得的面层材料。翻挖路面时可采用机械、人工或两种方式联合进行作业,其质量应符合下列要求:

(1)旧料必须洁净,不得混入有机垃圾。混入无沥青黏结的砂石料的比例不得大于10%,含泥量不得大于1%。

(2)块状旧料可采用机械轧碎或人工敲碎。

(3)破碎后的旧料最大粒径按用途确定。用于粗粒式再生沥青混合料时,最大粒径为26.5mm或31.3mm(方孔筛);用于中粒式再生沥青混合料时,最大粒径为16mm或19mm(方孔筛);用于细粒式再生沥青混合料时,最大粒径为9.5mm或13.2mm(方孔筛)。

(4)破碎后的旧料应按质量分类堆放在平整、坚实和排水良好的场地。堆放高度以不结块为宜,一般小于1.5m。

(二)再生剂要求

根据地区使用条件和公路等级与旧沥青性能,可对旧料掺入适用的再生剂。工程使用效果表明,旧料掺入适量的再生剂后,再掺入一定比例的新沥青和新矿料合成的再生沥青混合料的性能,与全为新料的沥青混合料相当。适用的再生剂有:机油、润滑油、抽出油、玉米油。再生剂的性能和储放应符合下列要求:

(1)应具有较强的渗透和软化能力,以降低旧沥青黏度,达到要求的针入度。

(2)能与旧沥青互溶,使之和新沥青均匀地混合成一体。

(3)能调节旧沥青的成分,达到路用沥青的质量要求,有较好的抗老化性能。

(4)再生剂应储放在有盖的容器里,防止水和垃圾等杂质混入。

(5)再生剂的储放和使用必须满足防火要求。

(三)新材料要求

(1)用于再生沥青混合料的新沥青和乳化沥青的类型和标号可根据公路等级、用途和当地气候条件选定。

(2)用于再生沥青混合料的粗、细集料应具有足够强度,与沥青黏附性良好,无风化和杂质,颗粒形状接近立方体。

(3)材料质量均应符合《公路沥青路面养护技术规范》的规定。

(四)热拌再生沥青混合料配合比设计步骤

1. 旧料分析与新旧沥青掺配

将破碎后的旧料按《公路工程沥青与沥青混合料试验规程》规定的方法作抽提分析,并回收旧沥青，计算旧沥青含量和旧矿料的颗粒组成，测定旧沥青的针入度、延度和软化点。

当旧沥青老化严重、针入度较小时，须在旧沥青中掺入再生剂，使其达到本地区要求的沥青稠度；当沥青路面使用时间不长，老化轻微，旧沥青质量符合本地区路面沥青质量要求时，可不掺入再生剂。

将掺有再生剂的旧沥青掺入符合质量要求的新沥青，测定针入度、延度和软化点等质量指标，按《公路沥青路面养护技术规范》中的技术要求，确定新、旧沥青的掺配比例。如经反复试验，调整新、旧沥青掺配比例仍达不到质量要求时，该沥青不能用于再生沥青。

2. 计算新矿料的用量

根据确定的新、旧沥青的掺配比例，选定新矿料与旧料的配合比，并根据新矿料的颗粒组成，按《公路沥青路面养护技术规范》中的规定，计算新矿料的用量。

3. 确定热拌再生沥青混合料的最佳沥青用量

对破碎的旧料先按确定的再生剂用量进行喷洒拌和，然后按确定的再生沥青混合料级配，并根据本地区经验初定混合料的沥青用量，扣除旧料的旧沥青含量后作为新沥青用量的中值，每次增减0.5%新沥青含量制备混合料试件进行马歇尔试验，根据试验结果和《公路沥青路面养护技术规范》中的马歇尔试验技术标准确定再生沥青混凝土的最佳沥青用量。热拌再生沥青碎石的沥青用量可根据本地区经验或通过试验确定。

在路面铺筑过程中，如材料发生变化，抽检的马歇尔试验结果未达到技术标准时，应调整新旧料比例或新沥青用量。

（五）热拌再生沥青混合料的拌和

热拌再生沥青混合料可采用间歇式拌和机或连续式拌和机拌制。

（1）当旧沥青混合料需要掺入再生剂时，应先将破碎后的旧料按用量喷洒，并拌和均匀，堆放时间以再生剂充分渗透到旧沥青为度，一般为1～3d；以使旧沥青在拌制再生沥青混合料前，首先得到软化，保证再生沥青混合料质量。

（2）当采用间歇式拌和机拌制时，新集料加热温度应高于普通沥青混合料的集料加热温度，但不宜超过230℃；旧料不得进入烘干筒，按配合比设计用量经计量后直接进入拌缸，与新集料相混合，通过热交换使旧集料升温、旧沥青热融；干拌15s左右后，加入新沥青再拌和30～45s，拌和时间以新旧料混合均匀，混合料颜色均匀、无花白料为准；再生沥青混合料的出厂温度为140～160℃。

（3）当采用连续式拌和机拌和时，必须避免旧料被明火烧焦。宜在筒体中部进料口输入旧料，并设置挡板遮挡火焰；如旧料与新料在筒体始端同一料口输入筒体时，可先对旧料喷洒适量水分，旧料总含水率宜不超过3%。拌和后的再生沥青混合料色泽应均匀一致；出厂温度为140～160℃。

再生沥青混合料的运输、施工和质量管理等技术要求，应符合《公路沥青路面施工技术规范》的有关规定。

本章小结

公路沥青路面在使用过程中，由于各种因素的作用，路面逐渐产生各种破损，为保证路面的正常使用，必须对路面采取预防性、经常性保养和修理措施，使路面保持有一定的强度、刚度及稳定性，以保证路面平整完好、横坡适度、排水畅通、具有足够的抗滑性能，有计划地对路面进行改建，以提高路网技术状况，满足行车安全、顺畅。

本章介绍了沥青路面维护的工作要求及内容；分析了沥青路面的主要病害；讲述了对路面现有使用质量的评价方法；描述了沥青路面的养护与维修技术，以及沥青路面的再生利用。

复习思考题

1. 试述沥青路面维护工作的内容。
2. 简述沥青路面破损的类型。
3. 试述沥青路面调查的内容。
4. 路面现有使用质量的评价指标有哪些？
5. 如何作出沥青路面的维护对策？
6. 试述沥青路面初期养护要点。
7. 试述沥青路面常见破损的维修措施。
8. 沥青路面的罩面技术有哪几种？各适用于何种情况？
9. 叙述沥青路面加宽、补强的基本要求。
10. 再生沥青混合料的拌制有哪两种方法？

第四章　高等级公路水泥混凝土路面的维护

教学要求

1. 明确水泥混凝土路面维护的工作要求及内容；
2. 进行水泥混凝土路面病害的分类及分级；
3. 通过对水泥混凝土路面状况的调查，对路面状况做出评定；
4. 根据对水泥混凝土路面现有使用质量的评定，决定路面的维护对策；
5. 结合生产实践，学习水泥混凝土路面的各种维护技术。

随着高等级公路的大规模建设，水泥混凝土路面在高等级公路中得到了广泛的应用，尤其是大型滑模机械化施工技术在高等级公路水泥混凝土路面中的推广应用，使水泥混凝土路面的应用得到了突飞猛进的发展。水泥混凝土路面是较耐用的高级路面，在养护良好的条件下，使用年限比其他路面长；但一旦开始损坏，破损会迅速发展。因此，要认真做好水泥混凝土路面的日常养护和维修工作，及早发现缺陷，查清原因，及时采取适当的措施，以保证路面状况的完好，延长路面的使用寿命。

第一节　概　述

一、路面维护的工作要求及内容

（一）水泥混凝土路面维护基本要求

（1）水泥混凝土路面维护工作必须贯彻“预防为主，防治结合”的方针。根据路面实际情况和具体条件，以及水文、地质、气候、交通和公路等级等情况，采取预防性、经常性的保养和相应修补，对于较大范围路面修理，应安排大、中修或专项工程，使路面处于良好的技术状态。

（2）水泥混凝土路面应以机械维护为主，并积极采用新技术、新材料、新工艺。

（3）水泥混凝土路面维护必须贯彻安全生产的方针。其安全技术、劳动保护等必须符合有关规定；做到安全生产，文明施工，保护环境。

（二）水泥混凝土路面维护的工作内容

（1）行车道与硬路肩上的泥土和杂物，应经常予以清扫。当设有中间带、变速车道、爬坡车道、应急停车带时，其上的泥土和杂物亦应清扫干净。

（2）水泥混凝土路面各种接缝的填料出现缺损或溢出，应及时填补或清除，并应防止泥土、砂石及其他杂物挤压进入接缝内，影响混凝土路面板的正常伸缩。

（3）路基路面（包括路肩、中央分隔带）排水设施，应经常检查和疏通，防止积水，以保护路面不受地面水和地下水的损害。

(4)路面各种标线、导向箭头及文字标记,应及时清洗和恢复,经常保持各种标线、标记完整无缺,清晰醒目。辅助和加强标线作用的凸起路标,应无损坏、松动或缺失,并保持其反射性能。

(5)路肩外和中央分隔带内种植的乔木、绿篱和花草,应及时浇灌、剪修,以保持路容整齐、美观。如有空缺或老化,应适时补植或更新。对病虫害,应及时防治。对影响视距和路面稳定的绿化栽植,应予以处理。

(6)对路面、路肩和路缘石等的局部损坏,应查清原因,采取合适的材料和相应的措施进行修复,以保持路面具备各级公路所要求的使用状态和服务水平。

(7)对路面的较大损坏,应按对路面检查评定结果确定的维护对策,安排大、中修或专项工程,进行维修和整治。局部路段路面损坏严重的应予以翻修,以达到设计标准;整个路段路面平整度、抗滑能力不足的,可采取罩面,铺筑加铺层,以恢复其表面功能;整个路段路面接缝填缝料失效的,应予以全面更换。

(8)对承载能力不足或不适应交通发展要求的路面,可根据不同情况进行加铺、加宽,以提高承载能力和通行能力。

二、路面病害类型和分级

路面病害通常用类型、轻重程度和发生范围三方面属性来描述。水泥混凝土路面的病害,可按损坏的特征和范围分为:断裂类、竖向位移类、接缝类、表层损坏类四大类;按病害产生的轻重程度划分为2~3个等级;对病害出现的范围规定相应的量测指标和方法。其病害的分类分级参见表4-1。

水泥混凝土路面病害的分类分级　　　　表4-1

<table>
<tr><th colspan="2">病害类型</th><th>分级</th><th>外观描述</th><th>分级指标</th></tr>
<tr><td rowspan="6">断裂类</td><td rowspan="3">纵向、横向、斜向裂缝和角隅断裂</td><td>轻</td><td>缝隙边缘无碎裂或错台的细裂缝,缝隙宽度小于3mm;或者填封良好、边缘无碎裂或错台的裂缝</td><td rowspan="3">块和m</td></tr>
<tr><td>中</td><td>缝隙边缘中等碎裂或错台小于10mm,且缝隙宽度小于15mm</td></tr>
<tr><td>重</td><td>缝隙边缘严重碎裂或错台大于10mm,且缝隙宽度大于15mm</td></tr>
<tr><td rowspan="3">交叉裂缝和断裂板</td><td>轻</td><td>板被轻微裂缝分割成2~3块</td><td rowspan="3">块和m</td></tr>
<tr><td>中</td><td>板被中等裂缝分割成3~4块,或被轻微裂缝分割成5块以上</td></tr>
<tr><td>重</td><td>板被严重裂缝分割成4~5块,或被中等裂缝分割成5块以上</td></tr>
<tr><td rowspan="3">竖向位移类</td><td rowspan="3">沉陷和胀起</td><td>轻</td><td>车辆以限速驶过时仅引起无不适感的轻微跳动</td><td rowspan="3">处</td></tr>
<tr><td>中</td><td>车辆驶过时有产生不舒适感的较大跳动</td></tr>
<tr><td>重</td><td>车辆驶过时产生过大的跳动,引起严重不舒适或不安全</td></tr>
<tr><td rowspan="5">接缝类</td><td rowspan="3">接缝填缝料损坏</td><td>轻</td><td>整个路段接缝填缝料情况良好,仅有少量接缝出现上述损坏</td><td rowspan="3">条</td></tr>
<tr><td>中</td><td>整个路段接缝填缝料情况尚可,1/3以下的接缝长度出现上述损坏,水和硬质材料易渗入或挤入</td></tr>
<tr><td>重</td><td>接缝填缝料情况很差,1/3以上接缝长度出现上述损坏,水和硬质材料能自由渗入或挤入,填缝料需立即更换</td></tr>
<tr><td rowspan="2">纵向接缝张开</td><td>轻</td><td>接缝张开10mm以下</td><td rowspan="2">条</td></tr>
<tr><td>重</td><td>接缝张开10mm以上</td></tr>
</table>

续上表

病害类型		分级	外观描述	分级指标
接缝类	唧泥和板底脱空	轻	车辆驶过时,有水从板缝或边缘外唧出,或者在板接(裂)缝或边缘的邻近表面残留有少量唧出材料的沉淀物	条
		重	在板接(裂)缝或边缘的表面残留有大量唧出材料的沉淀物,车辆驶过时,板有明显的颤动和脱空感	
	错台	轻	错台量小于5mm	处
		中	错台量5~10mm	
		重	错台量大于10mm	
	接缝碎裂	轻	碎裂仅出现在接缝或裂缝两侧8cm范围内,尚未采取临时修补措施	处
		中	碎裂范围大于8cm,部分碎块松动或散失,但不影响安全或危害轮胎	
		重	影响行车安全或危害轮胎	
	拱起	轻	车辆以限速驶过时仅引起无不适感的轻微跳动	处
		中	车辆驶过时有产生不舒适感的较大跳动	
		重	车辆驶过时产生过大的跳动,引起严重不舒适或不安全	
表层损坏类	磨损和露骨	轻	磨损、露骨深度小于等于3mm	块
		重	磨损、露骨深度大于3mm	
	纹裂、网裂和起皮	轻	板的大部分面积出现纹裂或网裂,但表面状况良好,无起皮	块
		中	板出现起皮,面积小于等于板面积的10%	
		重	板出现起皮,面积大于板面积的10%	
	活性集料反应引起的网裂	轻	板出现网裂,面层可能变色,但未出现起皮和接缝碎裂	块
		中	出现起皮和接缝碎裂,沿裂缝和接缝有白色细屑	
		重	出现起皮和接缝碎裂的范围发展到影响行车安全或危害轮胎,路表面有大量白色细屑	
	粗集料冻融裂纹	轻	裂纹出现在缝或自由边附近0.3m范围内,缝未发生碎裂	块
		中	裂纹出现在缝或自由边附近,范围大于0.3m,受影响区内裂缝出现轻微或中等碎裂	
		重	裂纹影响区内裂缝出现严重碎裂,不少材料散失	
	坑洞		面板表面出现直径为2.5~10cm、深为1.2~5cm的坑洞	块
	修补损坏	轻	轻微破损,或边缘处有轻微碎裂	块
		中	轻微裂缝或车辙、推移,边缘处有中等碎裂和10mm以下错台	
		重	出现严重裂缝、车辙、推移或错台,需重新进行修补	

三、路面状况调查

为了解路面现状，选择相应的养护维修措施，制定维护政策，规划维护工程项目，编制养护计划，进行路面改建设计都应进行路面状况调查。

路面状况调查包含7个方面：路面破损状况调查、结构承载能力调查、行驶质量调查、抗滑能力调查、交通状况调查（包括车辆组成和轴载）、路基和路面排水状况调查、路面修建和养护历史调查。

1. 路面破损状况调查

路面破损状况以病害类型、轻重程度和出现的范围或密度三项属性表征，具体参见表4-1。同一板块内存在多种病害或轻重程度等级时，以最显著的种类或最重的程度计入系数。

调查工作采用目测确定病害类型和轻重程度等级，简单仪具量测和记录出现范围的方法。每年或每两年进行一次，视破损状况发展速度而定。为确定需采取维护措施的路段（地点），或为路面改建设计提供依据而进行的调查，应沿整个调查路段逐块板进行；而为了解和评定路面现状对使用要求的适应程度，以制定维护政策，分配维护资金，规划维护工程项目，编制维护计划进行的调查，可采用抽样调查方法，抽样规模为10%左右。

2. 路面结构承载能力调查

考虑路面破损严重或者路面需承受比原设计标准轴载数大得多的车辆荷载而进行设计时，应进行现有路面的结构承载能力的调查。调查需测定各结构层的厚度、模量或强度、接缝的传荷能力、板底脱空情况以及结构的承载力。

调查可采用无破损测定方法，或者无破损和破损相结合的方法进行。无破损试验主要采用大型承载板、贝克曼梁弯沉仪或落锤弯沉仪等仪器，测定试验荷载作用下的路表挠度曲线，评定接缝传荷能力，判断板底脱空情况；破损试验为钻取各结构层的试样，量取其厚度，并在室内进行劈裂强度和模量的测定。通常，采用无破损测定和破损测定相结合的方法，可以得到较好的分析和评定结果。

3. 路面行驶质量调查

路面行驶质量以平整度指标表征，路面平整度测定可采用反应类仪器或断面类仪器进行。反应类仪器有颠簸累积仪；断面类仪器有静态纵断面测定仪（水准仪高程测量、梁式断面仪等）和动态纵断面测定仪（惯性断面仪、不接触式纵断面仪等）。各种方法所采用的平整度指标不尽相同，各种测定结果的可比性较差，因此，需通过标定试验建立不同仪器的测定结果同国际平整度指数间的相关关系方程，将不同仪器的测定结果统一换算成国际平整度指数。

平整度测定沿调查路段的各个车道逐公里进行。在路面使用初期，进行一次全线平整度测定，而后，视交通量大小每隔2~4年进行一次测定，或者按情况需要对平整度差的路段进行测定。

4. 路面抗滑能力调查

路面抗滑能力调查包括路面表面摩阻系数和构造深度测定两项。摩阻系数测定结果反映路表面的低速行驶时的抗滑能力，可采用摆式仪测定路表面抗滑值、或偏转轮拖车测定侧向力系数、或锁轮拖车测定滑移指数;构造深度测定结果反映路表面在高速行驶时的抗滑能力,可采用砂容量法测定。

在路面使用初期,对各路段进行一次全面测定,按路段内各个车道路表面的构造情况,分为若干个均匀路段,分别选择代表性测定地点;而后每隔2~4年进行一次测定,或者根据需要对抗滑性能差或行车安全有疑问的路段进行测定。

四、路面现有使用质量的评定及路面维护对策

(一)路面使用质量的评定

1.路面破损状况的评定

采用路面状况指数(PCI)和断板率(DBL)两项指标评定路面破损状况。

(1)路面状况指数(PCI):

依据路段破损状况调查得到的病害类型、轻重程度和密度数据,按下列公式确定该路段的路面状况指数(PCI),以100分制表示。路面状况指数(PCI)是一项综合性评价指标,它反映调查路段包括各种损害在内的路面总破损状况,也反映病害的三方面属性(类型、轻重程度、范围)对路面状况影响程度,是综合度量指标。

$$PCI = 100 - \sum_{i=1}^{n}\sum_{j=1}^{m_j} DP_{ij} W_{ij} \tag{4-1}$$

$$DP_{ij} = A_{ij} D_{ij} B_{ij} \tag{4-2}$$

$$W_{ij} = \begin{cases} 2.5R_{ij} & R_{ij} < 0.2 \\ 0.5 + 0.686(R_{ij} - 0.2) & 0.2 \leqslant R_{ij} \\ 0.74 + 0.289(R_{ij} - 0.55) & 0.55 \leqslant R_{ij} < 0.8 \\ 0.81 + 0.95(R_{ij} - 0.8) & R_{ij} \geqslant 0.8 \end{cases} \tag{4-3}$$

$$R_{ij} = \frac{DP_{ij}}{\sum_{i=1}^{n}\sum_{j=1}^{m_j} DP_{ij}} \tag{4-4}$$

式中:i、j——病害种类和轻重程度;

n——病害种类总数;

m_j——j种病害的轻重程度等级数;

DP_{ij}——i种病害和j种轻重程度的单项扣分值,它是破损密度D_{ij}的函数;

D_{ij}——i种病害j种轻重程度的板块数占调查路段板块总数的比例;

A_{ij}、B_{ij}——系数,可参考表4-2确定;

W_{ij}——同时出现多种破损时,i种病害和j种轻重程度扣分值的修正权数;

R_{ij}——各单项扣分值占总扣分值的比值。

单项扣分值DP_{ij}和修正系数W_{ij}应由有代表性的成员组成的评定小组通过实地评定试验后制订。

(2)路段的断板率(DBL):

由于水泥混凝土路面最主要的病害是各种断裂,它们对结构承载能力和使用性能的影响最大,也对维护对策的选择影响很大,因此,以断板率指标反映路面结构性破损状况。

计算单项扣分值的系数 A_{ij} 和 B_{ij}　　表 4-2

病害类型 \ 轻重程度 \ 系数	A_{ij}			B_{ij}		
	轻	中	重	轻	中	重
纵、横、斜向裂缝	30	65	93	0.55	0.52	0.54
角隅断裂	49	73	95	0.76	0.64	0.61
交叉裂缝、断裂板	70	88	103	0.60	0.50	0.42
沉陷、胀起	49	65	92	0.76	0.64	0.52
唧泥	25	—	65	0.90	—	0.80
错台	30	60	92	0.70	0.61	0.53
接缝碎裂	23	30	51	0.81	0.61	0.71
拱起	49	65	92	0.76	0.64	0.52
纵缝张开	30	—	70	0.90	—	0.70
填缝料损坏	10	35	60	0.95	0.90	0.80
纹裂或网裂和起皮	22	60	90	0.70	0.60	0.50
磨损和露骨	20	—	60	0.70	—	0.50
坑洞	—	30	—	—	0.60	—
活性集料反应	25	47	70	0.90	0.80	-0.70
修补损坏	10	60	90	0.95	0.60	0.54

依据路段破损调查得到的断裂类病害的板块数，按断裂缝种类和严重程度不同，采用不同的权系数进行修正后，由下式确定该路段的断板率（DBL），以百分数表示。

$$DBL = (\sum_{i=1}^{n}\sum_{j=1}^{m_j} DB_{ij} W_{ij})/BS \tag{4-5}$$

式中：DB_{ij}——i 种类裂缝病害，j 种轻重程度的板块数；

W_{ij}——i 种裂缝病害，j 种轻重程度的修正权数，按表 4-3 确定；

BS——评定路段内的板块总数。

计算断板率的权数 W_{ij}　　表 4-3

裂缝类型	交叉裂缝			分隅断裂			纵、横、斜向裂缝		
轻重程度	轻	中	重	轻	中	重	轻	中	重
权数 W_{ij}	0.60	1.00	1.50	0.20	0.70	1.00	0.20	0.60	1.00

（3）路面破损状况等级评定标准：

路面破损状况分为五个等级，各个等级的路面状况指数和断板率的评定标准参见表 4-4。

路面破损状况等级评定标准　　表 4-4

评定等级	优	良	中	次	差
路面状况指数 PCI	≥85	84~70	69~55	54~40	<40
断板率 DBL(%)	≤1	2~5	6~10	11~20	>20

2. 路面结构承载能力的评定

路面结构承载能力的评定，按《公路水泥混凝土路面设计规范》中规定的方法进行，并设计加铺层。

3. 路面行驶质量的评定

(1)行驶质量指数(RQI)：

路面行驶质量采用行驶质量指数(RQI)进行评定，以10分制表示。

路面行驶质量，也即行驶舒适性，同路表面的不平整度、车辆的动态响应以及乘客对舒适性的要求和对行车颠簸的接受能力有关，因此，应建立行驶质量指数同路面平整度指数IRI之间的关系。行驶质量指数同路面平整度指数IRI之间的关系，应由有代表性的成员组成的评定小组通过实地评定试验建立，也可参照下列关系式确定行驶质量指数。

$$RQI = 10.5 - 0.75IRI \tag{4-6}$$

行驶质量指数(RQI)数值范围为0~10，如出现负值，则取0，如计算结果大于10，则取10。

(2)行驶质量等级评定标准：

行驶质量分为五个等级。各个等级的行驶质量标准参见表4-5。

行驶质量等级评定标准　　表4-5

评定等级	优	良	中	次	差
行驶质量指数RQI	≥8.5	8.4~7.0	6.9~4.5	4.4~2.0	<2.0

4. 路面抗滑能力评定

路面表面抗滑能力采用横向系数SFC或抗滑值SRV以及构造深度两项指标评定。路面抗滑能力分为五个等级，各个等级的评定标准参见表4-6。

路面抗滑能力等级评定标准　　表4-6

评定等级	优	良	中	次	差
构造深度(mm)	≥0.8	0.7~0.6	0.5~0.4	0.3~0.2	<0.2
抗滑值SRV	≥65	64~55	54~45	44~35	<35
横向力系数SFC	≥0.55	0.54~0.45	0.44~0.38	0.37~0.30	<0.30

(二)路面维护对策

(1)高速公路及一级公路的路面破损状况等级为优和良，或者二级及二级以下公路的路面破损状况等级为中及中以上时，可采用日常养护和局部或个别板块修补措施。各种病害的养护或修补措施参见表4-7。

(2)高速公路及一级公路的路面破损状况等级为中及中以下，或者二级及二级以下公路的路面破损状况等级为次及次以下时，应采取全路段修复或改善措施，包括沥青混合料修补、板块破碎和碾压稳定、铺筑沥青混凝土或水泥混凝土加铺层以及修建纵向边缘排水设施等。

(3)高速公路及一级公路的路面行驶质量等级为中及中以下，或者二级及二级以下公路的行驶质量等级为次及次以下时，应采取刻槽、罩面或加铺层等措施改善路面的平整度。

各种病害的养护或修补措施

表 4-7

病害＼措施	可暂不修	填封裂缝	填封接缝	部分深度修补	全深度修补	换板	沥青混合料修补	板底堵封	板顶研磨	刻槽	边缘排水
纵、横、斜裂缝和角隅断裂	L	L,M,H			H						
交叉裂缝和断裂板		L,M				M,H					
沉陷、胀起	L,M						M,H	H	M,H		
唧泥、错台	L		L,M					H	H		M,H
接缝碎裂	L			M,H	H		M,H				
拱起	L				M,H	H					
纵缝张开			L,H								
填缝料损坏	L		M,H								
纹裂或网裂和起皮	L,M			M,H			M,H				
磨损和露骨	磨损						露骨			磨光	
活性集料反应	L					H	M				
集料冻融裂纹	L			M,H	H						

注:表中 L-轻度;M-中等;H-严重。

(4)高速公路及一级公路的路面抗滑能力等级为中及中以下,或者二级及二级以下公路的抗滑能力等级为次及次以下时,应采取刻槽、罩面等措施提高路表面的抗滑能力。

(5)路面结构承载能力不满足现有交通的要求时,应采取铺筑沥青混凝土或水泥混凝土加铺层措施提高其承载能力。

(三)水泥混凝土路面养护标准

(1)水泥混凝土路面的养护质量标准参见表 4-8。

(2)水泥混凝土路面在使用中,应对其使用质量进行检查。凡不符合养护质量标准的,应及时修理,或有计划地安排大、中修或专项工程,予以改善和提高。恢复和改善工程的质量标准,可参照《公路工程质量检验评定标准》执行。

水泥混凝土路面养护质量标准

表 4-8

项目		高速公路、一级公路	二级公路
平整度(mm)	平整度仪 σ	2.5	3.5
	3m 直尺 h	5	8
	国际平整度指数 IRI(m/km)	4.2	5.8
抗滑	构造深度 TD(mm)	0.4	0.3
	抗滑值 SRV(BPN)	45	35
	横向力系数 SFC	0.38	0.30
相邻板高差(mm)		3	5
接缝填缝料凹凸(mm)		3	5
路面状况指数(PIC)		≥70	≥55

第二节 水泥混凝土路面日常养护

水泥混凝土路面日常养护应做好预防性和经常性养护，通过经常巡视检查，及早发现缺陷，查清原因，采取适当措施，清除障碍物，保持路面状况良好。水泥混凝土路面检查的最佳时间是从初冬到初春的寒冷季节，因路面的损坏处冬季最明显，此时接缝和裂缝都最宽；而要在气温较好的温暖季节里安排必要的养护维修工作。水泥混凝土路面的维护质量，应符合规定要求。同一横断面上由水泥混凝土路面与其他类型路面组成时，水泥混凝土路面按本章基本要求执行，其他路面按相应的规范要求执行。

一、清扫保洁

(1)水泥混凝土路面必须定期清扫泥土和污物，与其他不同类型路面平面连接处及平交道口应勤加清扫，路面上出现的小石块等坚硬物应予以清除，中央分隔带内的杂物应定期清除，保持路容整洁。

(2)路面清雪频率应根据公路状况、交通量大小及其组成、环境条件等确定。路面清扫宜采用机械作业，机械清扫留下的死角，应用人工清除干净。

(3)路面清扫时，应尽量减少清扫作业产生灰尘，以免污染环境，危及行车安全。清扫作业宜避开交通量高峰时段进行。

(4)路面清扫后的垃圾应运至指定地点进行处理，不得随意倾倒。

(5)当路面被油类物质或化学药品污染时，应清洗干净，必要时用中和剂或其他材料处理后，再用水冲洗。

(6)交通标志标牌、示警桩、轮廓标以及防撞栏等交通安全设施应定期擦拭，交通标志及标线受到污染后应及时清扫(洗)，保持整洁、醒目。

(7)应保持交通标志标牌、标线、示警桩、轮廓标的完整，发生局部脱落、破损时应用原材料进行修复或更换。

二、接缝保养及填缝更换

(1)应对接缝进行适时的保养，保持接缝完好，表面平顺。

①填缝料凸出板面，高速公路、一级公路超出3mm，其他等级公路超过5mm时应铲平。

②填缝料外溢流淌到接缝两侧面板，影响路面平整度和路容时应予清除。

③杂物嵌入接缝时应予清除，若杂物系小石块及其他坚硬物时，应及时剔除。

(2)应对填缝料进行周期性和日常性的更换。

①填缝料的更换周期一般为2~3年。

②填缝料局部脱落时应进行灌缝填补；填缝料脱落缺失大于1/3缝长或填缝料老化、接缝渗水严重时应立即进行整条接缝料更换。

③填缝料技术要求应符合规范的规定。

(3)填缝料的更换应做到饱满、密实、黏接牢固，清缝宜使用专用机具。

①更换填缝料前应将原填缝料及掉入缝槽内的砂石杂物清除干净，并保持缝槽干燥，清洁。

②填缝料灌注深度宜为3~4cm，当缝深过大时，缝的下部可填2.5~3.0cm高的多孔柔性

垫底材料或泡沫塑料支撑条。

③填缝料的灌注高度，夏天宜与面板平，冬天宜稍低于面板2mm，多余的或溅到面板上的填缝料应予清除。

④填缝料更换宜选在春秋两季，或宜在当地年气温居中且较干燥的季节进行。

三、排水设施养护

(1)必须对路面、路肩、中央分隔带、边沟、边坡、挡土墙以及所有排水构造物进行妥善的日常维护，保持系统的排水功能。当排水系统整体功能不能满足要求时，应通过改善或改建工程进行完善提高。

(2)对路面排水设施，应采取经常性的巡查并与重点检查相结合，发现损坏应及时安排修复，发现堵塞必须立即疏通，路段积水应及时排出。

(3)雨天应重点检查超高路段的中央分隔带纵向排水沟、横向排水管、雨水井、集水井等的排水状况，出现堵塞、积水应及时排除。

(4)排水构造物及路肩修复宜采用与原构造物相同材料。

(5)保持路面横坡及路面平整度。当快车道是水泥混凝土道路，慢车道或非机动车道是沥青路面时，应保持沥青路面横坡大于水泥混凝土路面横坡。

(6)保持路肩横坡大于路面横坡，路肩横坡应顺适，并及时修复路肩缺口。

(7)路面板裂缝应按要求进行缝隙封闭。

(8)路面接缝、路肩接缝及路缘石与路面接缝变宽出现接缝渗水时，应进行填缝处理。

(9)定期修整路肩植物、清除路肩杂物，疏通路肩排水设施和中央分隔带排水设施，常年保持路面排水顺畅。

①及时清除路肩堆积物、杂草、污物。

②定期疏通路肩边沟、集水井、排水管、集水槽(由拦水带和路肩构成)、泄水口、急流槽等路肩排水设施。

③定期疏通中央分隔带的进水口、纵向排水沟、雨水井、集水井、横向排水管、渗沟等，同时定期清除雨水井、集水井污物。

四、冬季养护

(1)冰雪地区路段水泥混凝土路面冬季养护重点是除雪、除冰、防滑作业，重点是桥面、坡道、弯道、垭口及其他严重危害行车安全的路段。

(2)除雪、除冰、防滑要根据气象资料、沿线条件、降雪量、积雪深度、危害交通范围等确定作业计划，并做好机驾人员培训、机械设备、作业工具、防冻防滑材料的准备。

(3)除雪作业以清除新雪为主，化雪时应及时清除雪水和薄冰，除冰困难的路段应以防滑措施为主，除冰为辅，除冰作业应防止破坏路面。

(4)路面防冻防滑的主要措施：

①使用盐或其他融雪剂降低路面上的结冰点。

②使用砂等防滑材料或盐掺和使用，加大轮胎与路面间的摩擦系数。

③防冻、防滑料施撒时间，主要根据气象条件(降雪、风速、气温)、路面状况等来确定，一般可在刚开始下雪时就撒布融雪剂或与防滑料掺和撒布，或者在路面出现冻结前1~2h撒布。

④防止路面结冰时，通常撒布一次防冻料即可，除雪作业时，撒布次数可以和除雪作业频

率一致。

(5)在冰融前，应将积雪及时清出路肩之外，以免雪水渗入路肩，冰雪消融后，应清除路面上的残留物。

(6)禁止将含盐的积雪堆积于绿化带。

第三节　水泥混凝土路面常见破损处理

一、裂缝维修

(1)对宽度小于3mm的轻微裂缝，可采取扩缝灌浆。

(2)对贯穿全厚的大于3mm小于15mm的中等裂缝，可采取条带罩面进行补缝，如图4-1所示。

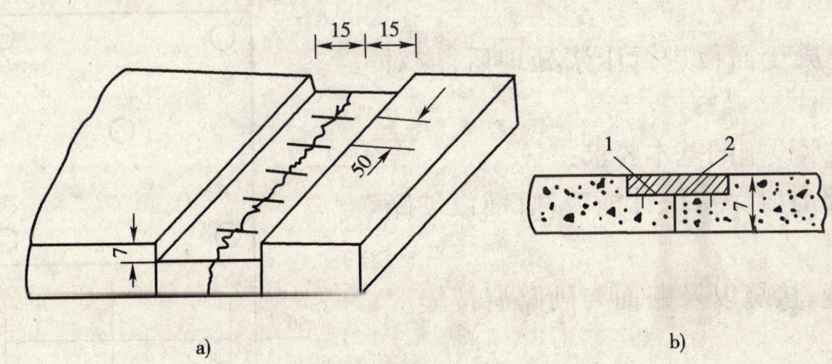

图4-1　条带补缝(尺寸单位:cm)

1-钯钉;2-新浇混凝土

(3)对宽度大于15mm的严重裂缝可采用全深度补块。全深度补块分集料嵌锁法、刨挖法、设置传力杆法。

二、板边、板角修补

1. 板边修补基本要求

(1)当对水泥混凝土面板边轻度剥落进行修补时，应将剥落的表面清理干净，用沥青混合料或接缝料修补平整。

(2)当板边严重剥落时，按中等裂缝的方法修补。

(3)当板边全深度破碎时，按严重裂缝的方法修补。

2. 板角修补基本要求

(1)板角断裂应按破裂面的大小确定切割范围。

(2)切缝后，凿除破损部分时，应凿成规则的垂直面。对原有钢筋不应切断，如果钢筋难以全部保留，至少也要保留20~30cm长的钢筋头，且应长短交错。

(3)原有滑动传力杆，如果有缺陷应予以更换并在新老混凝土之间加设传力杆，传力杆间距控制在30 cm。

(4)基层不良时，可采用C15混凝土浇筑基层。

(5)与原有路面板的接缝面,应涂刷沥青。如为胀缝,应设置接缝板。

(6)现浇混凝土与老混凝土面板之间的接缝应切出宽3mm,深4mm的接缝槽,并灌入填缝材料。

(7)待混凝土达到强度后,方可开放交通。

三、板块脱空处治

(1)水泥混凝土面板脱空位置的确定可采用弯沉测定法确定脱空的位置。

(2)水泥混凝土路面板和基层之间由于出现空隙而导致路面沉陷的,可采用沥青灌注、水泥浆、水泥粉煤灰浆和水泥砂浆等方法进行板下封堵。灌浆孔布设如图4-2所示。

四、唧泥处理

(1)水泥混凝土路面唧泥病害,应采取压浆处理。

(2)水泥混凝土面板进行压浆处理后,应对接缝及时灌缝。

(3)设置排水设施的基本要求:

①路面和路肩应保持设计横坡,宜铺设硬路肩。

②路面裂缝、接缝以及路面与硬路肩接缝应进行密封。

③设置纵向积水管和横向出水管。

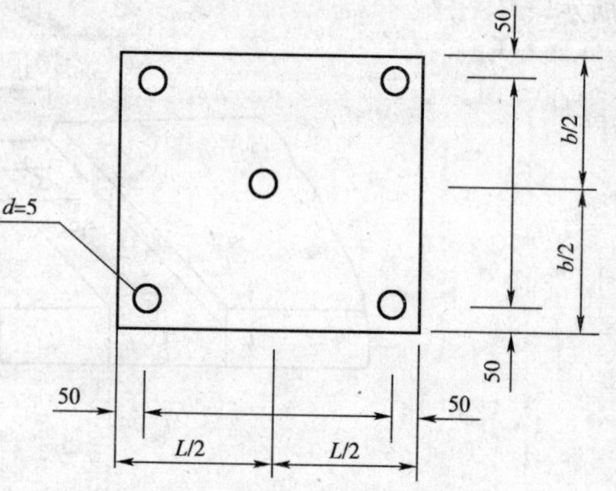

图4-2　灌浆孔布置(尺寸单位:cm)

d-灌浆孔孔直径;L-板长;b-板宽

五、错台处治

错台的处治方法有磨平法和填补法两种,可按错台的轻重程度选定。

(1)高差小于等于10mm的错台,可采用磨平机磨平,或人工凿平。

(2)高差大于10mm的严重错台,可采取沥青砂或水泥混凝土进行处治。

六、沉陷处理

(1)沉陷处理应设置排水设施。

(2)采用顶升灌浆法处治。

面板顶升基本要求如下:

①面板在顶升前,应用水准仪测量下沉板的下沉量,测站距下沉处应大于50m,并绘出纵断面,求出升起值。

②在混凝土面板上钻孔,孔深应大于板厚约2cm。

③板块顶升宜采用起重设备或千斤顶。

④灌注材料可采用水泥砂浆。

⑤灌注材料压入后,每灌一孔应用木楔堵塞,压浆全部完毕,应拔出木楔,宜用高强水泥砂浆堵孔。

⑥压浆材料的抗压强度达到6MPa时,方可开放交通。

(3)当水泥混凝土整板沉陷并产生破碎时,应整板翻修。

七、拱起处理

拱起处理应根据具体情况,采取不同的方法进行处治。

(1)板端拱起但路面完好时,先将拱起板块两侧附近1~2条横缝切宽,待应力充分释放后切除拱起端,逐渐将板块恢复原位,在缝隙和其他接缝内应清缝,并灌接缝材料。

(2)拱起板端发生断裂或破损时,按严重裂缝的方法处理。

(3)拱起板两端间因硬物夹入发生拱起,应将硬物清除干净,使板块恢复原位,应清理接缝内杂物和灰尘,灌填缝料。

(4)胀缝间因传力杆部分或全部在施工时设置不当,使板受热时不能自由伸长而发生拱起,应重新设置胀缝。

八、坑洞修补

坑洞修补应根据不同情况采取相应措施进行。

(1)对个别的坑洞,应清除洞内杂物,用水泥砂浆等材料填充,达到平整密实。

(2)对较多的坑洞且连成一片的,应采取薄层修补方法进行修补。

①切割面积的图形边线,应与路中心线平行或垂直。

②切割的深度,应在6cm以上,并将切割面内的光滑面凿毛。

③应清除槽内的混凝土碎屑。

④混凝土拌和物填入槽内,振捣密实,并保持与原混凝土面板齐平。

⑤宜喷洒养护剂养生。

⑥待混凝土达到通车强度后,方可开放交通。

九、接缝维修

1. 接缝填缝料损坏维修应符合下列规定

(1)接缝中的旧填缝料和杂物,应予清除,并将缝内灰尘吹净。

(2)在胀缝修理时,应先将热沥青涂刷缝壁,再将接缝板压入缝内。对接缝板接头及接缝板与传力杆之间的间隙,必须用沥青或其他填缝料填实抹平。上部用嵌缝条的应及时嵌入嵌缝条。

(3)用加热式填缝料修补时,必须将填缝料加热至灌入温度,宜用嵌缝机填灌。填缝料应与缝壁黏结良好和填灌饱满。在气温较低季节施工时,应先用喷灯将接缝预热。

(4)用常温式填缝料修补时,除无须加热外其施工方法与加热式填缝料相同。

(5)填缝料的技术要求与施工质量验收标准,应符合《公路水泥混凝土路面施工规范》和《公路养护技术规范》的规定。

2. 纵向接缝张开维修,应符合下列规定

(1)当相邻车道面板横向位移,纵向接缝张开宽度在10mm以下时,宜采取氯乙烯胶泥、焦油类填缝料和橡胶沥青等加热施工式填缝料填灌。

(2)当相邻车道板横向位移,纵向接缝张口宽度在10mm以上时,宜采取聚氨酯类常温施工式填缝料进行维修。

(3)当纵向接缝张口宽度在15mm以上时,采用沥青砂填缝。

3. 接缝出现碎裂时,接缝维修应符合下列规定

(1)在破碎部位外缘,应切割成规则图形,其周围切割面应垂直于面板,底面宜为平面。

(2)应清除混凝土碎块,吹净灰尘杂物,并保持干燥状态。

(3)宜用高模量补强材料,进行填充维修,其材料技术性能应符合有关规范的规定。

(4)修补材料达到通车强度后,方可开放交通。

十、表面起皮、剥落、露骨处治

表面起皮、剥落、露骨处治,应根据公路等级和表面破损程度,采取不同的材料和施工方法进行,对局部板块的表面起皮应进行罩面。

(1)高速公路水泥混凝土板表面起皮、剥落、露骨,宜采用改性沥青稀浆封层或沥青混凝土加以处治。

(2)对于较大面积的水泥混凝土面板表面起皮、剥落、露骨,宜采用稀浆封层及沥青混凝土罩面措施。

第四节　水泥混凝土路面的改善

一、水泥混凝土路面表面功能恢复

水泥混凝土路面整条路段出现较大面积的磨损、露骨,应采取铺设沥青磨耗层;对局部路段出现路面磨光,应采取机械刻槽的方法,以恢复水泥混凝土路面的表面平整度和抗滑性能。

1. 沥青磨耗层

主要用于水泥混凝土路面大面积的磨光、露骨、脱皮的处治。

(1)铺筑前应对混凝土面板进行修整和处理,应使混凝土路面干燥清洁,不得有尘土、杂物或油污,以保证水泥混凝土路面与沥青路面层间结合牢固。

(2)水泥混凝土路面表面应喷洒0.4~0.6kg/m^2的黏层沥青,尽可能采用改性沥青,或快裂型乳化沥青。

(3)黏层沥青宜用沥青洒布车进行喷洒;在路缘石、雨水进水口、检查井等局部位置与沥青面层接触处用人工涂刷。

(4)施工温度控制在10℃以上。

(5)喷洒黏层沥青后,除沥青混合料运输车辆外严禁其他车辆、行人通过。

(6)黏层沥青洒布后,应立即铺筑沥青层;乳化沥青应待破乳后铺筑沥青层。

2. 沥青砂磨耗层

沥青磨耗层也可采用沥青砂,厚度一般为1.0~1.5cm。

3. 沥青稀浆封层

(1)稀浆封层的施工温度不得低于10℃,路面应清洁。

(2)稀浆封层铺筑后到成型前应封闭交通。

(3)开放交通初期应有专人指挥,控制车速不得超过20km/h,并不得制动或掉头。

4.改性沥青稀浆封层

改性沥青稀浆封层应采用慢裂快凝型乳化沥青,其施工程序与普通稀浆封层基本相同,其不同点在于:

(1)必须使用改性稀浆封层机。

(2)摊铺前应在老路面上洒一层黏结剂作为黏层油,以保证层间的良好黏结。

(3)改性沥青稀浆混合料摊铺后,固化时间短,一般在30min以内即可通车。

5.刻槽

路面磨光时,可采用刻槽法进行处治。

(1)宜采用自动式刻槽机。

(2)刻槽深度3~5mm,槽宽3~5mm,缝距10~20mm。

(3)宜由高到低逐步推进。

二、水泥混凝土加铺层

在旧水泥混凝土路面上加铺水泥混凝土面层之前应对旧水泥混凝土路面进行处理,对旧水泥混凝土路面进行调查,分板块逐一编号,绘制病害平面图;按设计要求对病害面板进行处理。

(1)在旧混凝土顶面宜铺筑一层隔离层,以达到新旧混凝土板之间的过渡,减少反射裂缝。

①铺筑前应先清除旧面板表面杂物,冲刷尘污,使面板洁净无异物。

②用清缝机清除水泥混凝土面板接缝杂物,用灌缝机灌入接缝材料。

③在旧混凝土表面洒布黏层沥青。

④铺设沥青混凝土隔离层、土工布隔离层或沥青油毛毡隔离层,采用轮胎式压路机进行碾压。

(2)水泥混凝土加铺层分为结合式、直接式和分离式三种类型。

①结合式加铺层适用于罩面,加铺层较薄,一般不小于10cm,但旧水泥混凝土板要凿毛,施工难度较大。

②分离式加铺层适用于旧路加宽、加厚,加铺层施工方便,对混凝土面板尺寸没有严格要求,但加铺层较厚,一般不小于18cm。

③直接式加铺层介于二者之间,适用于提高旧路的承载能力,施工较为简单,旧混凝土板表面不用凿毛,进行清洗即可,但要求新旧混凝土板尺寸大小一致,伸缩缝位置一定要上下对应,以免出现反射裂缝。

(3)钢纤维混凝土加铺层适用于桥面、桥头引道、城市道路等路面高程受到限制的路段。

(4)连续配筋混凝土加铺层适用于高速公路。

(5)钢筋混凝土加铺层适用于一般路段。

三、沥青混凝土加铺层

沥青混凝土加铺层要求旧水泥混凝土路面稳定、清洁，对面板损坏部分必须维修，否则将很快反映到沥青面层，导致路面的破坏。

(1)防治反射裂缝的做法有：铺设土工格栅、粘贴改性沥青油毡、铺贴土工布、切缝加灌接缝材料、设置半刚性基层。

①铺设土工格栅。

混凝土板损坏面积较大，可采用铺设土工格栅的方法，宜选用玻璃纤维土工格栅。玻璃纤维土工格栅耐高温性能好，摊铺热沥青混凝土不会产生变形。

②粘贴改性沥青油毡。

混凝土板损坏面积较小，可采用粘贴改性沥青油毡的方法，要求水泥混凝土路面板表面必须干燥、清洁。

③铺贴土工布。

采用土工布时应选用薄型、带气孔、有毛面的土工布。

④切缝加灌接缝材料。

对于没有使用土工织物夹层处理的沥青混凝土罩面层，可采用切缝加灌接缝材料的方法。

(2)沥青混凝土面层结构厚度应满足沥青混凝土最小结构厚度的要求，沥青路面厚度一般不低于7cm。

沥青混凝土路面的施工，应符合有关规范的规定。

四、水泥混凝土路面加宽

为提高行车通行能力，需要加宽水泥混凝土路面。

(1)加宽水泥混凝土路面导致硬路肩宽度不足时，应拓宽路基。

①土基拓宽时应先将原边坡坡脚或边沟清淤。

②分层填筑压实土基。

③必须处理好新旧路基的衔接，在新老路基交界处，路基与基层界面上铺设一层土工格栅。

④在做路基加宽时，应同时做好路基排水系统。

(2)路面基层拓宽时，新加宽的基层强度不得低于原有水泥混凝土路面的基层强度，宜采用相错搭接法。

(3)混凝土路面加宽应符合下列要求：

①双侧加宽。如原路基较宽，路面加宽后路肩宽度大于75cm时，可直接加宽；如路基较窄不具备加宽路面条件时，应先加宽路基后加宽路面。

宜采用两侧相等的加宽方式；对两侧不相等的加宽方式，如差值小于1m可不调整路拱，否则应调整路拱。

②单侧加宽。由于受线形和地形的限制，可采用单侧加宽。

③在平曲线处，应按要求设置超高、加宽，原来漏设的也应结合加宽补设。

④加宽的混凝土板的强度、厚度、路拱、横缝均应宜与原混凝土面板相同；板的长宽比应为1.3~1.2。

⑤路面板加宽应增设拉杆。

⑥水泥混凝土路面的施工应符合有关规范规定。

第五节　水泥混凝土路面的修复

一、整块面板翻修

(1)旧板凿除应注意对相邻板块的影响,尽可能保留原有拉杆;宜用液压镐破碎混凝土板,并应及时清除混凝土碎块。

(2)基层损坏部分应予清除,并将基层整平、压实。

①个别板块基层宜用C15贫混凝土将路面基层补强,其补强混凝土顶面高程应与旧路面基层顶面高程相同。

②宜在混凝土路面板接缝处的基层上涂刷一道宽20cm的沥青带。

(3)在进行路面板翻修时在路面排水不良地带,路面板边缘及路肩应设置路基纵、横向排水系统。

①单一边板块翻修时应在路面板接缝处设置横向盲沟。

②较长路段翻修时宜设纵横向盲沟,并应在纵坡底部设置横向盲沟。

(4)混凝土配合比及所选用的材料,应根据路面通车时间的要求选用快速修补材料,以减少交通管制时间。

二、部分路段修复

(1)旧水泥混凝土板破碎,宜采用配备液压镐的混凝土破碎机,并应及时清除混凝土碎块。

(2)基层损坏部分应予清除,并将基层整平、压实。

①整平基层,采用压路机压实,压路机上下路床应设置三角导木。

②基层强度不足时,可采用水稳定性较好的材料进行处理。

(3)应结合路面维修,设置纵横向排水系统。

①在路面板翻修过程中应设置纵向盲沟。

②在坡脚应间隔5m连续设置三道横向盲沟,以便将纵向盲沟的积水排出。

(4)混凝土施工前应在路面基层上做沥青下封层,沥青用量为1.0kg/m^2。

(5)新老水泥混凝土板交接处应设传力杆,可使新老混凝土板形成整体,以提高混凝土路面的传荷能力。

(6)在水泥混凝土板块接缝处,用切缝机切1/4板厚深的缝。

三、旧水泥混凝土路面再生利用

对水泥混凝土板的大面积破坏,可对旧混凝土进行再生利用;旧混凝土再生利用主要用作水泥混凝土面层粗集料、基层集料和碎块底基层。

(1)旧水泥混凝土板块强度达到石料二级标准时,可作为再生混凝土集料使用,应符合下列要求:

①在旧水泥混凝土板破碎前,必须标明地下设施的位置,以避免损坏地下构造物。

②凡曾用沥青材料修补的部位要将沥青材料清除干净,以便旧水泥混凝土板再生利用;在

构造物上方以及新旧水泥混凝土板块接头处应用液压镐破碎，以确保构造物及相邻老混凝土板的安全；全幅路面板破碎可用落锤式破碎机进行施工。

③将旧水泥混凝土碎块装运到料场进行加工；在旧水泥混凝土板破碎、装运、输送的过程中应将钢筋剔除；旧水泥混凝土再生集料的粒径控制在20～40mm之间。

④水泥混凝土配合比设计：采用轧碎的水泥石作为粗集料，选用新碎石作为细集料，并掺入减水剂和二级干粉煤灰以改善其和易性。

(2)旧水泥混凝土板块强度达到三级标准可作为基层集料。

①宜采用石灰、粉煤灰结合旧混凝土集料基层。

②石灰、粉煤灰比例宜为1:4。

③混凝土基层集料含量宜为80%～85%。

(3)水泥混凝土路面破损状况属差级时，应将混凝土板破碎作为底基层使用。

①在水泥混凝土路面两侧挖纵横向排水沟，排除积水，使水泥混凝土路面处于干燥状态。

②采用机械破碎旧混凝土板。

③用灌浆设备将M5水泥砂浆灌入板块缝内，以便填充混凝土块缝隙；用25t重型振动压路机进行振动碾压，碾压速度为2.5km/h，往返碾压6次，要求基层稳定，灌浆饱满，以便旧混凝土板块嵌锁形成一整体。

④对软弱松动碎块应予清除，并用C15贫混凝土填补，形成复合地基。

⑤在混凝土复合地基上做半刚性基层，可提高路基强度和平整度，避免产生反射裂缝。

本章小结

公路水泥混凝土路面在使用过程中，由于各种因素的作用，路面逐渐产生各种破损。为保证路面的正常使用，必须对路面采取预防性、经常性保养和修理措施，使路面保持有一定的强度、刚度及稳定性，以保证路面平整完好、横坡适度、排水畅通、具有足够的抗滑性能，有计划地对路面进行改善，以提高技术状况，满足行车安全、顺畅。

本章分析了水泥混凝土路面的主要病害，讲述了对现有路面使用质量的评价方法；描述了水泥混凝土路面的养护与维修技术，以及水泥混凝土路面的改善与修复技术。

复习思考题

1. 水泥混凝土路面有哪些病害？
2. 试述水泥混凝土路面调查的内容。
3. 试述水泥混凝土路面维护对策。
4. 叙述水泥混凝土路面常见破损的处理措施。
5. 叙述水泥混凝土路面改善措施。

第五章 高等级公路桥梁、涵洞的维护

教学要求

1. 通过对桥梁检查与检验,对桥梁现有状况进行评定;

2. 分析桥梁上部结构在养护维修中应注意的问题和加固的方法;分析墩台基础受到各种因素的作用产生病害的类型和处治措施;

3. 分析地震区桥梁养护的重点,并对其上、下部结构进行加固;分析超重车辆过桥的加固措施;分析各种不同类型的涵洞在养护中应注意的问题;描述增建和维修调治构造物应考虑的问题和注意事项。

第一节 桥梁的检查与检验

一、桥梁检查与检验的内容

桥梁的检查与检验是桥梁养护工作的两个重要环节,也是桥梁养护的基础性工作。通过对桥梁进行检验与检查,可以系统地掌握桥梁的技术状况,较早地发现桥梁的缺陷和异常,进而合理地提出养护措施。

根据交通部"公路桥梁养护管理工作制度"的规定,检查分经常性检查、定期检查和特殊检查三种类别,其主要内容如下。

(一)桥梁的经常性检查

主要对桥面设施和桥台附属构造的技术状况进行日常巡视检查,及时发现缺损进行小修保养工作。

桥梁的经常性检查至少每月进行一次,汛期要加强检查。经常检查一般采用巡视目测方法,当场填写"桥梁经常检查记录表",登记检查项目的缺损类型、估计缺损范围及养护工作量,提出相应的小修保养措施,并组织实施。

桥梁经常性检查的项目见表 5-1 所列。

桥梁经常性检查的项目　　表 5-1

序号	检查项目	序号	检查项目
1	桥面是否平整,有无损坏	5	伸缩缝是否堵塞、破损、失效
2	桥面泄水管是否损坏、堵塞	6	锥坡、翼墙有无开裂、塌裂、沉陷
3	桥面是否清洁、有无杂物堆积、杂草生长、蔓延	7	交通信号、标志(桥梁荷载标志)、照明设施是否完好
4	栏杆、引导、护栏是否断裂、撞坏、锈蚀	8	其他显而易见的损坏

(二)桥梁的定期检查

1. 定期检查的目的

这是对桥梁结构的质量状况进行定期跟踪的全面检查。通常是依靠富有经验的专职桥梁检查工程师,以目视观察为主,辅以必要的工具、常规测量仪器、照相机和其他现场用器材等手段,实地判断桥梁缺损原因,做出质量状况评分,并估计需要维修的范围及方法,或提出限制交通的建议。对需要进一步查明原因或继续观察的缺损部件,提出特殊检查或下次检查的时间要求。

2. 定期检查的时间规定

(1)新建桥梁交付使用1年后,进行一次全面检查。

(2)桥梁检查周期一般为3年。桥梁检查工程师可视被检查桥梁技术状况确定每1~5年检查一次。

(3)非永久性桥梁每年检查一次。

(4)根据下级桥梁养护工程师报告,在经常检查中发现的重要部件病害状况为三、四类的桥梁,应立即安排一次检查。

3. 桥梁定期检查的工作流程

桥梁定期检查工作应按规范程序进行。桥梁定期检查的工作流程如图5-1所示。

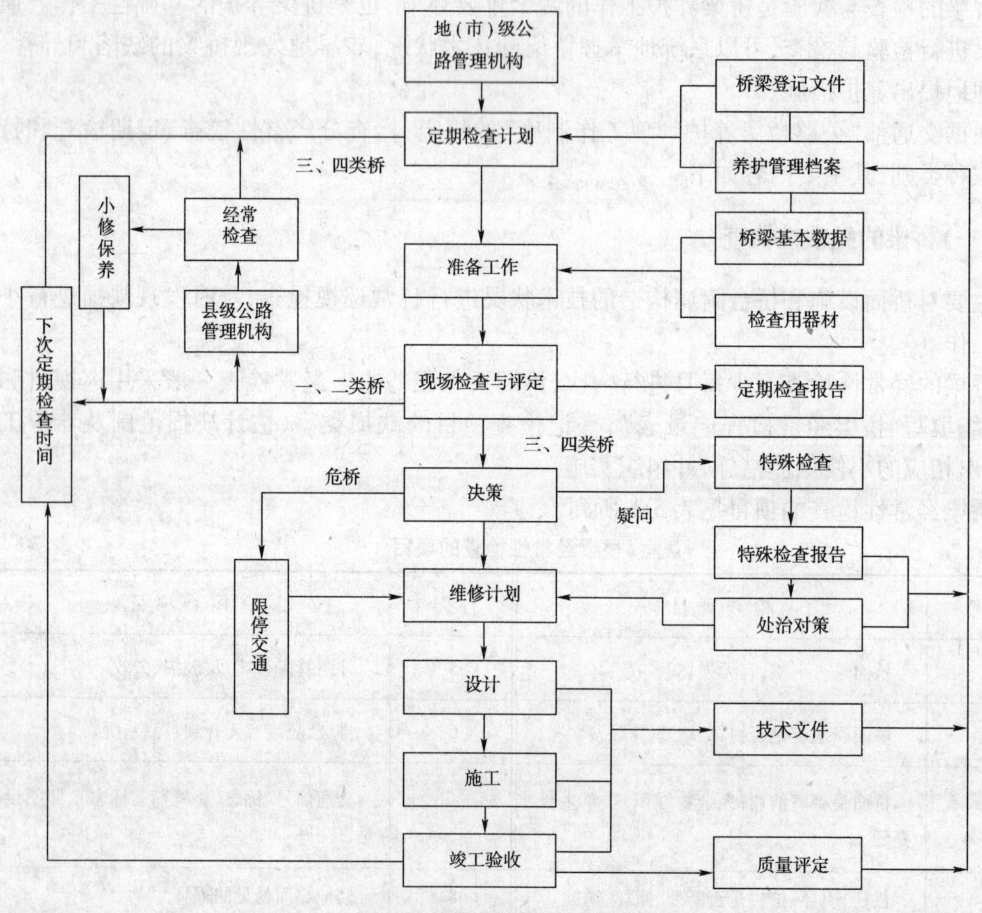

图5-1　桥梁定期检查工艺流程图

4. 桥梁定期检查的内容

(1)桥面铺装:是否有坑槽、开裂、车辙、松散、不平、桥头跳车现象等。

(2)栏杆:栏杆是否松动、撞坏、锈蚀和变形等。

(3)伸缩缝:是否有破损、结构脱落、淤塞、填料凹凸、跳车、漏水等。

(4)排水设施(防水层):桥面横坡、纵坡是否顺适,有无积水;泄水管有无损坏、堵塞,泄水能力如何;防水层是否工作正常,有无渗水现象等。

(5)上部结构的定期检查。

梁式结构:主梁支点、跨中、变截面处有无开裂,最大裂缝值;梁体表面有无空洞、蜂窝、麻面、剥落、露筋;有无局部渗水;横隔板是否开裂、焊缝是否断裂;钢结构锈蚀情况、变形情况等。

圬工拱桥:主拱圈是否开裂、渗水、砂浆松动、脱落、变形;拱脚是否开裂;腹拱是否变形、错位;立柱有无开裂、脱落;侧墙有无鼓肚、外倾等。

双曲拱桥:拱脚有无压缩;拱圈 1/4 处、3/4 处、顶部是否开裂、破损、露筋、锈蚀;拱肋与拱波结合处是否开裂;波间砂浆是否脱落、松散、横隔联系是否开裂、破损等。

(6)支座:位移是否正常;橡胶支座是否老化、变形;钢板滑动支座是否锈蚀、干涩;各种支座固定端是否松动、剪断、开裂等。

(7)桥墩:墩身是否开裂,局部外鼓,表面风化、剥落、空洞、露筋;是否有变形、倾斜、沉降、冲刷、冲撞损坏等情况。

(8)桥台:是否开裂、破损;台背填土是否有裂缝、挤压、受冲刷等情况,否则应及时组织检修。

(9)翼墙:是否开裂,有无前倾、变形等,如有应及时维修。

(10)锥坡:是否破损、沉陷、开裂、冲刷、滑移等。

(11)照明:桥上照明情况是否正常等,如有损坏应及时更换或维修。

(12)河床及调治结构物:河床是否变迁,有无漂浮物堵塞河道,调治结构物是否发挥正常作用,有无损坏、水毁等。

5. 定期检查后的工作

要提交定期检查报告,应包括下列内容:

(1)辖区内所有桥梁的保养小修情况。

(2)需要大中修或改善的桥梁计划,说明修理的项目,拟用修理方案,估计费用和实施时间。

(3)需要特殊检查的桥梁的报告,说明检验的项目和理由。

(4)需要限制交通的桥梁的建议报告。

(三)特殊检查

桥梁特殊检查根据桥梁破损状况和性质,采用适当的仪器设备,以及现场勘探、试验等特殊手段和科学分析方法,查明桥梁病害原因、破损程度和承载能力,确定桥梁的技术状态,以便采取相应的加固、改善措施。

在下列四种情况下应作特殊检查:

(1)在地震、洪水、滑坡、超重车辆行驶、行船或重大漂浮物撞击之后。

(2)决定对单一的桥梁进行改造、加固之前。

(3)桥梁定期检查难以判明损坏原因、程度及整座桥的技术状况时。

(4)需要使用特殊仪器或需要作特别详细的纪录的检查,拟评定结构实际状况时。

特殊检查的项目和内容见表 5-2 所列。

桥梁特殊检查的项目

表 5-2

需特殊检查的情况		检查项目				
		洪水	滑坡	地震	超重车辆行驶	撞击
1. 在地震、洪水、滑坡、超重车辆行驶、行船或重大漂浮物撞击之后 2. 决定对单一的桥梁进行改造、加固之前	上部	栏杆损坏;桥体位移和损坏落梁;排水设施失效	因桥台推出而压屈	落梁、支座损坏、错位	梁、拱、桥面板裂缝、支座损坏、承载力测定	被撞构件及联系部位破坏、支座破坏
	下部	因冲刷而产生的沉陷和倾斜	桥台推出、胸墙破坏	沉陷、倾斜位移、圬工破坏、抗震墩破坏	墩台裂缝沉陷	墩台位移
3. 桥梁定期检查难以判明损坏原因、程度及整座桥的技术状况时 4. 桥梁技术状况为四类者		(1)结构验算、水文验算				
		(2)静载、动载试验				
		(3)用精密仪器对病害进行现场调查和实验分析				
		①混凝土裂缝外观及显微调查、混凝土碳化鉴定、氯化试验、湿度调查、强度测试、结构分析				
		②钢筋位置、锈蚀状态调查				
		③预应力钢筋现状及灌浆管道状况、空隙情况调查				
		④桥面防水层状况调查				
		⑤桥面铺装状况调查				

二、桥梁现有状况的评定

根据《公路养护技术规范》的有关规程,桥梁技术状况评定等级分为一类、二类、三类、四类。桥梁总体及部件技术状况评定标准见表 5-3。

桥梁技术状况评定标准

表 5-3

分类	一类	二类	三类	四类	五类
总体评定	完好、良好状态 1. 重要部件功能与材料均良好; 2. 次要部件功能良好,材料有少量(3%以内)轻度缺损或污染; 3. 承载能力和桥面行车条件符合设计指标	较好状态 1. 重要部件功能良好,材料有局部(3%以内)轻度缺损或污染,裂缝宽小于限值; 2. 次要部件有较多(10%以内)中等缺损或污染; 3. 承载能力和桥面行车条件达到设计指标	较差状态 1. 重要部件材料有较多(10%以内)中等缺损,裂缝宽超限值,或出现轻度功能性病害,但发展缓慢,尚能维持正常使用功能; 2. 次要部件有大量(10% ~20%)严重缺损,功能降低,进一步恶化将不利于重要部件和影响正常交通; 3. 承载能力比设计降低10%以内,桥面行车不舒适	差的状态 1. 重要部件材料有大量(10% ~20%)严重缺损,裂缝宽超限值,风化、剥落、露筋、锈蚀严重,或出现轻度功能性病害,且发展较快。结构变形小于或等于规范值,功能明显降低; 2. 次要部件有20%以上的严重缺损,失去应有功能,严重影响正常交通; 3. 承载能力比设计降低10% ~25%	危险状态 1. 重要部件出现严重的功能性病害,且有继续扩张现象,关键部位的部分材料强度达到极限,出现部分钢筋断裂、混凝土压碎或杆件失稳变形的破损现象,变形大于规范值,结构的强度、刚度、稳定性和动力响应不能达到平时交通安全通行的要求; 2. 承载能力比设计降低25%以上

续上表

分类	一 类	二 类	三 类	四 类	五 类
墩台与基础	1. 墩台各部分完好； 2. 基础及地基状况良好	1. 墩台基本完好； 2. 3%以内的表面有风化、麻面、短细裂缝，缝宽小于限值，砌体灰缝脱落； 3. 表面长有青苔、杂草； 4. 基础无冲蚀现象	1. 墩台3%～10%的表面有各种缺损，裂缝宽超限值，有风化、剥落、露筋、锈蚀现象；砌体灰缝脱落，局部变形等； 2. 出现轻微的下沉、倾斜、滑动等现象，发展缓慢或趋向稳定； 3. 基础有局部冲蚀现象，桩基顶段被磨损	1. 墩台10%～20%的表面有各种缺损，裂缝宽而密，剥落、露筋、锈蚀严重，砌体大面积松动、变形； 2. 墩台出现下沉、倾斜、滑动、冻拔现象，变形小于或等于规范值。台背填土有沉降裂缝或挤压隆起，变形发展较快； 3. 基础冲刷大于设计值，基底冲空面在10%～20%以内。桩基顶段被侵蚀、露筋、缩颈，或有环状冻裂，木桩腐蚀、蛀蚀严重	1. 墩台不稳定，下沉、倾斜、滑动、冻拔现象严重，变形大于规范值，造成上部结构和桥面变形过大，不能正常行车； 2. 墩台、桩基出现结构性裂缝，裂缝宽度超过限值； 3. 基底冲刷深度大于设计值，冲空面达20%以上。地基承载力降低，桥台岸坡滑移
支座	1. 各部分清洁完好，位置正确； 2. 支座工作状态正常	1. 支座有尘土堆积、略有腐蚀； 2. 支座滑动面干涩	1. 钢支座固定螺栓松动，锈蚀严重； 2. 橡胶支座开始老化； 3. 混凝土支座有剥落、露筋、锈蚀现象	1. 钢支座的组件出现断裂； 2. 橡胶支座老化开裂； 3. 混凝土支座碎裂； 4. 活动支座坏死，不能活动； 5. 支座上下错位过大，有倾倒脱落的危险	支座错位、变形、破损严重，已失去正常支承功能，使上下部结构受到异常约束，造成支承部位的缺损和桥面的不平顺
砖、石、混凝土上部结构	1. 结构完好，无渗水，无污染； 2. 次要部位有少量短细裂纹，裂纹宽度小于限值	1. 结构基本完好； 2. 3%以内的表面有风化、麻面、短细裂缝，缝宽小于限值，砌体灰缝脱落； 3. 上下游侧表面有水迹污染，砌体滋生杂草	1. 结构3%～10%的表面有各种缺损，裂缝宽超限值，有风化、剥落、露筋、锈蚀，桥面板裂缝渗水； 2. 石砌拱桥砌体灰缝脱落，局部松动、外鼓； 3. 横向连接件断裂、脱焊或松动，边梁或边拱肋有横移或外倾迹象	1. 结构10%～20%的表面有各种缺损，重点部位出现接近全截面的开裂，裂缝宽超限值，顺主筋方向有纵向裂缝，钢筋锈蚀和混凝土剥落严重，桥面开裂渗水严重，砌体有较大松动、变形； 2. 结构存在明显的永久变形，变形小于或等于规范值，桥面竖向成波形	1. 结构永久变形大于规范值； 2. 重点部分出现全截面开裂，裂缝宽度超过限值，部分钢筋屈服或断裂，混凝土压碎。主拱圈出现四铰，成不稳定结构； 3. 受压构件有严重的横向扭曲变形； 4. 承载能力比设计降低25%以上

续上表

分类	一 类	二 类	三 类	四 类	五 类
钢结构	1. 各部件及焊缝均完好； 2. 各节点铆钉、螺栓无松动； 3. 各部分油漆均匀、完整，色泽鲜明	1. 各部件完好，焊缝无开焊； 2. 少数节点有个别铆钉、螺栓松动变形； 3. 油漆变色、起泡剥落，面积在10%以内	1. 个别次要构件有局部变形，焊缝有裂纹； 2. 连接铆钉、螺栓损坏在10%以内； 3. 油漆失效面积在10%～20%之间	1. 个别主要构件有扭曲变形、损伤裂纹、开焊、严重锈蚀； 2. 连接铆钉、螺栓损坏在10%～20%之间； 3. 油漆失效面积在20%以上	1. 主要构件有严重扭曲变形、开焊，锈蚀削弱截面10%以上，钢材变质，强度性能恶化。油漆失效面积在50%以上； 2. 节点板及联结铆钉、螺栓损坏在20%以上； 3. 结构永久变形大于规范值； 4. 结构振动或摆动过大，行车和行人有不安全感
人行道栏杆	完整清洁，无松动，少数构件局部有细裂纹、麻面	个别构件破损、脱落，3%以内构件有松动、开裂、剥落和污染	10%以内构件有松动、开裂、剥落、露筋、锈蚀、破损、脱落	10%～20%构件严重损坏、错位、变形、脱落、残缺	
桥面铺装、伸缩缝	1. 铺装层完好、平整、清洁，或有个别细裂缝； 2. 防水层完好、泄水管完好、畅通； 3. 伸缩缝完好、清洁； 4. 桥头平顺，无跳车现象	1. 铺装层10%以内的表面有纵横裂缝、浅坑槽、波浪； 2. 防水层基本完好；泄水管堵塞，周围渗水； 3. 伸缩缝局部破损； 4. 桥头轻度跳车，台背路面下沉在2cm以内	1. 铺装层10%～20%的表面有严重的龟裂、深坑槽、波浪； 2. 桥面板接缝处防水层断裂渗水，泄水管破损、脱落； 3. 伸缩缝普遍缺损； 4. 桥头跳车明显，台背路面下沉2～5cm	1. 铺装层20%以上表面有严重的破坏，桥面普遍坑洼不平、积水； 2. 防水层老化失效，普遍断裂、渗水，泄水管脱落，泄水孔堵塞； 3. 伸缩缝严重破损、失效，难以修补； 4. 桥头跳车严重，台背路面下沉大于5cm	
调治构造物	1. 构造设置合理，功能正常； 2. 构造物完好	1. 构造功能基本正常； 2. 构造物局部断裂，砌体松动、变形	1. 构造本身抗洪能力不足，基础局部冲蚀； 2. 构造物20%以内出现下沉、倾斜、局部坍塌	1. 构造本身抗洪能力太低，基础冲蚀严重； 2. 构造物20%以上被破坏，部分丧失功能或功能下降	

续上表

分类	一　类	二　类	三　类	四　类	五　类
翼（耳）墙、锥（护）坡	1. 翼（耳）墙完好无损，清洁； 2. 锥（护）坡完好，无垃圾堆积，无草木滋生； 3. 桥头排水沟和行人台阶完好	1. 翼（耳）墙出现个别裂缝，缝宽小于限值，局部剥落，砌体灰缝脱落，面积在10%以内； 2. 锥（护）坡局部塌陷，铺砌缺损，垃圾堆积，草木丛生； 3. 桥头排水沟堵塞不畅通，行人台阶局部塌落	1. 翼墙断裂与桥台前墙脱开，但无明显外倾、下沉，砌体灰缝脱落、局部松动外鼓，面积小于20%； 2. 锥（护）坡出现大面积塌陷，铺砌缺损，形成冲沟或积水坑，坡脚有局部冲蚀； 3. 桥头排水沟和行人台阶损坏，功能降低	1. 翼墙断裂、下沉、外倾失稳，砌体变形，部分严重倒塌； 2. 锥（护）坡体和坡脚冲蚀严重，有滑移、坍塌，坡顶下降较大，作用明显减小； 3. 桥头排水沟和行人台阶全部损坏，几乎消失	
照明、标志、附属设施	完好无缺，布置合理	照明灯泡坏，灯柱锈蚀，标志不正、脱落，附属设施基本完好	灯柱歪斜不正，灯具损坏，标志倾斜损坏，附属设施需保养维修	照明线老化破断或短路，灯柱、灯具残缺不齐，标志损失严重，附属设施需维修与更换	

第二节　桥梁上部结构的维护与加固

桥梁上部结构包括栏杆、伸缩缝、桥面排水系统、桥面铺装、支座及桥跨结构。本节主要介绍桥梁上部构造的养护、维修与加固的有关内容。

一、栏杆、护轮带的养护

桥梁上的栏杆、护轮带是桥面上的安全设施，如有损杯、裂缝、变形、腐蚀等情况出现，应及时修复或更换，确保车辆的安全正常运行。

栏杆、护轮带在养护中应注意如下要点：

(1)桥梁栏杆变形或者已被损坏而不能发挥其正常功能时，应及时进行修补或更换。在检修期间，为了车辆的安全运行，应用闪光灯和栅栏等标示栏杆已破坏。

(2)如果桥梁上的栏杆属于钢筋混凝土栏杆，并发现栏杆已裂缝或剥蚀时，轻者采用环氧树脂修补，严重时要凿除已损坏部分重新修补完整，并特别注意已损栏杆是否和梁及桥梁的下部构造有关。

(3)如果桥梁栏杆是钢质栏杆，则应经常除锈、刷漆，腐蚀严重的应进行更换。

(4)如若护轮带发生破坏时，将严重影响行车的安全，应迅速修补。在修补期间，注意用闪光灯或“前面施工，车辆慢行”以示维修施工。

(5)漫水桥及小桥头的导向柱，油漆要鲜明，并经常拔出纠偏。

二、伸缩缝的养护

1. 伸缩缝的基本要求

伸缩缝的位置、构造应按设计要求执行，所采用的伸缩装置应能保证上部结构自由伸缩，并能承受车辆荷载作用，同时伸缩装置具有经久耐用、良好的平整度、防水、防尘等功能，便于养护更换。

2. 伸缩缝的检查

在正常巡回检查时，可在巡回车上用肉眼检查，也可用卷尺、直尺、水准尺、游标尺等测定。对破损情况，可分严重、中等、轻微三种情况。

(1)破损严重。破损对交通带来障碍或显著妨碍环境条件时需要抢修的。

(2)破损程度中等。对交通妨碍不大，应尽快修补的。

(3)破损轻微。不需要立即修补，在正常巡回检查时留意破损的发展状况。

(4)在检查时，应注意下述情况：

①伸缩缝装置和填料间有凹凸不平，铺装和填料间凹凸不平，有漏水。

②填缝料表面剥落、裂缝、下陷；行车时有冲击和异常声音。

③伸缩异常、支座异常，桥面板端部破损，接缝周围铺装下陷、产生裂缝。

④橡胶接缝的缝料剥落、下陷、缺角，锚定物固定不够，封层脱落，接头处漏水。

⑤钢接缝移动异常，锚固材料破损，连接螺栓破损，排水管阻塞及破损。

⑥纵缝和横缝连接不良，排水不良，有漏水，车辆行驶时滑溜。

3. 伸缩缝的养护

(1)桥面伸缩缝的养护：

桥面伸缩缝要经常注意养护，使其发挥正常作用。对于锌钢板 U 形槽伸缩缝要防止杂物嵌入；梳形钢板伸缩缝、梳齿缝和毛勒缝内塞进杂物时要及时清除；钢板伸缩缝缝板在振断时要及时修复；橡胶缝的橡胶老化时要注意修理更换。

(2)桥面伸缩缝缺陷的修补与更换：

①修补前应查明原因，采用行之有效的、与之相适应的修补方法，修补工作要依据缺陷的程度，或部分修补，或部分以至全部更换。

②对于锌铁皮伸缩缝，当其软性填料老化脱落时，在充分扫清原缝隙泥土后，重新注入新的填缝料。当铺装层破坏时，要凿除重新铺筑。凿除破损部位要画线切割(或竖凿)，如图 5-2 所示。清扫旧料后再铺筑新面层。当采用混凝土浇筑时，要采用快硬水泥并注意新旧接缝要

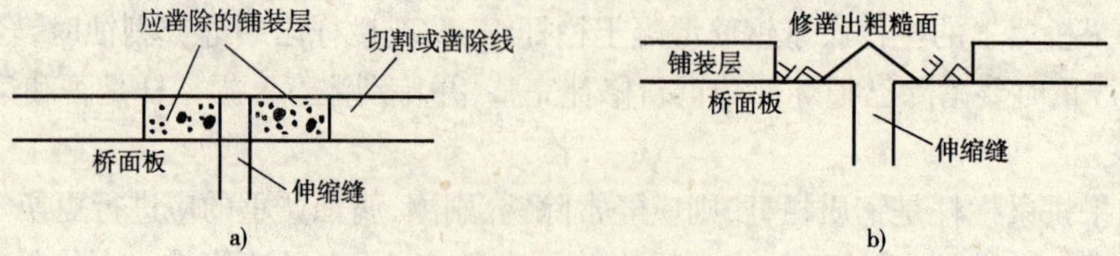

图 5-2 伸缩缝两侧面层破坏时的修补情况

a)对损坏部分画线切割或凿除；b)对桥面板稀薄部凿出粗糙面

保持平整，对铺筑部分要加以初期养生。

③对于钢板伸缩缝，对钢板与角钢焊接破裂时，应清除垢秽后重新焊牢；对梳齿断裂或出现裂缝后，也要采取焊接方法进行修补，如图5-3所示。排水沟堵塞后应及时予以清除。

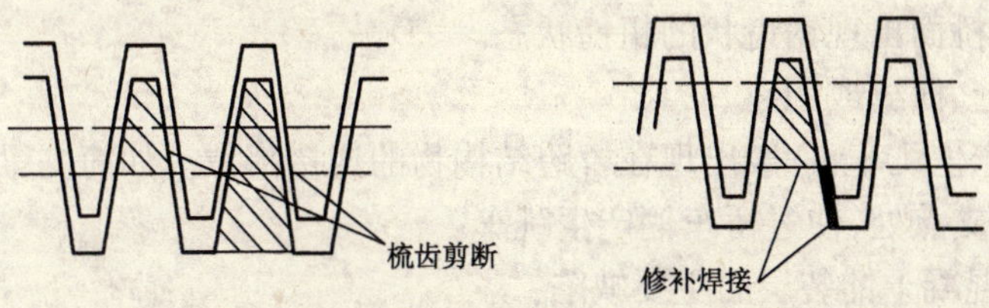

图5-3 梳形钢板伸缩缝当梳齿断裂时的修补

④桥面伸缩缝的修补或更换工作大都不断绝交通。因此，通常可考虑采用限制车辆通行，半边施工，半边通行车辆；或白天使用盖板，夜间施工时禁止通行；或白天使用盖板，夜间限制车辆通行，半边施工，半边开放交通等方法。总之，均要注意抓紧时间，尽量缩短施工工期，保证修补质量。

三、桥面排水设施的养护

为了迅速排除桥面上的雨水，防止雨水渗入梁体引起锈蚀而影响桥梁的耐久性、稳固性，确保道路桥梁的正常运营，除了在桥面铺装内设置防水层外，还应设置排水设施。

1.桥面排水设施的主要缺陷

(1)泄水管的缺陷主要表现在如下几方面：

①管道已破坏、损伤。在外界作用影响下而使泄水管道产生局部破裂、损伤，出现了洞穴或裂纹而产生漏水现象。

②泄水管体脱落。主要由于接头连接不牢或接口被损坏而产生掉落，失去排水作用。

③泄水管道内已被泥石杂物堵塞，从而排水不畅，水流不通。

(2)引水槽的缺陷。引水槽有堆泥、堵塞，水流不畅，槽口破裂损坏而出现漏水、积水等。

2.桥面排水设施的养护维修

(1)桥面的泄水管、引水槽要经常清扫、疏通。缘石的横向泄水孔道，不够长的要加以接长，避免桥面水流沿梁侧流泻，确保桥面无任何积水现象。

(2)桥面上的泄水管损坏后应及时修补，接头不牢已掉落的则需要重新安装接上，损坏严重的管道要予以更换新的。

(3)桥面上的引水槽如被破坏时则应迅速重新修理，长度不足时应予以接长。当槽口太小，不能满足排水需要时，则应扩大槽口重新修筑。

四、桥面铺装层的养护

1.桥面铺装层的常见缺陷

桥面铺装材料主要有水泥混凝土和沥青类材料两种，由于使用材料不同，缺陷的形式也不一样，现分述如下。

(1)沥青类铺装层的主要缺陷：

①泛油：桥面出现泛油后，车辆过桥时黏轮，下雨时易打滑，使行驶安全度降低。

②松散、露骨：桥面出现锯齿状的粗糙状态。

③裂缝：有纵缝、横缝或网裂。

④高低不平、产生跳车：一般出现在桥跨结构物的连接部位。如简支梁桥的接头处和有挂梁的悬臂梁桥挂梁支点处，使过桥车辆产生跳车。

(2)普通水泥混凝土铺装层的主要缺陷：

①磨光：铺装层被行驶的车辆磨耗，形成平滑状态。

②裂缝：有网裂、纵横缝等。

③脱皮、露骨：表层脱皮或局部破损露骨。

④高低不平：在接头部位与沥青铺装层相同。

2. 桥面铺装层的养护维修

(1)桥面铺装层的养护工作。应经常清扫桥面，保持桥面整洁完整和有一定的路拱。桥面在雨后应随时将积水引到泄水管排除，冬季结冰或下雪后应及时清除桥面上的冻块或积雪。严禁在桥面上堆置杂物或作晒场等。此外，桥面防水层有损坏也要及时修复。

(2)对桥面采用水泥混凝土铺装层时，如有磨光、脱皮、露骨或破裂等缺陷出现，通常可用如下方法进行维修：

①原结构凿补。将原水泥混凝土铺装层的表面凿毛，并尽可能深一些，使骨料露出，用清水冲洗干净并充分润湿，再涂刷上同强度等级的水泥砂浆（或其他黏结材料），最后铺筑一层4～5cm厚的水泥混凝土铺装层（在桥梁荷载能力容许的前提下）。

②采用黑色路面改建桥面。当采用黑色路面即沥青类材料修补桥面铺装时，一般较水泥混凝土铺装容易，且上下结合也比较牢靠，施工期间对交通影响也较小。但路面改变了原有结构且必须全桥加铺，否则影响美观。黑色路面修补的结构可采用沥青表面处治或沥青细砂罩面，也可加铺一层2～3cm的沥青混凝土。采用沥青细砂时，应先涂刷沥青漆，使之与旧面层结合良好。

③全部凿除，重筑铺装层。桥面铺装层如已损坏严重，可采用全部凿除，重筑铺装层的方法修补。新铺的面层可采用普通水泥混凝土，也可采用钢筋混凝土等其他材料。

(3)当沥青类桥面铺装层出现缺陷后，应及时处理，经常保持桥面完好平整。

(4)桥面凸凹不平，如因构件连接处沉陷不均引起时，可采用在桥下以液压千斤顶顶升，调整构件连接处高程，使其顶面具有相同高度的方法进行维修。

五、桥头引道的养护

在桥头引道的养护工作中，必须重点检查、养护如下内容：

(1)有无渗水、沉陷、冲刷等现象，如有，必须果断采取修整措施，保证引道平整和正常排水。

(2)纵横断面是否合乎规定，如若不符合设计及国家规范，则应按要求修改更正。

(3)引道与桥头衔接是否平顺，有无跳车现象。处理的方法是对桥头衔接处下沉的路面填补修理，使之连接平顺，不致产生跳车。

(4)检查挡土墙、护坡、护栏与其他有关设施是否正常。如受洪水冲空或其他破坏时应采取措施修补,同时采取相应的维护措施。

(5)检查引道上是否设有油管或跨路渠道等,其孔径或闸门和其他各部位是否正常。对引道上的涵管或水渠等应按涵洞的有关施工要求进行养护,顶部出现损坏时应采取与路面损坏相同的办法进行维修。

六、桥跨结构的养护

1. 一般原则

(1)在桥梁检查及评定的基础上,针对产生病害的原因进行养护、维修和加固。

(2)应充分发挥原有结构的承载能力,选择投资少、工效快、尽量不中断交通、技术上可行、且有较好耐久性等方法进行。

2. 裂缝的修补

(1)对钢筋混凝土桥的构件,应特别注意观察其受拉区的裂缝。对未超过允许值的裂缝,为预防其受大气因素影响,一般可采用涂刷水玻璃或环氧树脂的办法,对裂缝进行封闭处理;当裂缝为允许值时,一般采用空压式的方法来灌注环氧树脂填充裂缝;当裂缝为0.4~0.5mm时,应将裂缝凿开、刷净,然后立模补以环氧砂浆或高强度等级水泥砂浆,如果体积较大,可用小石子混凝土予以补强;如果裂缝太大超过允许值,则应采取加固或更换构件的办法来解决。但应查明原因并通过计算来确定。

(2)对砖、石、混凝土拱桥的裂缝,可以采取下述措施处治:勾缝处理;当圬工拱桥的纵向裂缝超过允许值时,一般采用跨中、1/4 处和拱脚附近各设一道横向钢板来加固,或在上述位置加设五道横向预应力拉杆以防止裂缝发展;圬工拱桥的砌体结合不好或受力不均、填土松散、基础沉降等发生的较深裂缝,要采用压注水泥砂浆进行修补,或做镶面石或设置混凝土帮面、帮圈来加固,严重部位必须进行翻修;砖、石拱桥灰缝如有脱落,如风化剥落,可喷注每层厚为1.0~3.0cm 的10 号以上水泥砂浆,分2~3 层喷注,每隔1~2 日喷一层,必要时可加布一层钢丝网。

目前修补裂缝的材料主要有两大类,即水泥(砂)浆和高分子化学材料。

水泥(砂)浆通常用高强度等级干硬性水泥配制,适用于缺少修补机具的工程。当裂缝宽度较小时,一般用水泥浆修补;当裂缝宽度大于0.4mm 时,一般用水泥砂浆修补。采用机械灌浆时,水泥浆的水灰比一般不宜小于1.6,方法与化学材料灌浆类似。

采用高分子化学材料灌浆修补裂缝的材料,一般以环氧树脂为主,其黏结力强、稳定性好、收缩性小、耐腐蚀且可灌性好,适合于裂缝宽度在0.1~0.4mm 的修补工作。

环氧树脂灌浆材料由主剂、固化剂、增塑剂及稀释剂等四部分组成。

主剂环氧树脂是一种线型高分子聚合物,未固化的环氧树脂是热塑性材料。固化剂的作用主要是与环氧树脂直接起化学反应,使其固化并形成强度。固化剂的用量应根据环氧树脂的种类严格控制,用量过多则化学反应加快,易产生暴凝,使波液报废;用量过少会使环氧胶固化时间加长,强度降低甚至引起其他不良后果。常用的固化剂有脂肪族胺类、芳香族胺类和改性胺类三种。增塑剂的作用主要是改善环氧树脂胶硬化后的脆性,提高抗弯抗冲击韧性。稀释剂的作用在于降低环氧树脂的黏度,便于灌浆施工。

3. 钢筋混凝土桥主梁加固

(1)梁底添置钢筋加固法。

将梁下面的混凝土保护层凿去,露出主筋,并将原箍筋切断拉直;在暴露的原有主钢筋上缠上或焊上按计算确定的补充的拉力钢筋;恢复箍筋;浇筑环氧树脂混凝土或膨胀水泥混凝土保护层。

(2)梁底粘贴钢板加固法。

将钢板用化学黏结剂粘贴在梁(板)的下面,以提高梁(板)的承载能力。

施工程序:将梁(板)底面混凝土凿毛,露出骨料,清理干净;在干净的钢板上涂刷一层环氧树脂薄浆;用加压法将钢板紧密地粘贴在梁底混凝土上,钢板的数量和尺寸要由计算确定;在环氧树脂凝固后,对钢板进行防锈处理。

(3)施加体外预应力加固法。

在原梁体外受拉区域设置预应力筋,通过张拉时梁体产生偏心预压力,以此来减小荷载挠度,改善结构受力状态,见图5-4。

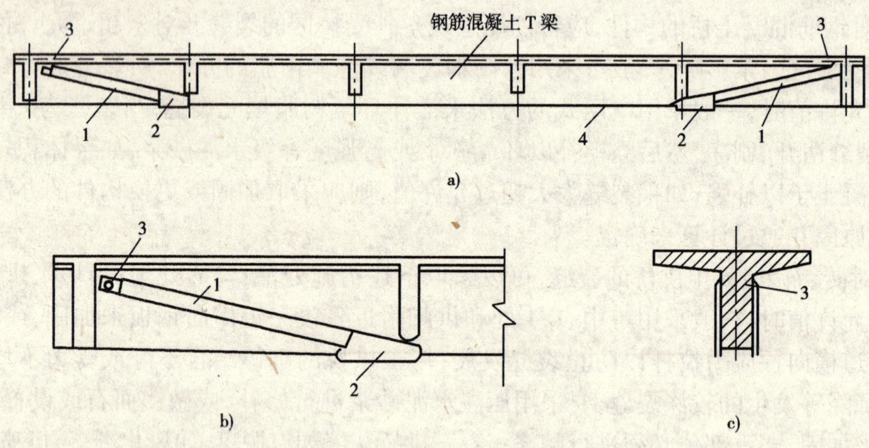

图5-4　T梁体外预应力杆加固
a)主T梁立面;b)预应力抗杆装置;c)主梁横剖面
1-小槽钢;2-紧固件;3-固定点;4-预应力拉杆

(4)改变结构体系加固法。

在桥下净空和墩台基础受力许可的条件下,在梁(板)底下设置八字支撑框架,使一孔简支梁变为一组三联的连续梁,见图5-5。

4. 双曲拱桥的维修加固

(1)因横向联结系布置不够或强度不足,横向有失稳现象时,可加设横向联结系和加固原有的联结构件。

(2)侧墙发生变形,一般是由于排水不良,填土积水膨胀,或砌筑质量不佳造成。须查明原因及时处理,必要时拆除侧墙重砌。

(3)原有拱圈厚度偏小,承载能力不足时,在地基和基础受力许可的条件下,可采取扩大拱圈断面和横系梁断面,进行加固。

(4)由于设计、施工不当,以及土基软弱,引起墩台下沉位移,拱圈及拱上空腹拱等结构严重开裂时，应进行观测，限载或禁止通行，查明原因，进行处理。

对地基不稳定的桥台，采用在台后增设小跨径引桥和增设水平摩阻板的方法，见图 5-6，处治程序如下：

①分上下游各半将台后路基填土挖除，增设 1 ~ 2 孔小跨径桥孔，基础部分与原桥台连成一体，形成抵抗桥台滑移的摩阻板，使桥台不再继续下沉位移。

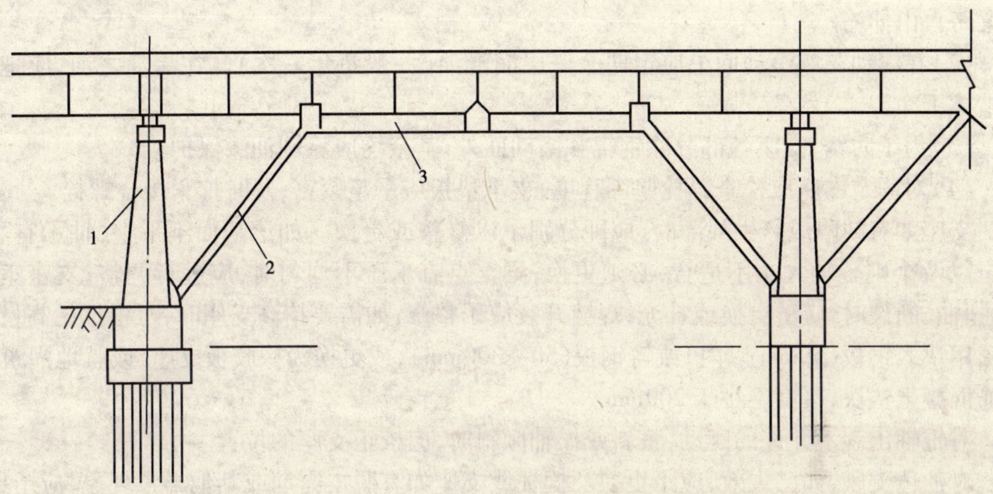

图 5-5　梁下加八字撑加固

1-原桥墩；2-钢筋混凝土斜撑；3-钢筋混凝土水平撑

②下部结构处理完成后，再将拱上结构损坏部分加以修理，必要时重铺桥面铺装层。

对地基已稳定的桥台，若拱轴线变形较大，承载能力不足时，可采用顶推方法调整拱轴线，恢复其承载能力。

5. 圬工拱桥的维修与加固

(1)砖石拱桥的维修。

①修理防水层：

为防止渗漏，砖、石拱桥均应做防水层。如发现没有防水层或防水层损坏失效时，应挖开拱上填料重做或在桥面上加铺沥青路面，防止桥面水渗漏。

②保护面层不风化：

砖、石拱桥要注意灰缝的保养，如有脱落应及时修补，如砖、石有风化剥落，可喷刷一层1 ~ 3cm的 M10 以上的水泥砂浆。喷浆应分 2 ~ 3 层喷注，每隔 1 ~ 2 日喷一层。必要时，可加布一层钢筋网，以增加喷涂层的强度。

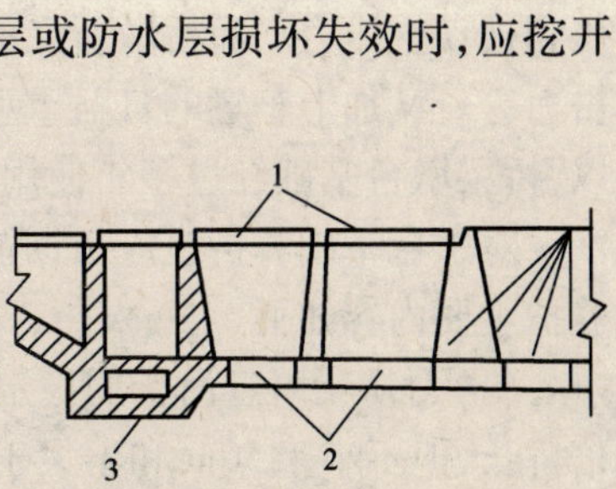

图 5-6　台后增设小跨径引桥及水平摩阻板

1-增设引桥；2-水平支承梁(抗滑移)；3-原桥台

③压浆法修补砖石拱桥：

砖、石拱桥一旦开裂，则容易发展，危及桥梁的使用与安全。可采用压注水泥砂浆或其他化学浆液的方法进行修补。

(2)砖、石拱桥的加固。

砖、石拱桥的加固一般通过拱圈的加固来实现。拱圈可以用增加厚度和横向联结系或设置新加结构的方法来实现。

七、支座的养护与维修

桥梁支座是桥梁上、下部结构的结合点，一有损坏，将严重影响桥梁的承载能力和使用寿命，必须注意经常养护，保证其处于正常的传递功能状态。其主要养护工作应符合下列要求：

(1)桥梁支座各部应保持完整、清洁，每季一检查，半年一清扫，冬季清除积雪和冰块，保证梁跨自由伸缩。

(2)在滚动支座滚动面上应定期涂一层润滑油(一般每年一次)。在涂油之前，应把滚动面揩擦干净。

(3)为了防锈，支座各部分除钢辊和滚动面外，其余均应涂刷油漆保护。

(4)对固定支座应检查锚栓坚固程度，支承垫板应平整紧密，及时拧紧接合螺栓。

支座如有缺陷或产生故障时，应即分别予以修整或更换。如滚动面不平整，轴承有裂纹、切口以及个别辊轴大小不适合，必须更换；梁支点有承压不均匀时，应进行调整；支座座板翘起、扭曲、断裂时，应予更换或补充；焊缝开裂应予整修；如需要抬高支座时，可根据抬高量的大小采用垫入钢板(50mm 以内)或铸钢板(50 ~ 300mm)，或更换为橡胶板支座，或就地灌筑高强钢筋混凝土垫块，厚度不小于 200mm。

对辊轴出现不允许的爬动、歪斜或摇轴倾斜时，应校正支座的位置。

对油毡支座，如已失效，应予更换。摆柱或支座如有脱皮露筋或其他异常现象，应予更换，橡胶支座如已老化应即更换。

第三节　桥梁墩台和基础的维护与加固

一、墩台基础的养护

桥梁下部构造是由墩台和基础组成，它是桥梁最重要的组成部分之一，直接承受着桥梁上部结构及所有过桥车辆的重量，同时又将所有荷载传递给地基。

桥台使桥梁与路堤相连接，它除了承受上部构造的荷载外，还承受台后路堤填土的主动土压和被动土压力。而桥墩所受的外力除上部构造荷载外，还有风力、水压力、浮力、冰压力、撞击力等。又加上车辆的日益重型化，墩台所受的负荷强度远远超过设计规范的负荷要求。所以，桥梁墩台基础经过多年使用后将会出现不同程度的损坏，产生各种缺陷。

对墩台基础养护也应贯彻“预先为主，防治结合”的方针，定期检修，以保证使用的安全。养护主要内容如下。

(1)对桥梁附近河床的稳定应采取措施，以保障安全和不被洪水冲毁。桥梁上下游各 1.5 倍桥长，但不小于 50m 和不大于 500m 范围内的河床，应符合下列要求：

①河床应适时地进行疏浚。每次洪水过后，应及时清理河床上漂浮物和沉积物，使水流顺利宣泄。

②在桥梁旁不得任意修建对桥有害的水工建筑物，必须修建时，均采取必要的桥梁防护措施，确保安全。

(2)墩台表面应保持清洁，及时清除青苔、杂草、荆棘和污秽。

(3)混凝土表面发生侵蚀剥落、蜂窝麻面等病害桥墩，应及时将周围凿毛洗净，用水泥砂浆抹平，并养护好。

(4)圬工砌体镶面部分严重风化和损坏时,应予更换;砌体长期受大气影响、雨水侵蚀而发生灰缝脱落,应重新勾缝;用石料或混凝土预制块补砌,应结合牢固,色泽和质地与原砌体基本一致。

(5)梁式桥墩台顶面没有流水坡或坡面凹凸不平、有裂缝时,应及时补填水泥砂浆或混凝土,作成横向坡度以利排水。

二、基础的修理与加固

(1)基础局部被冲空时,可分别情况采取下列措施:

①水深在3m以下,可在四周筑围堰将水抽干,以砌石或混凝土填补冲空部分。顶端与基础顶面平齐或稍高于基础顶面。

②水深在3m以上,可在四周打板桩或其他方法作坝围堰,灌注水下混凝土防护。也可以编织袋盛装干硬性混凝土,每袋装置量为袋容积的2/3,通过潜水作业将袋装混凝土分层填塞冲空部分,并注意比基础边缘宽0.4m以上,见图5-7所示。

③当基础置于风化岩上,基底外缘已被冲空,应及时清除表面严重风化部分,在浅水时,填以混凝土,并将周围风化地基用水泥砂浆封闭。在深水时,应采取潜水作业,铺以袋装干硬性混凝土。

(2)基础周围被冲空范围较大时,除填补基底被冲空部分外,并应在基础四周采取下列防护措施:

①打梅花桩,桩间用块、片石砌平卡紧。

②浆砌块、片石或混凝土预制块,见图5-8所示。

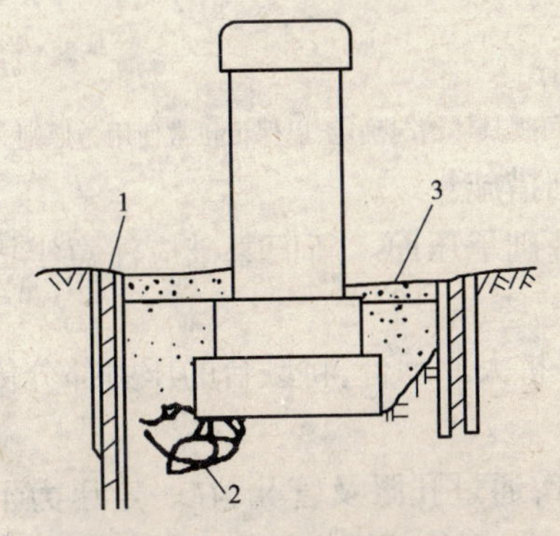

图5-7　板桩及填补混凝土防护

1-板桩;2-抛石或水下混凝土;3-表面浆砌片石

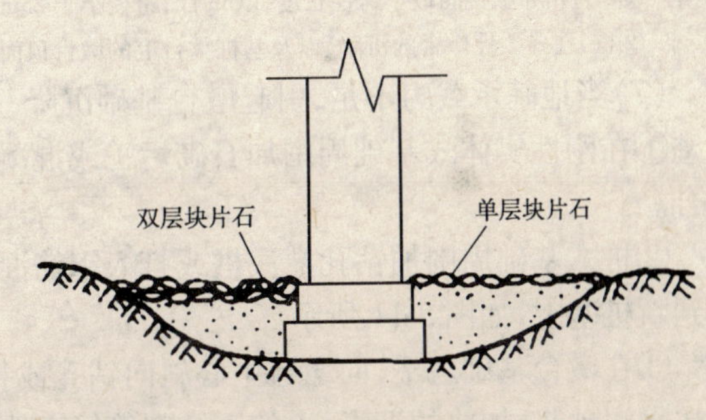

图5-8　块、片石防护

③用铁丝、毛竹石笼或以长鲜柳枝、荆条织成捆,内装石片或卵石,见图5-9所示。

(3)墩台周围河床冲刷严重,危及基础的,除应修补被冲空的基础外,还必须在洪水期过后,采取有效的防护措施,以防再次被冲坏。

(4)严寒地区,冬季冰层厚度变化,容易发生浅桩冻拔,深桩环状冻裂。可采取下列防护方法:

①冰冻开始时,在距墩台周围0.2~0.4m处凿冰沟(宽0.5~1.0m),沟内填充雪或干草、麦秆等材料保温。

②桩基周围冰层很厚,可打入套管或板桩,中间填以保温套管水泥混凝土材料,见图5-10所示。

③可将周围的土挖至冰冻线，基础和桩的表面涂以沥青，填以重油拌和的粗砂和砾石，上面盖黏土；或用矿渣置换冰冻线以上的土，然后做水泥混凝土封层，以防渗水再次冻胀。

④小桥可用培草、培土、填平冲刷坑和临时抬高水位等措施。

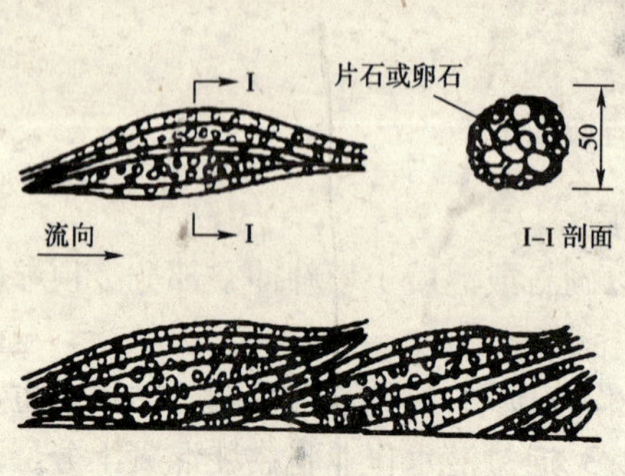

图 5-9　铁丝石笼、梢捆防护

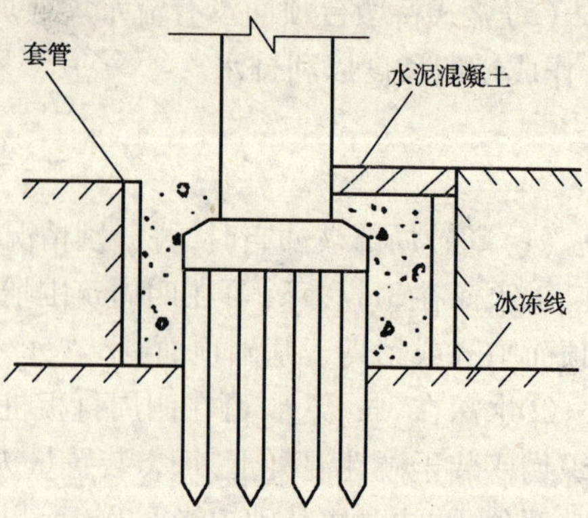

图 5-10　冻拔防护

(5)为防止桥墩被流水和漂浮物撞击，可视河流具体情况，在桥墩上游适当地点设置菱形破冰体，以保护桥墩。

(6)简支梁桥的墩台基础沉降和位移，超过下列容许限值，通过观察继续发展时，应采取相应措施予以加固：

①墩台均匀总沉降值(不包括施工中的沉陷)：$2.0\sqrt{L}$(cm)；

②相邻墩台均匀总沉降差值(不包括施工中的沉陷)：$1.0\sqrt{L}$(cm)；

③墩台顶面水平位移值：$0.5\sqrt{L}$(cm)。

注：①L 为相邻墩台间最小跨径长度，以 m 计，跨径小于 25m，仍以 25m 计算。

②桩、柱式柔性墩台的沉降，以及基桩承台上的墩台顶面水平位移值，可视具体情况确定，以保证正常使用为原则。

(7)当地基承载力不足，引起墩台基础沉降，可采取下列措施：

①在刚性实体式基础周围加石砌圬工或混凝土，扩大基础承压面。新旧基础应注意牢固结合。

②桩式基础周围加钻孔灌注桩或打入钢筋混凝土桩，并扩大原承台，将墩台的压力部分传递到新桩基上，如图 5-11 所示。

③在墩台基础之下，向墩台中心斜向钻孔或打入压浆管，通过孔眼及管孔，在一定压力下压注水泥砂浆、加热的沥青、土的固结剂等提高地基承载力。加固的范围和深度应通过计算确定，如图 5-12 所示。

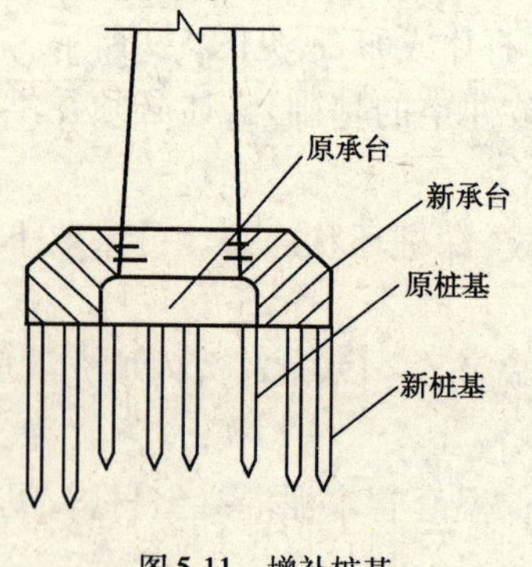

图 5-11　增补桩基

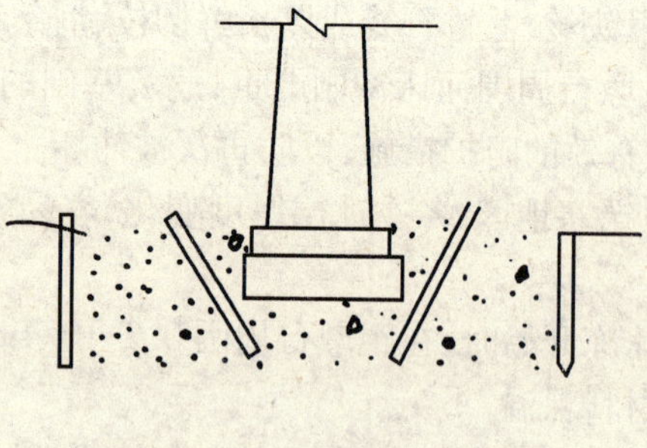

图 5-12　加固地基土

三、墩台的修理与加固

(1)圬工砌体墩台如表面风化剥落，深度在3cm以内的，可用M10以上的水泥砂浆修补；如损坏面积较大，深度超过3cm的，应浇筑混凝土层予以裹覆，见图5-13所示。

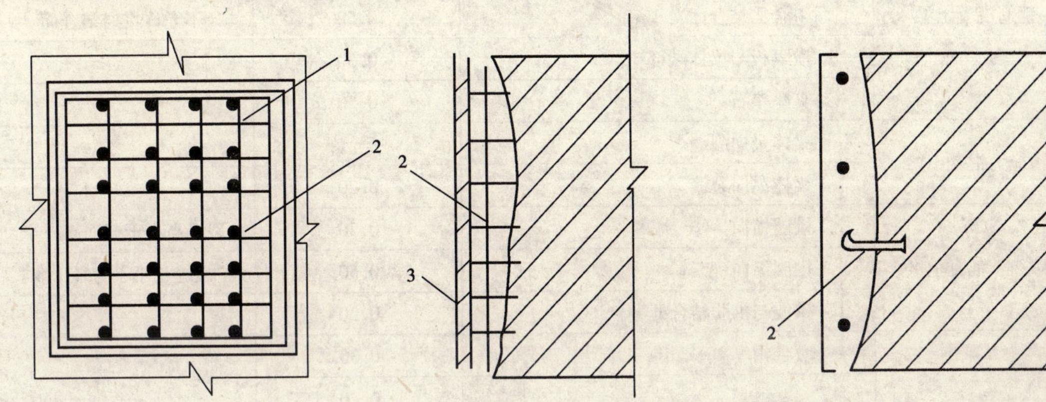

图5-13　混凝土缺损修补

1-钢筋网$\phi8 \sim 12$mm；2-牵钉间距$\ngtr 50$cm；3-模板

(2)当墩台出现变形，应查明原因，采取下列针对性措施：

①由于桥台台背填土遇水膨胀而变形，应挖去膨胀土，检修排水设施，填以砂砾土，修好损坏部位。

②由于冻胀原因，应及时挖去冻土，填以矿渣砂砾等，并封闭表面不使渗水，修好损坏部位。

③属于砌筑不良的，就应凿去或拆除变形部分，重新砌筑或浇筑。

④由于砌筑填缝不实，墩台有空洞的，可在空洞部位附近，开凿通眼，以压浆机压注水泥砂浆或环氧树脂修补。

(3)当墩台由于混凝土温度收缩、局部应力集中以及施工质量不良等原因而产生裂纹时，应视裂缝大小，分别采取下列措施：

①裂缝小于表5-4所列极限值时，应进行封闭处理，一般涂刷水玻璃或环氧树脂。

②裂缝大于表5-4所列极限值时，应采用压力灌浆法灌注环氧树脂胶，能确保裂缝不再延长。

③石砌圬工出现通缝不足时，应拆除部分石料，重新砌筑。

④由于活动支座失灵而造成墩台拉裂，应修复或更换支座，并处理裂缝。

⑤由于基础不均匀沉降而产生的自下而上的裂缝，应先加固基础，再视裂缝发展程度，确定灌缝或加固墩台。裂缝已贯通墩台时，可用钢筋混凝土围带或钢箍进行加固，见图5-14所示。

(4)墩台发生水平位移和倾斜时，应分析原因，按照具体情况确定加固方案。

①如若是梁式桥台背上压力大，造成桥台向桥孔方向位移，可采取下列方法加固：

a. 首先是挖去台背填土，然后加厚桥台胸墙，更换内摩阻角大的填料，减小土压力，如图5-15所示。

b. 小跨径简支梁桥可在台间加设钢筋混凝土支撑梁，顶住桥台，以平衡台后土压力，如图5-16所示。

桥梁裂缝极限值 表 5-4

<table>
<tr><th>结构类别</th><th colspan="3">裂纹的主要部位</th><th>允许最大缝宽(mm)</th><th>其他要求</th></tr>
<tr><td rowspan="5">钢筋混凝土梁</td><td colspan="3">主筋附近竖向裂缝</td><td>0.25</td><td></td></tr>
<tr><td colspan="3">腹板斜向裂缝</td><td>0.30</td><td></td></tr>
<tr><td colspan="3">组合梁结合面</td><td>0.50</td><td>不允许贯通结合面</td></tr>
<tr><td colspan="3">横隔板与梁体端部</td><td>0.30</td><td></td></tr>
<tr><td colspan="3">支座垫石</td><td>0.50</td><td></td></tr>
<tr><td rowspan="2">预应力混凝土梁</td><td colspan="3">梁体竖向裂缝</td><td>不允许</td><td></td></tr>
<tr><td colspan="3">梁体纵向裂缝</td><td>0.20</td><td></td></tr>
<tr><td rowspan="3">砖、石、混凝土拱</td><td colspan="3">拱圈横向</td><td>0.30</td><td>裂缝高小于截面高一半</td></tr>
<tr><td colspan="3">拱圈纵向(竖缝)</td><td>0.50</td><td>裂缝长小于跨径 1/8</td></tr>
<tr><td colspan="3">拱波与拱肋结合处</td><td>0.20</td><td></td></tr>
<tr><td rowspan="7">墩台</td><td colspan="3">墩台帽</td><td>0.30</td><td></td></tr>
<tr><td rowspan="6">墩台身</td><td rowspan="2">经常性受侵蚀性环境水影响</td><td>有筋</td><td>0.20</td><td rowspan="6">不允许贯通墩台身截面一半</td></tr>
<tr><td>无筋</td><td>0.30</td></tr>
<tr><td rowspan="2">常年有水,但无侵蚀性影响</td><td>有筋</td><td>0.25</td></tr>
<tr><td>无筋</td><td>0.35</td></tr>
<tr><td colspan="2">干沟或季节性有水河流</td><td>0.40</td></tr>
<tr><td colspan="2">有冻结作用部分</td><td>0.20</td></tr>
</table>

注:表中所列除特指外,适用于一般条件。对于潮湿和空气中含有较多腐蚀性气体等条件下的缝宽限制应要求严格一些。

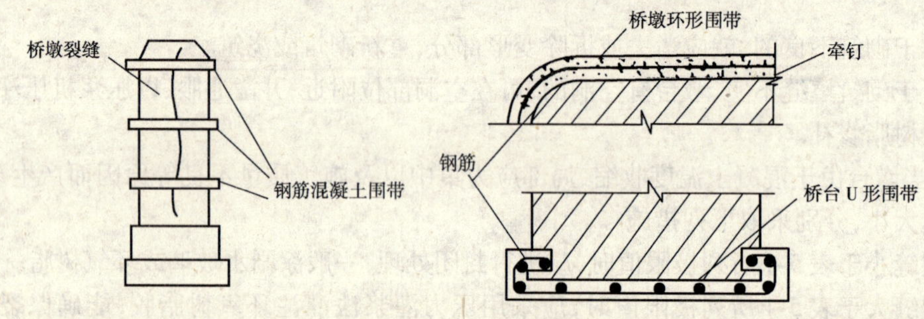

图 5-14 围袋加固

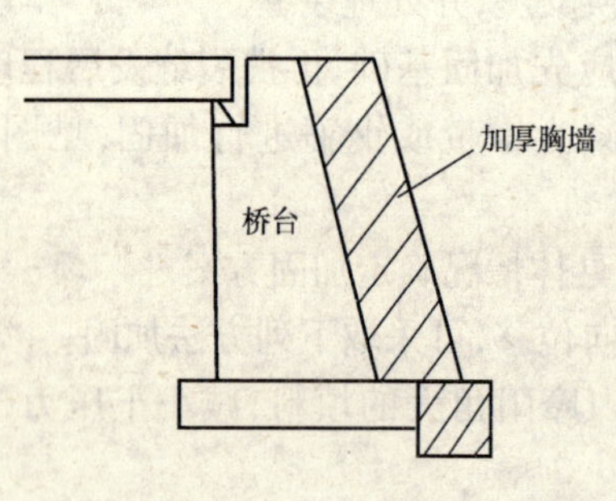

图 5-15 加厚胸墙

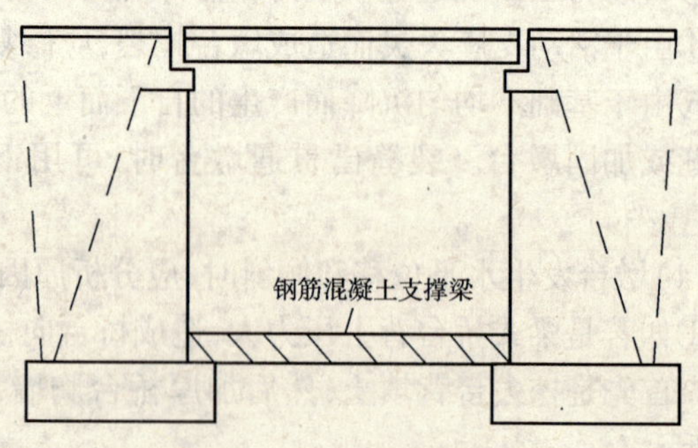

图 5-16 台间设支承梁

②如果是拱桥桥台产生位移,可选择下列加固方案:

a. 在桥台两侧加厚翼墙。翼墙与桥台牢固结合为一整体,增加桥台横断面尺寸和自重,借以抵抗水平推力。

b. 当桥台的位移尚未稳定时,可在台后增设小跨引桥和摩阻板,以制止桥台继续位移。双曲拱桥由于设计、施工不当,以及土基软弱,引起墩台下沉位移,拱圈及拱上空腹等结构严重开裂时,应进行观测,限载或禁止通行,查明原因,进行处理。限载或禁止通行时,两侧桥头应设立醒目标志。

(5)桩式墩台,如结构强度不足或桩柱有被碰撞折断等损坏,在基桩承载力许可条件下,可采用下列方法修理加固:

①对于桩柱式墩台结构的整体稳定性不足时,可采用加固整个桩柱式墩台的方法,即在桩或柱间用槽钢或角钢作横、斜撑联结,以增强整体性和稳定性。钢板箍和横夹板(用槽钢或角钢)用螺栓拧紧,斜夹板可用电焊接合。盖梁如强度不足,也可在盖梁下加横向夹梁,用螺栓拧紧,予以加强。

②对于迎水侧桩、柱被船只或流冰等碰撞损伤、以至折断,可视情况采用下列修理方法:

a. 将损伤或折断的桩柱,凿除松动部分混凝土,添加必要的钢筋,立模浇筑混凝土按原式修复。施工时应在伤柱两侧加设临时支撑。

b. 在桩柱损伤处,将原混凝土凿毛,外面加设钢筋混凝土围带,使损伤部位的桩柱得以加强。

(6)桥台锥坡及八字翼墙在洪水冲击或填土沉落的作用下容易发生变形和铺砌层勾缝脱落。修复时应注意夯实填土,常水位以下应采用水泥砂浆砌块片石,并勾缝。

第四节　桥梁抗震与超重车辆过桥的加固措施

一、地震区桥梁养护的重点

地震基本烈度为7度及7度以上地区的桥梁,应按现行《公路工程抗震设计规范》的要求进行验算,并采取相应的抗震措施加固。

地震区桥梁养护的重点是上、下部结构抗震薄弱部位。

1. 上部结构的薄弱部位

有下列各处:

(1)拱桥:拱顶、拱圈1/4跨径处、拱脚、腹拱与立柱联结处;

(2)梁式桥:跨中、横梁、支座;

(3)其他形式桥梁:除跨中和支座部位外,根据设计部门提出的抗震薄弱部位。

2. 下部结构的薄弱部位

有下列各处:

(1)墩帽与墩身联结处、盖梁与立柱(排架桩)联结处、承台与基桩联结处;

(2)墩、台身或基桩断面变化处;

(3)水中墩(桩)干湿交替风化严重的部位;

(4)基础局部冲刷严重的部位。

3. 地震区桥梁震害

一般有下列几种情况：

(1)在梁、板桥中，主梁纵、横向位移及落梁，撞击造成梁端损坏；

(2)在桁梁桥中，桁梁扭曲、位移；

(3)在拱桥中，拱上建筑局部挤坏、腹拱与立柱联结处开裂或脱落；拱圈变形、开裂，拱脚移位、开裂等；

(4)支座倾倒、脱落，锚固螺栓拔出或剪断、销钉损坏、滚轴脱离；

(5)基础下沉、滑移、倾斜、断裂；桥台胸墙开裂、剪断、墩台身及桩柱开裂；地基土液化，地基承载力降低。

二、上部结构的加固

桥梁上部结构的抗震加固，可以采用设置挡块和固定主梁的方法。

设置挡块，可采用下列方法。

(1)纵向挡块，主要方法是：

①将原桥台胸墙拆除，重做钢筋混凝土胸墙，在梁端和胸墙间填充缓冲材料(如沥青油毡或橡胶垫)，并在台帽上增设锚栓挡块，阻挠梁纵向位移。

②在桥墩墩帽上设置挡块。挡块和胸墙尺寸，应按现行《公路工程抗震设计规范》计算确定。

(2)横向挡块。在桥墩(台)上设置挡块，挡在边梁的外侧，以免边梁震落。挡块设置要求同纵向防落梁的挡块。

(3)防止拱圈落梁，可将相邻两拱脚的钢筋连起来，或加长墩台帽和拱底斜面长度，并设置防落拱牛腿。

固定主梁，可采用下列方法：

(1)用卡架固定。在两片梁的接缝间钻孔，两横隔板面剔槽，用槽钢及螺栓作成Δ形、H形或口形卡架。把梁或板固定在桥墩上。卡架与梁(板)或墩之间应设置橡胶、油毡、软木等软垫或填塞弹性材料，以保证梁、板在温度变化时，能自由伸缩。

(2)板端钻孔固定。采用油毡支座的板梁，可在每片板梁上钻眼深入至墩台帽内，然后将根据规范计算所需尺寸的螺栓放入，固定端填以环氧砂浆，活动端应扩孔并填以弹性材料，以利温差伸缩，最后上紧螺母。

(3)悬臂梁端固定。将悬臂梁端钻孔固定，固定螺栓可由上向下，也可用钢板在梁上面或梁侧固定。

三、下部结构的加固

桥墩的抗震加固以增强整体性和稳定性为原则，根据构造特点可采取下列方法：

(1)柱式桥墩：

①在柱之间安装用槽钢或角钢作成的横撑和斜撑，并用螺栓将其拧紧，或采用电焊连接；

②用钢套管加固，套管用钢板卷焊而成。柱应先打毛，套管与柱之间的空隙，用水冲洗后填以水泥砂浆或小石子混凝土。

(2)对多孔长桥,可增设抗震墩。即在原有桥墩两边加设钢筋混凝土斜撑,斜撑尺寸视原墩高度和跨径而定。

(3)若桥墩截面偏小,可采用加大桥墩断面或加设套箍来加固。将原结构表面凿毛洗净,植入连接钢筋,使加大部分与原结构连成整体。基础扩大时,应同时对地基进行处理。

桥台的抗震加固以增强抗滑、抗倾覆及抵御台背的土压力为原则,可分别采取下列方法:

(1)当桥台的抗倾覆及抗滑动稳定性不能满足安全要求时,可采用加筑围裙的方法;

(2)当桥台台后填土在地震力作用下因土压力变化,危及桥台安全时,应采取下列措施:

①在台背增设挡墙或桥孔,新挡墙或新桥孔的桥台应能单独承受填土土压力;

②在台前修筑扶壁或斜撑,扶壁和斜撑与原桥台共同承受土压力;

③将埋置式或一字式桥台改为U形桥台。

(3)地震后拱桥桥台发生位移,引起拱轴线变形较大,承载力不足时,可采用顶推方法调整拱轴线,恢复其承载力。

四、超重车辆过桥加固措施

(一)超重车辆

是指大于桥梁设计荷载标准及公路管理部门公布的限载量,必须采取技术措施方可通过桥梁,经过公路管理机构审批同意在指定公路上行驶的特殊车辆。

(二)超重车辆过桥的加固措施

1.基本要求

(1)当桥梁承载力不足时,应对其不足部分如上部构造、下部构造、地基以至全桥采取经济合理、切实可行的加固措施。特大桥梁的加固宜至少提出两个加固方案进行经济技术比较。

(2)加固时应尽可能地采用易于实施及拆除,构件可回收利用的临时措施。

(3)当采用永久式或半永久式加固措施时,可与桥梁的技术改造及提高荷载等级一并考虑。

(4)桥梁通过加固仍无法达到通过超重车要求时,可在原桥址附近修建临时便桥及便道或新建桥梁,保证超重车通行;也可另选通过路线。

2.加固方案

(1)小跨径梁桥和拱桥,在下部结构和地基承载力许可时,可在桥台处设临时支点,在桥面上临时架设钢板梁或钢桁梁全桥跨越,以供超重车直接行驶通过。

(2)多跨桥梁当桥较长而无法采用全桥跨越时,若下部结构及地基承载力允许,可采用部分跨越法。在台、墩处的梁端部设临时支点架设钢梁,以减小临时钢梁跨度。

(3)梁式桥跨径较大,或下部结构及地基承载能力不足时,可另增加基础,采用竖向多点支撑法或八字支撑法进行加固。

(4)当拱桥跨度较大,地基较好时可采用拉杆加固法。

(5)其他用于加固上、下部结构及地基的方法均可用于超重车过桥的加固措施之中。

（三）超重车辆过桥的技术管理

（1）超重车辆过桥时，应遵循以下规定：

①一般情况下，超重车辆应沿桥梁的中心线行驶。

②车辆以不大于5km/h的速度匀速行驶。

③不得在桥上制动、变速、停留。

④必要时可调整牵引车与平板挂车的行驶距离或让其分别通过桥梁。

⑤超重车辆过桥时，可酌情临时禁止其他车辆及行人通过。

（2）超重车辆过桥时，应观测桥梁各部的位移、变形、裂缝等，并予记录。必要时，还应观测应变、反力等。

（3）不宜在有洪水等可能发生灾害的时候组织超重车辆过桥。

第五节　涵洞的维护与加固

一、涵洞养护的基本要求与内容

（1）涵洞养护的要求是：水流在任何情况下都能顺畅地通过涵孔，排到适当地点，保证涵洞洞身、涵底、进出水口、护坡和填土的完好、清洁、不漏水。

（2）涵洞应定期进行检查。在洪水和冰雪季节前应对有缺陷和破损的涵洞进行实地检查，主要检查下列内容：

①涵洞的位置是否恰当，孔径是否足够，洞内有无淤塞、冲刷。

②涵洞有无开裂，填土有无沉陷，涵底涵墙有无漏水，八字翼墙是否完整。

③进水口是否堵塞，有无淤积，洞口铺砌有无冲刷、脱落。

④涵洞内有无积水、积雪，洞身有无冻裂。

（3）涵底和涵墙出现渗漏水，对涵洞本身和路基的危害都很大，应立即查明原因，分别采取下列方法处治：

①疏整水道，使洞口铺砌与上下游水槽坡道平齐顺适。

②保持洞中底面平顺，并有适当纵坡。

③用水泥砂浆铺底和涵墙勾缝。

（4）处于山谷高填土的涵洞，其出水口的跌水设施必须与洞口紧密结合成整体。若有裂缝应立即填塞。

（5）洞口和洞内如有积雪应尽快清除，被清除的积雪应抛弃到路基边沟以外。经常积雪或积雪很深地区的涵洞，应在入冬前在洞口外加设栅栏，融雪时应及时拆除。

（6）浆砌片石洞口的表面如发生局部风化、裂缝及灰缝剥落等，应及时用水泥砂浆勾缝或修补封面；洞顶如有漏水，应挖开填土，用水泥砂浆或水泥石灰砂浆修理其损坏部分，并加设防水层。

（7）混凝土管涵的接头处和有铰涵管的铰点接缝处发生填缝料脱落时，应用干燥麻絮浸透沥青后填实，不宜用灰浆抹缝，以免再次脱落。

（8）压力式管涵进水口周围的路堤应保持坚固，每次水淹后，应检查有无洞穴、缺口或冲刷现象，并及时进行修补。

(9)倒虹吸管在长期流水压力作用下容易破裂漏水，造成路基软化，应注意检查。如虹顶路面出现湿斑，应及时修理。

(10)涵洞挖开修理时，应维持通车，并设立安全标志、护栏。

(11)洞底铺砌层、洞口上下游路基护坡、引水沟、泄水槽和沉砂井发生变形或沉陷时，均应及时修理。

二、涵洞的维护

1. 涵洞雨季的养护

(1)山区道路，因为沟床坡度陡，洞口、洞底铺砌层和跌水、急流槽易受洪水或漂流的大块石冲击破坏。

(2)平原区道路，洞口、洞孔和上下游沟槽易被泥沙杂物淤积，造成水毁。

(3)若在傍河路段的下游洞口易遭大河洪水冲击破坏。

2. 预防涵洞水毁的主要工作

每当洪水来临之前，必须认真做好水毁的预防工作，以确保涵洞具有良好的技术状况和抗洪能力。因此，在洪水来临之前必须做好以下工作：

(1)清除洞孔和洞口淤积杂物；

(2)整修沟床，使水道平整、顺适，并注意清除涵洞上游有可能漂流的大石块，以免洪水冲击洞口或堵塞洞孔；

(3)认真完成遗留病害的处治和拟建水毁预防工程；

(4)涵洞位置不当的，一般可改建上游沟槽，并用水泥砂浆砌片石或混凝土预制块加固沟底和沟壁，使水流顺适，不漏水；

(5)山区涵洞，必须增设上游或下游陡坡排水设施时，应力争在洪水来临前修建；

(6)孔径偏小的涵洞，应按汛期前检查时验算的结果，根据地形、地质情况进行设计，采取一侧或两侧加孔，或扩大孔径。施工时要开设便道，或采取半幅施工，并设临时标志、护栏，保证交通安全和施工安全。

3. 涵洞汛期养护与维修

洪水期间，应做好下列主要工作：

(1)在涵洞上游及时打捞清除漂浮物；

(2)洞口发生堵塞现象时，必须立即排除；

(3)洞口及其周围路堤发生被洪水冲击破坏时，应立即用草袋、麻袋，编织袋装土石防护，以免水毁扩大；

(4)当涵洞发生局部和全部水毁，危及行车安全或阻车时，必须立即在其两端竖立危险警告标志或停止通车标志，以保证行车安全。

每次雨后或洪水过后，检查、维修的内容有：

(1)清除沟槽、洞口和洞孔淤积杂物，尤其是要清除涵洞上游沟床里有可能漂流的大块石；

(2)进出水口或洞身、洞底的水毁破损处，均须及时修补，以防扩大；

(3)洞口、洞底已冲刷成深坑或基础冲空时，应及时加固。一般可用拌成半干半湿的混凝土装入麻袋或草袋，将冲空部位堆置密实，然后灌注混凝土。若冲空部位无水流或积水时，可用片石混凝土填石。

(4)傍河路线，因河道的不利演变，危及涵洞安全或造成水毁时，应立即用装土石的草袋或石笼防护，待雨季后再按设计增设防护工程，修复水毁涵洞。

三、涵洞的加固

涵洞进出口处如已严重冲刷，可采用下列方法加固：

(1)涵洞经常发生泥沙淤积时，可在进水口设沉砂井，以沉淀泥砂、杂物。

(2)涵管的管节，如因基础被压沉陷而发生严重错裂，应挖开填土地基后重建基础。

(3)波纹管发生沉陷变形，必须拆除修理，管底应按土质情况作好垫层，管上加铺防水层，并应注意回填分层夯实。

(4)砖石、混凝土及钢筋混凝土端墙和翼墙，如有离开路堤向外倾斜等变形现象，应查明原因，加以处理。如属填土未夯实而沉落挤压，或填土中水分过多土压力增大而引起的，应更换填土，并仔细夯实。如系基础不均匀沉降而发生倾斜，则需修理或加固基础。

(5)为提高涵洞的承载能力，砖石拱涵的加固，一般可采取拱圈上加固的方法。如属高填土而净空又较大时可采用拱下加固的方法。

(6)钢筋混凝土盖板涵的加固，除加固涵台外，可将原盖板面凿毛，洗涮干净，再浇筑混凝土或钢筋混凝土，加厚盖板。

(7)承载力不足的涵洞，应予以加固或更换。石盖板涵可更换较厚的盖板。混凝土管涵可在管外加筑一层混凝土套壳，予以加固。如石箱涵更换较厚的盖板有困难时，可在涵台上面加一层石料作成悬臂式，以减小跨径。

(8)当加宽或加高路基、原有涵洞长度不足时，一般可将原有涵洞接长，两端新建洞口端墙和路基护坡。其接长部分的基础，宜与原涵台、墩的基础同深；并注意断缝；当路基加宽加高不多时，也可以用加高涵洞上下游端墙的方法，但应同时根据需要增加端墙的长度。如洞口为八字翼墙，也应将翼墙加高和接长。新旧砌体的结合处，必须交错砌筑。

(9)当涵洞位置不当，过水能力不足时应进行改建。改建施工宜分段进行，并做好接缝的防水处理。

第六节 调治构造物的维护与加固

一、调治构造物的养护

(1)导流堤、丁坝、顺坝、格坝和透水坝等调治构造物，应保持良好的技术状况，引导水流均匀、顺畅地通过桥孔，防止和减少桥位附近河床和河岸的变迁，保证桥梁、桥头引道和河岸的安全与稳定。

(2)洪水前后应巡察，及时清除调治构造物上的漂流物。

(3)导流堤、梨形堤、丁坝或顺坝的边坡受到洪水冲刷和波浪冲击，坡脚发生局部破坏时，应及时抛填块石和铁丝石笼等进行防护。

(4)对河道改变而增设的护岸工程，应注意坡面有无变化，基础是否牢固，发现缺损应及时处理。

(5)河滩、河岸的路堤边坡外侧，可种植生长迅速、根系发达、枝叶茂密的乔木或耐水的灌木作为防护。

二、调治构造物的维修与加固

(1)将竹木、铁丝石笼等临时性的调治构造物有计划地改为浆砌块、片石或混凝土的永久性结构。

(2)调治构造物由于洪水冲刷及漂浮物撞击，发生基础冲空、砌体开裂时，应及时维修。

(3)若调治构造物不足以抗御洪水冲击，则应加固。可采用植草皮、干砌或浆砌片石、铁丝石笼、抛石等，亦可用梢捆、柴排、混凝土或钢筋混凝土板、土工织物等进行加固。加固时，应考虑水深、流速及波浪冲击等因素。加固的高度，淹没式的应加固至坝顶，非淹没式的应高于设计洪水位以上至少50cm。

(4)河床冲刷严重，危及墩台基础时，可分别进行下列处治：

①水深较浅的，在枯水季节修整墩台基础冲空部分，中、小桥可对桥下河床做单层或双层片石铺砌，必要时可铺设挑坎防护。

②水深较深、施工困难的，可采用沉柴排、沉石笼、抛石护基等方法。

③对于流速过大或河床纵坡过大、冲刷严重的不通航小河，可在下游适当地点修筑拦砂坝。拦砂坝的高度、间距应根据河床的高程和纵坡确定，下游坝顶高程一般应与上游桥址处河床的高程相等。

(5)通过观察，发现调治构造物的位置不当，数量、长度不合理，不能发挥正常作用时，应在洪水退后进行改善。

(6)因河道变迁，流向不稳定，或因桥梁上下游河道弯曲形成斜流、涡流危及桥梁墩台、基础、桥头引道时，应因地制宜地增设调治构造物。

第七节　高等级公路桥梁、涵洞维护方案的实例

1. 工程概况(保德黄河大桥主桥加固施工)

保德黄河公路大桥位于山西省保德—陕西省府谷两县城交界段，是沟通晋西北和陕北的重要通道。该桥于1972年建成通车，主桥(保德侧)为七孔(30m+5×60m+30m)预应力混凝土链杆铰T形刚构桥，上部为双箱单室变截面悬臂梁，引桥(府谷侧)为八孔净跨30m、矢跨比为1/5的空腹式双曲拱桥。下部结构为钻孔灌注桩承台基础，混凝土实体桥墩，保德岸为石砌重力式桥台，府谷岸为组合式桥台。原设计荷载为汽车-13级，拖-60，设计洪水频率为 $P=1\%$，设计洪水流量为 $Q_{1\%}=14000\mathrm{m}^3/\mathrm{s}$，一般冲刷深度为4m，局部冲刷深度为4m，如图5-17

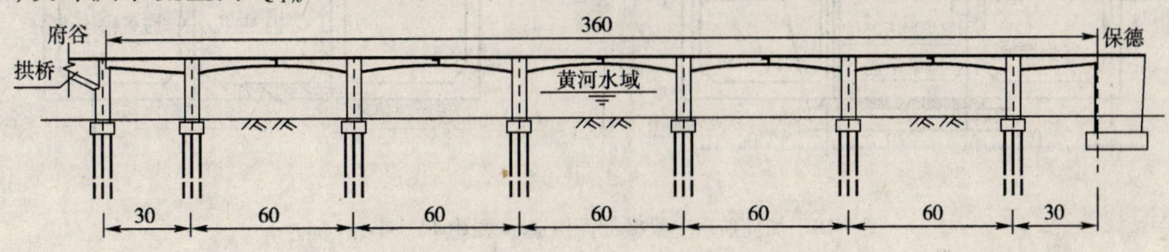

图5-17　黄河大桥主桥总体结构布置示意图(尺寸单位：m)

所示。

2. 加固原因

随着两省经济的发展，交通运输量猛增，交通量日益增多，现已达到4000辆/昼夜，且2/3为大吨位运输拖挂车，车辆重达30t以上，最重的可达60t。目前实际运营荷载已达到汽车-20级，挂车-100，有时甚至会超过该等级荷载。在大吨位、重交通量高速行驶下，该桥各种病害日益增加，且程度逐渐增加。

T构上部梁顶板、腹板均有较为发育的裂缝，悬臂端下挠严重，最大达9cm。桥墩桩基冲蚀严重，有钢筋外露，承台也有裂缝产生；在车辆通行时，T构悬臂端振动剧烈，桥面竖向和横向均有较大摆动，行人在桥上有恐惧感；跨中铰经常损坏，已不能起到相应的作用，支座、伸缩缝已大部分损坏。

3. 结构施工

(1)主要设计技术标准：

①桥面宽度：桥面总宽9.5m，桥面净空布置为7m（双车道）+2×1.0m（人行道）+2×0.25m（护栏）；

②计算行车速度：40km/h；

③荷载标准：设计荷载为汽－20，挂－100，人群荷载3.5kN/m^2；地震基本烈度为7度；

④设计坡度：纵坡为平坡，横坡为双向1.5%；

⑤设计洪水频率：200年一遇。

(2)主梁结构加固施工。

①将原桥双箱单室改变为单箱三室。

主梁结构加固的目的是增强主梁承载力，施工时将原桥两单箱间翼板凿除，现浇两单箱间底板和顶板混凝土，底板和顶板内横向主钢筋位置用风钻钻成孔深10cm，用环氧树脂砂浆在孔内先固定锚栓钢筋，再把主钢筋焊接到锚栓上。将两内腹板（中箱侧）表面混凝土凿毛厚2cm，在侧面布置15×15cm直径12mm的钢筋网，竖向钢筋端头做弯钩挂在顶板和底板的横向主钢筋上以增加四面新增钢筋混凝土的连接和新旧混凝土之间的固结。混凝土浇筑的底模是依靠新箱两侧的旧箱体为支架，下吊模板支承横梁，在横梁上固定底模，如图5-18所示。

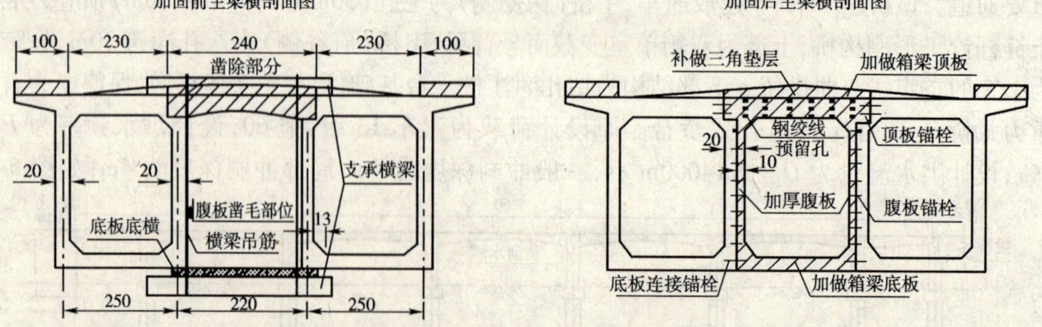

图5-18　加固前后主梁横剖面构造示意图（尺寸单位：cm）

新箱顶板内主钢筋采用后张法预应力钢筋，一个悬臂内布置三层预应力主钢筋，分三次分层由齿板锚固，另外底层和中间层各分出两束预应力钢筋锚固于横隔墙的下部，露出箱体部分套在 PVC 胶管内并灌注黄油保护，其作用是在预应力主钢筋施加预应力后原挠度变形缩减过程中使底板和顶板整体变形。预应力钢筋采用 7ϕ5 钢绞线；OVM15－7 锚具及垫板；钢制波纹管。

②下部结构加固。

4 号、5 号、6 号墩桩基础加固，在原承台下新增承台，原 10 根桩基再增加 7 根新桩基，依据设计原桩基础在原荷载的作用下，认为变形已完成，在增大活载等级及上部加固恒载作用下，由于新增加的桩基或浅基与原桩基共同受力将产生应力调整，故施工时以保证原桩基和新桩基或浅基共同受力以满足承载力要求为前提采用旋转钻机成孔，破桩头只用人工轻凿以避免扰动原桩基周围土质。为保证新旧承台混凝土衔接良好，原承台底与新承台顶接合面采用喷射 25 号膨胀混凝土封缝。

1 号墩加固设计为浅基础在主河槽，原桩基数量少、桩径小、桩长较短，承台后达 7m 且台底放置在分化泥页岩层上，在加固施工时难度和危险性都很大，故选择了木板桩与草袋中间夹黏土心墙围堰，承台底部岩层、原桩基不动，只开挖周围土质至较好岩层底高程，人工开挖并依据岩石状况凿成台阶形平底，岩石裂缝用水泥浆填补、封灌，为保证承台与浅基混凝土衔接良好，承台侧面钻孔锚固钢筋；新浇混凝土把原桩基、承台及下部岩石固结成一体，混凝土中掺入早强剂促成强度快速增长，混凝土浇筑 2d 内严禁车辆及施工中机动车辆通行，以免扰动混凝土。

(3)双箱单室的横联优化施工。

在主梁结构加固施工中，新箱预应力施加后要带动旧箱减小一部分原挠度，新旧箱之间的预应力将产生重新调整，要保持施工中预应力施加；桥梁运行后车辆荷载在梁体中较好的横向分布，新旧箱之间保持共同受力，横向整体刚度的增强将起到非常重要的作用，在该桥梁的加固设计中主要采用横系梁和横隔墙并加强了与旧箱体之间的连接。横系梁在一个悬臂箱内四个截面的上下部共设置了八道，每道系梁横断面尺寸为高 40cm，宽 20cm，C40 混凝土，主钢筋采用直径 32mm 的冷拉Ⅳ级钢筋，其伸过旧箱体腹板后加 20mm 厚钢垫板并用双螺帽锚固，使用电热法张拉施加预应力。横隔墙在一个悬臂箱内两个截面上共设置了两道，每道墙中间设置维修人员通行孔，墙内上下部主钢筋各布置五根直径为 25mm 的 II 级普通钢筋和一根直径为 32mm 的 IV 级冷拉钢筋，这些钢筋均伸过旧箱体腹板用螺帽锚固于钢垫板上，IV 级冷拉钢筋采用了电热法张拉施加预应力。其他横向直径 25mm 的普通钢筋均采用在旧箱体两侧腹板上钻孔用环氧树脂砂浆预埋锚栓并焊接在锚栓上，竖向钢筋上下端制作弯钩挂在顶板和底板的主钢筋上，以加强横隔墙与旧箱体两侧腹和顶板与底板的固接，如图 5-19 所示。从施工及通行使用效果看是很好的。

(4)两悬臂端头(简称牛腿)的连接施工。

原跨中链杆式剪力铰损坏严重，此铰无法承受大跨度桥的跨中剪力传递，故对该铰进行了彻底改造。拆除原剪力铰，将桥梁跨中两侧即原预应力钢筋锚固端以外各 1.25m 范围内的梁体全部凿除，保留原结构普通钢筋长度至少 50cm，以便与牛腿内钢筋焊接，并预留孔道布置预应力钢筋，利用原箱体两端头为支架下吊底模板现浇上下叠置式牛腿，中间设置两排共八个滑板式橡胶支座，每个支座横向两侧设置一束竖向低预应力的拉索。

①牛腿结构及其与原梁体的连接施工。

牛腿设计为刚性结构，C40 混凝土内部空心的单箱三室箱体，顶板与底板内配置直径 25mm 直筋和弯起钢筋；如图 5-20 所示在四个腹板内配置两层共 12 束预应力钢筋，中腹板两层四束；边腹板两层两束，预应力筋端用固定式 OVM 七孔锚具内锚在端部，在根部横墙内侧处由上下层预应力钢筋各分出两根钢筋组成四根为一束和原上下层钢筋分三层锚固在原箱体腹板上，锚固位置选定在原箱体顶层最靠近端部的预应力钢筋的齿板下，这样两边预应力钢筋

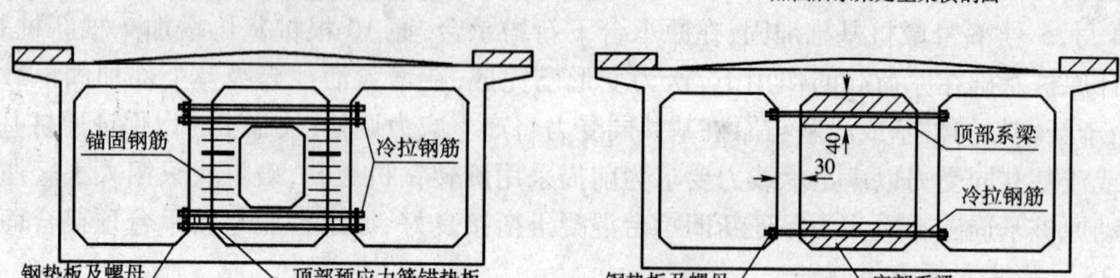

图 5-19　横联优化后主梁横剖面示意图

锚固点处受力反向，互相重叠，齿板互相咬接，保证了牛腿内结构受力及其与原箱体的连接，牛腿根部与箱体的混凝土连接是在三箱体内分别做套箱，套箱底板混凝土厚度 10cm；两侧腹板厚中部 20cm；端部和根部逐渐过渡到 30cm；顶部不做顶板，由于腹板混凝土较薄，预应力钢筋在根部锚固采用 4 孔和 5 孔 OVM 扁锚锚固。为了加强牛腿在根部与箱体的固结，在牛腿根部加做钢筋混凝土横墙，墙内纵桥向钢筋与原箱体预留钢筋焊接，内侧套箱纵向钢筋端部做弯钩挂在横墙内侧横向钢筋上，牛腿上下部普通主钢筋在根部做弯钩挂在横墙上下部的横向粗钢筋上，这样，牛腿、横墙、套箱、原箱体相互连接在一起。

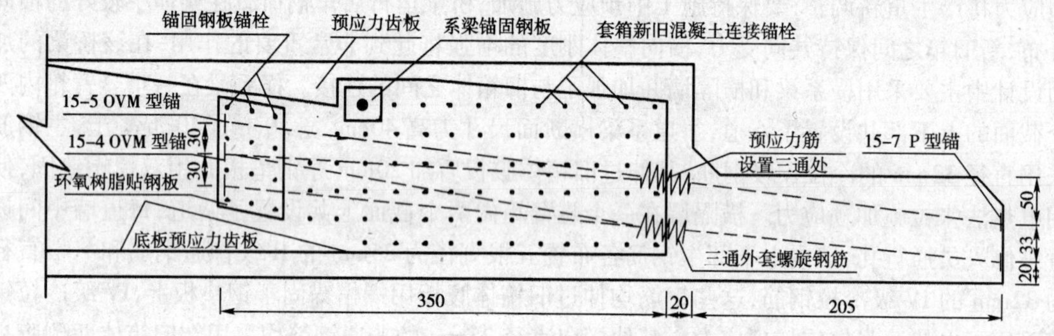

图 5-20　下牛腿套箱结构示意图（尺寸单位：cm）

②套箱钢筋混凝土、预应力齿板及与原箱体的连接。

套箱钢筋混凝土与预应力齿板钢筋混凝土在套箱内整体现浇，在中腹板处的预应力齿板位置先在原箱体腹板上用风钻成穿透腹板厚度的孔，如图 5-20 所示用环氧树脂砂浆锚固 12 根腹板两边等长的锚固钢筋，再在两侧腹板用环氧树脂砂浆粘贴两块厚 20mm 锚固钢筋位置钻好孔的钢板，在钢板后部安置上下为 5 孔、中间为 4 孔的 OVM 扁锚，扁锚安置在锚固钢筋中间以利于预应力钢筋穿过锚固钢筋，在边腹板处做法基本相同，不同点处是锚固钢筋穿过边腹板后在原箱体外面的钢板相应锚栓位置钻孔，再用螺帽锚固。预应力钢筋采用钢制波纹管，在套箱内交叉处使用铁皮制作三通与波纹管连接，防止露浆。在套箱内钢筋混凝土与原箱体的连接上主要是在原箱体腹板上用风钻成孔，用环氧树脂砂浆锚固锚栓，锚栓成为套箱的横向钢筋并在锚栓上焊接套箱内纵向钢筋以形成整个套箱内的钢筋骨架，原箱体腹板表面要凿毛、清洗处理，以利新旧混凝土的连接。

③上下牛腿间支座的施工。

上下牛腿之间在顺桥向设计了两排支座，两排支座纵向中心间距125cm，两个支座横向中心间距220cm，如图5-21所示采用滑板式橡胶支座以适应上下牛腿之间相互产生的水平移动，平面尺寸为250mm×250mm，厚度为7cm。混凝土施工是先浇筑下牛腿底板混凝土，放置内模浇筑顶板混凝土，在顶板顶部安放支座，然后以下牛腿为支架，在支座周围垫以泡沫塑料板为上牛腿的底模，与下牛腿的混凝土施工顺序一样浇筑上牛腿混凝土，每个支座两侧在横桥向设置两束预应力钢筋为竖向拉索，外部套用橡胶管，其控制张拉应力为$0.25\sigma_y$，其作用只是保持上下牛腿不能产生相互竖向移动，应力过大后将加大支座与牛腿接触面间的阻力，影响两者之间的相互横向移动。采用四孔式OVM圆锚锚固，在上牛腿的顶部和下牛腿的底部预留孔道，在上下牛腿顶部、底部向支座处形成喇叭口以便上下牛腿产生相互水平位移预应力钢筋在牛腿内的竖向摆动空间，竖向拉索张拉锚固后，由锚具的压浆孔向橡胶管内注黄油然后封孔。

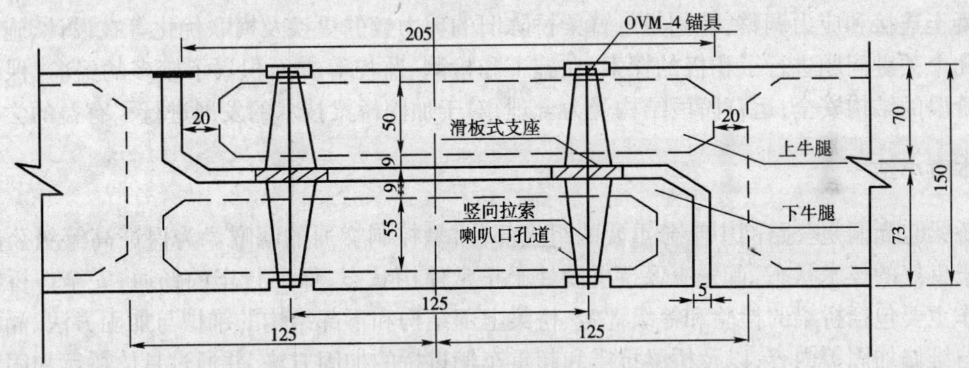

图5-21　牛腿支座拉索构造示意图(尺寸单位:cm)

4. 施工监测、监控

保德黄河加固大桥的施工为先加固下部基础，后加固上部结构。因下部结构施工时该桥梁无法中断交通，下部结构施工是在边运行边施工的条件下进行的，具有一定的危险性，随时都具有灾难性后果，故在施工中做好检测、监控工作更具有非常重要的意义。施工主要监测、监控的内容有：

①单墩墩顶、墩底水平位移；

②挖出桩基过程中各根桩单桩水平、竖向位移；

③桩身各控制截面的应力及裂缝发育、发展状况；

④原承台的水平、竖向位移；

⑤新承台现浇后及回填土后的水平、竖向位移；

⑥完工后的桩基动、静载试验。

上部结构施工的监测、监控是依据其施工顺序进行的，其主要内容有：

①施工前主梁各控制截面水平、横向、竖向位移及应力；

②原两箱中间翼缘板、主梁端头混凝土凿除后主梁各控制截面水平、横向、竖向位移及应力；

③原腹板及其他部位在主梁全部钻出锚栓孔后主梁各控制截面水平、横向、竖向位移及应力；

④在主梁底板、顶板、横联优化钢筋混凝土施工完毕及顶板预应力钢筋张拉后主梁各控制截面水平、横向、竖向位移及应力;

⑤悬臂端牛腿钢筋混凝土现浇、牛腿预应力钢筋张拉后主梁各控制截面水平、横向、竖向位移及应力;

⑥桥面系施工完毕后主梁各控制截面水平、横向、竖向位移及应力;

⑦全桥竣工后顶板预应力筋、牛腿预应力筋、竖向拉索的动静载应力;

⑧全桥竣工后主梁各控制截面水平、横向、竖向的动静载位移、应力。

5. 工程总结

保德黄河加固大桥在维修加固后,由危桥变成了能够承担更大荷载的桥梁,保持了保德黄河大桥在山西省公路交通上的历史地位,推动了秦晋两省在北部地区的经济发展,取得了良好的经济效益和社会效益,对大型钢筋混凝土旧桥加固、上下部桥梁承载力的提高、预应力的添加、新旧混凝土连接和应力调整,特别是悬臂梁桥陈旧的剪力铰的更换及横联优化等在设计、施工方面的几个关键问题进行了积极的探索,在施工和检测、监控等方面积累了较多的经验,保证了施工阶段的结构安全;运营阶段结构受力合理,对于加固桥梁技术的发展进行了有益的尝试。

本章小结

桥梁与涵洞是公路网中十分重要的组成部分,是控制交通的咽喉。为保证高等级公路经常处于良好的技术状态,首先应保持桥涵处于正常使用状态,保证行车的畅通、安全。桥涵养护工作主要包括桥梁的检验和等级评定、桥梁上部结构和下部结构的维护与加固方法、涵洞的养护与维修加固等内容,以及桥梁抗震和超重车辆过桥的加固方法,并通过具体桥梁加固实例分析桥梁的加固原因和加固方法。桥涵养护除必须贯彻“预防为主、防治结合”的方针外,还应以桥面养护为中心,以承重部件养护为重点,并通过科学、先进的养护管理手段,保证桥涵的安全、畅通。

复习思考题

1. 试述桥涵养护和维修工作的范围。
2. 桥梁定期检查的工作流程和内容是什么?
3. 在哪些情况下桥梁应作特殊检查?
4. 桥面铺装层的常见缺陷有哪些?
5. 简述钢筋混凝土桥主梁加固的方法。
6. 桥梁支座的养护工作应符合哪些要求?
7. 墩台基础养护的主要工作内容有哪些?
8. 拱桥桥台产生位移和转动,可选择哪些加固方案?
9. 桥梁基础局部被冲空可采取哪些加固措施?
10. 地震区桥梁养护的重点是哪些部位?
11. 超重车辆过桥时,应遵循哪些规定?
12. 试述对涵洞养护的要求。
13. 涵洞汛期养护应做好哪些主要工作?
14. 调治构造物养护的主要内容有哪些?

第六章　高等级公路隧道的维护

教学要求

1. 检查、检验隧道及其附属设施;
2. 通过对隧道的检查、检验,对其进行技术评定;
3. 根据对隧道的技术评定,对其进行维修、养护。

随着我国经济的发展以及环保意识的增强,公路建设中特别是高速公路采用隧道的方案越来越多,其中,长大隧道和短隧道的数量呈现大量增长趋势,并且出现了较多的连拱隧道、明洞、隧道群、桥隧相连等形式。公路隧道既是道路工程构造物,又是地下工程结构,它涉及工程地质、结构力学、空气动力学、光学、自动控制和工程机械等多门学科,技术较为复杂,这就加大了维修养护工作的难度。而且,公路隧道一般都处于地势险要、通行困难又无路可绕行的地段,如果隧道内出现严重渗漏水、衬砌开裂或设施故障等情况,就会妨碍交通正常运行,导致整个交通线路完全处于中断状态,给公路交通造成恶劣影响。因此,隧道的维修养护工作比一般路段的维修养护工作更为重要。为保证公路畅通无阻,必须加强对公路隧道的维修养护工作,延长其使用年限,保证使用质量。

隧道按其长度分为四类,参见表6-1。

隧　道　分　类　　　　表6-1

隧道分类	特长隧道	长隧道	中隧道	短隧道
隧道长度(m)	$L>3000$	$3000 \geqslant L>1000$	$1000 \geqslant L>500$	$L \leqslant 500$

注:隧道长度系指进出口洞门端墙墙面之间的距离

第一节　隧道的检查与保养

公路隧道交付使用后,养护管理部门首先要熟悉其设计、施工资料,掌握隧道的全面技术状况,制订小修保养、大中修、改善工程计划。

一、隧道维护的工作内容

隧道维护工作包括:洞身、洞门、路面和两端路堑、防护设施、排水系统、洞门减光设施以及通风、照明、标志、标线、监控、消防、防冻、消音等设施的检查、保养、维修和加固。

二、隧道检查项目及内容

隧道在使用过程中要进行经常检查、定期检查和特殊检查工作,以便及时发现和处理问题,确保隧道的使用安全畅通,工作流程如图6-1所示。

1. 经常检查

主要对外观状况进行日常的巡视检查。以目测为主,配合以简单的检查工具,每月进行一次，检查以定性判断为主，由隧道养护工区(站)负责。检查结果应及时填入“日常检查记录表”，详实记述检查项目的破损类型，估计破损范围和程度以及养护工作量，作出判定分类，并采取相应的对策措施，其作业内容参见表6-2。

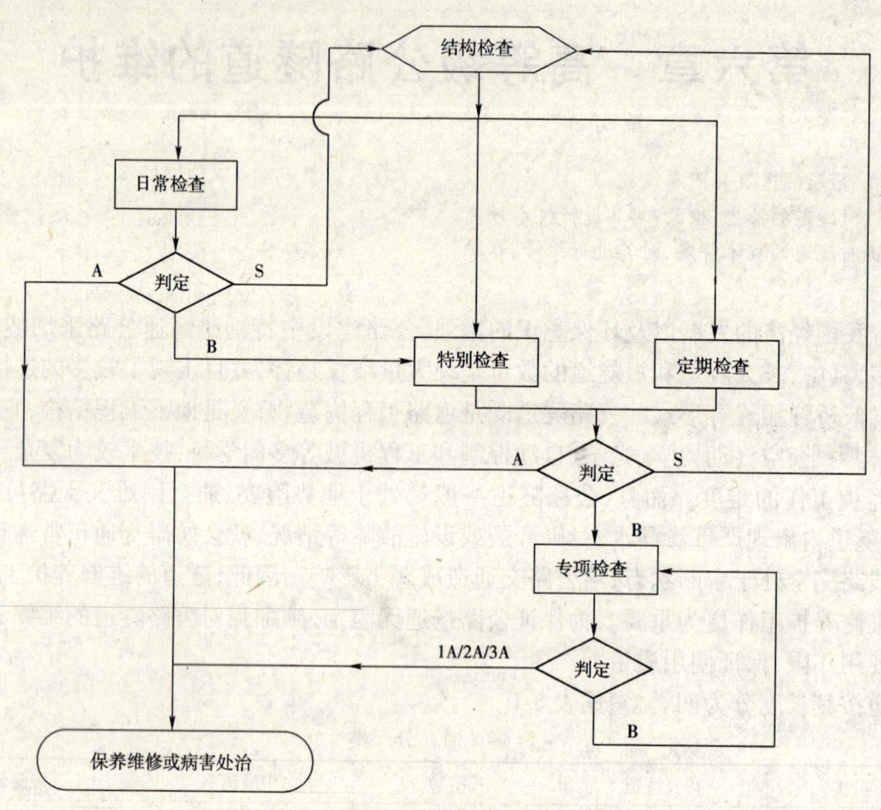

图6-1　隧道检查工作流程

经常检查作业内容

表6-2

项目名称	检查内容	判定	
		B	A
洞口	边(仰)坡有无危石、积水、积雪;洞口有无挂冰;边沟有无淤塞;构造物有无开裂、倾斜、沉陷等	存在落石、积水、积雪隐患;洞口局部挂冰;构造物局部开裂、倾斜、沉陷，有妨碍交通的可能	坡顶落石、积水漫流或积雪崩塌;洞口挂冰掉落路面;构造物因开裂、倾斜或沉陷而致剥落或失稳;边沟淤塞，已妨碍交通
洞门	结构开裂、倾斜、沉陷、错台、起层、剥落;渗漏水(挂冰)	侧墙出现起层、剥落;存在渗漏水或结冰，尚未妨碍交通	拱部及其附近部位出现剥落;存在喷水或挂冰等，已妨碍交通
衬砌	结构裂缝、错台、起层、剥落	衬砌起层，且侧壁出现剥落状况，尚未妨碍交通，将来可能构成危险	衬砌起层，且拱部出现剥落状况，已妨碍交通，并有继续恶化的可能
	(施工缝)渗漏水	存在渗漏水，尚未妨碍交通	大面积渗漏水，已妨碍交通
	挂冰、冰柱	存在结冰现象，尚未妨碍交通	拱部挂冰，形成冰柱，已妨碍交通

续上表

项目名称	检查内容	判定	
		B	A
路面	落物、油污；滞水或结冰；路面拱起、坑洞、开裂、错台等	存在落物、滞水、结冰、裂缝等，尚未妨碍交通	拱部落物，存在大面积路面滞水、结冰或裂缝，已妨碍交通
检修道	结构破损；盖板缺损；栏杆变形、损坏	栏杆变形、损坏；道板缺损；结构破损，尚未妨碍交通	栏杆局部毁坏或侵入建筑限界；道路结构破损，已妨碍交通
排水设施	破损、堵塞、积水、结冰	存在破损、积水或结冰，尚未妨碍交通	沟管堵塞，积水漫流，结冰，设施破损严重，已妨碍交通
吊顶	变形、破损、漏水（挂冰）	存在破损、漏水，尚未妨碍交通	破损严重，或从吊顶板漏水严重，已妨碍交通
内装	脏污、变形、破损	存在破损，尚未妨碍交通	破损严重，已妨碍交通

2. 定期检查

定期检查是按规定周期对结构的基本技术状况进行全面检查。检查的周期宜1次/年，高速公路隧道应不少于1次/年；检查宜安排在春季或秋季进行；新建隧道应在交付使用1年时进行首次定期检查；检查宜采用步行方式，配备必要的检查工具或设备，进行目测或量测检查；检查时，应尽量靠近结构，依次检查各个结构部位，注意发现异常情况和原有异常情况的发展变化；对于有异常情况的结构，应在其适当位置作出标记。检查结果宜尽可能量化，并应及时填入"定期检查记录表"，将检查数据及病害绘入"隧道展示图"，应详细、准确地记录各类结构的基本技术状况，分析病害的成因，给出判定结论，其观测内容参见表6-3。

定期检查工作内容 表6-3

时间	观测部位	观测内容
汛期后	主体工程	1. 圬工及围岩开裂点，数据记录；2. 侧墙外鼓范围、凸出量记录；3. 危石发展情况记录；4. 水毁数量；5. 其他观测数据记录
地震后	山体	1. 位移控制点测量；2. 高度控制点测量
春融	隧洞内	1. 挂冰范围、下垂长度；2. 路上堆冰范围、长度；3. 渗漏水范围、渗漏量

通过定期检查，应系统掌握结构基本技术状况，评定结构物功能状态，为制订维护工作计划提供依据。定期检查完成后，应提出结构定期检查报告，内容应包括：

（1）对结构的技术状况和功能状态的评价；

（2）对结构的维修养护状况的评价及建议；

（3）需要实施专项检查的建议；

（4）需要采取处治措施的建议。

此外，检查报告还应附上检查记录表、隧道展示图以及其他有关检测记录资料。

3. 特别检查

特别检查是在隧道遭遇自然灾害、发生交通事故、起火爆炸或出现其他异常事件后结构严重损坏时，对遭受影响的结构立即进行的详细检查。应根据受异常事件影响的结构，决定采取的检查方法、工具和设备；检查的内容应针对受异常事件影响的结构或结构部位作重点检查，掌握其受损情况，参见表6-4。

特殊检查工作内容 表6-4

名称	部位	内容
火灾事故后	附属设施	1. 主体结构被烧程度；2. 通风管道及通风机被毁程度；3. 照明线路、灯泡被毁程度；4. 应急设备、监控系统被毁程度
地震灾害后	山体	山体开裂及其程度
	主体结构	1. 结构损坏及其程度；2. 消音板材损坏及其程度
	洞外路线附属设施	1. 供电线路损坏及其程度；2. 洞内管道；3. 消音层防冻设施损坏程度

通过特别检查，应及时掌握结构受损情况，为采取对策措施提供依据。

特别检查应按定期检查的标准判定，当难以判明破损的原因、程度等情况时，应作专项检查。检查结果的记录，与定期检查相同。检查完成后，应提交特别检查报告，包括检查记录，评估异常事件的影响，给出判定结论（见表6-5），确定合理的对策措施。

日常、定期和特别检查结果的判定 表6-5

判定分类	检查结论
S	情况正常（无异常情况，或虽有异常情况但很轻微）
B	存在异常情况，但不明确，应作进一步检查或观测以确定对策
A	异常情况显著，危及行人、行车安全，应采取处治措施或特别对策

4. 专项检查

专项检查是根据定期检查和特别检查的结果，或者通过其他途径，判断需要进一步查明实施处治以及病害的详细情况而进行的更深入的专门检测。专项检查宜委托具有相应检测资质的专业机构实施；检查人员应对有关的技术资料、档案进行调查，并对隧道周围的地质及地表环境等展开实地调查，以充分掌握相关的技术信息，寻找结构发展变化的原因，探索其规律，确保专项检查结果的准确性；检查的项目、内容及其要求，应根据定期检查或特别检查的结果有针对性地确定，参见表6-6。

某些破损或病害专项检查工作内容 表6-6

检查项目		检查内容
结构变形检查	道路线形、高程检查	道路中线位置、路面高程、缘石高度以及纵、横坡度等测量
	隧道横断面检查	隧道横断面测量，周壁位移测量（与相邻或完好断面比较）
	净空变化检查	隧道内壁间距测量（自身变化比较）
裂缝检查	裂缝简易检查	裂缝的位置、宽度、长度、开展范围或程度等
	裂缝变形检查	裂缝的发展变化趋势及其速度，裂缝的方向及深度等
漏水检查	漏水简易调查	漏水的位置、水量、混浊、冻结及原有防排水系统的状态等
	漏水检测	水温、pH值检查、电导度检测、水质化学分析
材质检查	衬砌强度检查	强度简易测定，钻孔取芯，各种强度试验等
衬砌及围岩状况检查	无损检查	无损检测衬砌厚度、空洞、裂缝和渗漏水等，以及围岩状况
	钻孔检查	钻孔测定衬砌厚度等，内窥镜观测衬砌及围岩内部状况
荷载状况检查	衬砌应力及拱背压力检查	衬砌不同部位的应力及其变化，拱背压力的分布及其变化

通过专项检查，应完整掌握破损或病害的详细资料，为其是否采取何种处治措施等提供技

术依据。检查的结果可按外荷载作用、材料劣化和渗漏水三种主要情况分别考虑,进行判定分类,参见表6-7。

专项检查结果的判定　　表6-7

判定分类	检查结论
B	结构存在轻微破损,现阶段对行人、行车不会有影响,但应进行监视或观测
1A	结构存在破坏,可能会危及行人、行车安全,应准备采取对策措施
2A	结构存在较严重破坏,将会危及行人、行车安全,应尽早采取对策措施
3A	结构存在严重破坏,已危及行人、行车安全,必须立即采取紧急对策措施

检查完成后,应提交专项检查报告。报告的内容应包括:

(1)检查的主要经过,包括检查的组织实施、时间和主要工作过程等;

(2)所检查结构的技术状况,包括检查方法、试验与检测项目及内容、检测数据与结果分析以及对破损结构的技术评价等;

(3)对病害的成因、范围、程度等情况的分析,及其维修处治对策、技术以及所需资金等建议。

三、隧道的保养与维修

隧道的保养维修工作主要包括经常性、预防性的保养和轻微破损部分的维修等内容,以恢复和保持结构的良好使用状态。

当经常检查的判定结果为A(见表6-5)时,应及时对结构进行保养和维修。

1. 经常性维护

应经常性、周期性地对结构进行清洁维护,其周期应综合考虑隧道状况、交通量大小及组成、结构物脏污程度、清洁方式及效率和环境条件等因素加以确定,并尽量减少对交通营运的干扰。

2. 洞口

及时清除洞口边仰坡上的危石、浮土,冬季应清除积雪和挂冰,保持洞口边沟和边仰坡上截(排)水沟的完好、畅通,修复洞口挡土墙、护坡、排水设施和减光设施等结构物的轻微损坏,维护洞口花草树木的完好。

3. 洞身

无衬砌隧道出现的碎裂、松动岩石和危石,应本着少清除多稳固的原则加以处理;围岩的渗漏水,应开设泄水孔接引水管,将水导入边沟排出;冬季应及时清除洞顶挂冰。

有衬砌隧道出现的衬砌起层或剥离,应及时加以清除或加固;对衬砌的渗漏水,可将水流引入边沟排出;冬季应及时清除洞顶挂冰等。

4. 路面

及时清除隧道内外路面上的塌(散)落物,及时修复、更换损坏的窨井盖或其他设施的盖板;当路面出现渗漏水时,应及时处理,将水引入边沟排出,防止路面积水或结冰;冬季应及时清除洞口处积雪。

5. 人行和车行横洞

横隧道内严禁存放任何非救援用物品,及时清除散落杂物,修复轻微破损结构,定期保养横洞门,确保横洞清洁、畅通。

6. 斜(竖)井

及时清除井内可能损伤通风设施或影响通风效果的异物;维护井内排水设施的完好,保持水沟(管)的畅通;对井内的检查通道或设施进行保养,防止其锈蚀或损坏。

7. 风道

清理送(排)风口的网罩,清除堵塞网眼的杂物;定期保养风道板吊杆,防止其锈蚀或损坏;及时修复风口或风道的破损,更换损坏的风道板。

8. 排水设施

维护隧道内外排水设施的完好,发现破损及时修复;排水管堵塞时,可用高压水或压缩空气疏通。

9. 吊顶和内装

吊顶和内装应保持完好和整洁美观,如有破损、缺失应及时修补恢复,不能修复的应及时更新。

10. 人行道或检修道

维护人行道或检修道的完好和畅通,道板如有破损或缺失,应及时进行修复和补充;定期保养人行道或检修道护栏,防止其锈蚀、损坏。

11. 其他

(1)寒冷地区隧道的防冻保温设施应做好保养维护,如有损坏及时维修,确保其正常使用功能。

(2)洞口设有防雪设施的隧道,应做好防雪设施的保养维护,并在大雪降临前完成设施的维修加固。

(3)隧道的交通标志应保持外观完整、清晰、醒目,保持位置、高度和角度适当,确保交通信息传递无误。

(4)隧道的交通标线应保持完整、清洁和醒目。

第二节　隧道的维修与加固

一、有衬砌隧道的维修与加固

衬砌是隧道中最重要的结构。衬砌发生异常情况,不仅取决于衬砌结构本身,而且与围岩的地质条件有密切关系。

通过各种检查,应将检查结果进行详细记录,同时在现场标以明显的记号。对隧道的常见病害应进行综合分析,查找主要原因,研究治理措施。

(1)衬砌变形、开裂,应根据综合分析后查得的主要原因,采取针对性治理措施。

①由于衬砌背面存在空隙造成的,可在衬背压注水泥砂浆,使衬砌受力均匀,有效地利用衬砌强度。

应根据专项检查结果,确定空隙部位,合理布置注浆孔,如图 6-2 所示。注浆压力应小于 0.5MPa,在注浆过程中应加强监测。当发生衬砌变形或排水系统堵塞等异常情况时,可降低注浆压力或采用间歇注浆,直到停止注浆,如图 6-3 所示。注浆效果检查可采取钻孔取芯、超声波或雷达检测等方法。

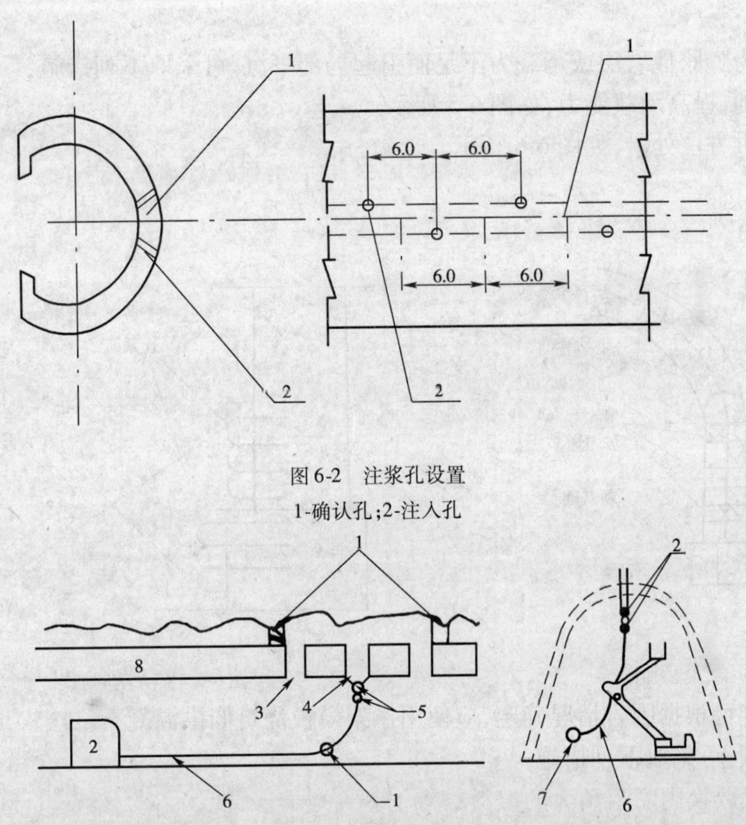

图 6-2　注浆孔设置

1-确认孔;2-注入孔

图 6-3　注浆施工示意图

1-灌浆堵塞;2-设备;3-流出孔;4-压入孔;5-阀;6-ϕ50 压送管;7-压力机;8-拱部混凝土

②由于衬砌厚度不足,年久变质,腐蚀剥落严重或裂缝区域较大而影响到衬砌强度时,可在衬砌外露面喷射水泥混凝土,其厚度一般为 8 ~ 15cm,必要时可加配锚杆及钢筋网,如建筑限界能满足要求,还可在原衬砌下加筑一层套拱,如图 6-4 所示。要确保衬砌与套拱结合牢固,施工前应凿除衬砌劣化部分,衬砌内面应涂抹界面剂,并设置联系钢筋。当套拱厚度较大时,可在套拱与衬砌之间设置防水层。当隧道净空无富余时,可在衬砌的裂纹处贴碳素纤维,提高衬砌承载能力。

③对已稳定的裂缝可采用压注环氧水泥砂浆或水泥砂浆的方法加固。

(2)衬砌表面腐蚀、剥落及灰缝脱落,可采用喷射水泥砂浆或水泥混凝土方法处治。

①先清除表面已松动部分。

②喷射混凝土的种类主要有:素混凝土、钢筋网喷射水泥砂浆、钢筋网喷射混凝土和钢纤维喷射混凝土等,应根据病害程度和施工条件等因素进行选择。

③喷射混凝土必须有足够的强度和附着率,其配合比应通过实验确定,喷射机的工作风压,应满足喷头处的压力在0.1MPa左右。

④当采用钢筋网喷射混凝土时,钢筋网必须有恰当的保护层厚度。

⑤喷射混凝土终凝2h后应喷水养护,养护时间应不少于7d;当隧道内相对湿度大于85%时,可采用自然养护,寒冷地区的养护应按相关规范进行。

⑥当喷射混凝土作业完成后,应对喷射混凝土层进行检测,强度指标应达到设计要求。

(3)端墙、侧墙、翼墙位移、开裂,应根据综合分析后查得的主要原因,采取针对性治理措施。

①当地基为膨胀性岩层或承载力不足而引起局部下沉,可采取下列措施:

a. 扩大基础,提高承载能力,如图6-5所示。

b. 增设仰拱方法处治,如图6-6所示。

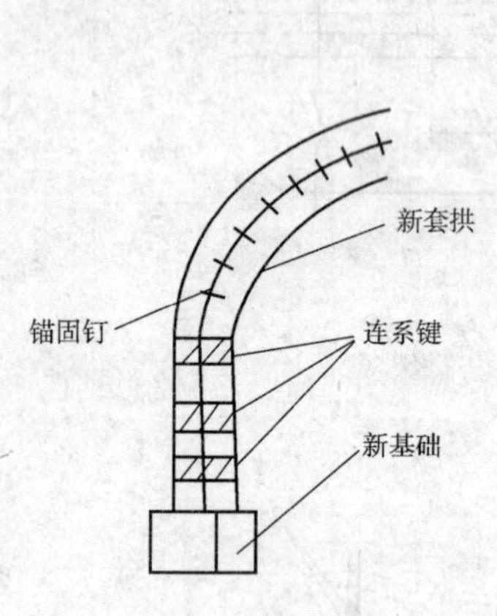

图6-4　套拱加固

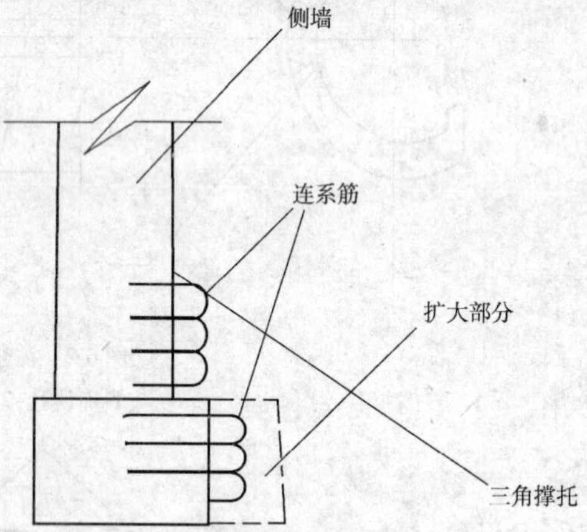

图6-5　扩大基础加固

仰拱的厚度可根据围岩情况确定,应使用拱架模板浇筑仰拱混凝土。

②端墙外倾,可采取下列措施:

a. 墙背填土改换内摩阻角大的填料;

b. 向墙背填土压注水泥浆或化学浆液;

c. 完善、修整端墙后的排水系统。

③隧道内侧墙外凸(鼓肚),可采取下列措施:

a. 向侧墙与围岩之间的填料压注水泥砂浆;

b. 用锚杆锚入围岩体内,并用水泥砂浆封固。

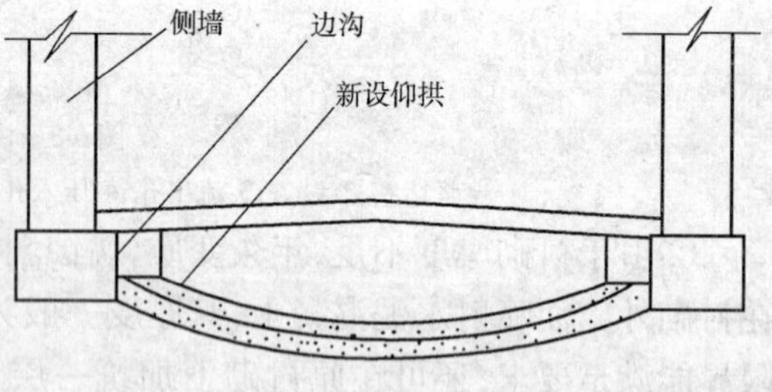

图6-6　设仰拱加固

(4)路面拱起、沉陷、错台、开裂,应根据综合分析后查得的主要原因,采取下列相应措施:

①由于围岩侧压力过大引起两边侧墙内移而引起路面拱起,应在路面下加设水平支撑或仰拱。

②路面局部沉陷、错台、严重碎裂,可采取下列措施:

a. 挖出碎裂路面及其下部已损坏的基层直至围岩，清底后用低强度等级混凝土重铺基层，再铺面层；

b. 路面局部沉陷、错台、开裂处往往伴有严重的渗漏水，应同时治理渗漏水，并将水引入两侧边沟。

(5) 隧道衬砌由于未及时治理初期变形，致使变形日益增大，导致局部突然坍塌，可采取下列措施：

①暂时封闭交通；

②迅速用钢、木支架或喷混凝土、锚喷混凝土对坍塌处及其邻近地段进行临时支护，以防止坍塌扩大；

③更换衬砌；

④坍穴回填。

二、无衬砌隧道的维修与加固

无衬砌隧道的围岩，在长期使用过程中，由于岩石松动，或受风化、行车振动等影响，围岩发生破碎，产生危石、渗漏水等病害，应及时处治，以保证行车和人身安全。

处治围岩破碎和危石应本着少清除多稳固的原则，可采取下列措施：

(1) 发现危石如能清除者应及时清除。对因清除会牵动周围大片岩石时，则可喷浆或压浆稳固。

(2) 对不宜清除的小面积碎裂，可抹水泥砂浆稳固。

(3) 碎裂范围较大时，根据病害程度及范围，可采用喷射混凝土、锚喷混凝土或挂网锚喷混凝土稳固。

(4) 对不能清除又无法压浆稳固的个别危石，应及时用混凝土或浆砌块石垛墙做临时支撑，以确保安全；然后根据垛墙侵占隧道净空的具体情况及隧道所在的公路性质和交通量大小，研究永久性治理措施。

隧道内的孔洞、溶洞或裂缝，均应封闭。封闭前将松动的岩石清除。对内小外大的孔洞，可在孔洞外石壁上埋设牵钉、挂钢筋网、喷射或浇筑水泥混凝土封闭。对内大外小的孔洞，用素混凝土封闭。有水的孔洞，应预埋泄水孔接引水管，将水从边沟排出。

三、水下隧道维修与加固

(1) 水下隧道的日常检查工作内容除应符合相应规定外，根据水下隧道的特点，应对下列各部作重点检查：

①伸缩缝、施工缝和裂缝的渗水、漏水状况。

②洞内铁件有无锈蚀，木件有无腐朽。

③机电设备和照明电路的运行状况。

④各种排水设备的运行状况。

(2) 水下隧道必须定期进行渗漏水检查。一般应每季度检查一次，并作好检查记录。

当隧道内的渗漏水明显时，应定期测量渗漏水的数量(m^3/d)。一般每月测量一次，并作好记录。

(3) 水下隧道渗漏水的处治，可参照《公路养护技术规范》的有关规定，并根据水下隧道的特点，采取以下措施：

①洞内位于地下水位以下的衬砌、路面等,在修理、改善时均应采用防水混凝土、防水砂浆或其他防水材料。

②当渗漏水比较严重时,可在衬砌与围岩之间的空隙进行回填注浆,对隧道四周一定深度的围岩进行固结注浆;若围岩破碎且位于地下水位以下时,可先采用水泥水玻璃浆液,然后再用高分子化学浆液注浆;在严重破碎带、大涌水地带,可采用高压注浆。

③施工缝防水处理,首先沿施工缝剔成宽4cm、深9cm的矩形槽,槽底剔成宽2cm、深1cm的V形槽,在槽内埋引水管,用塑胶泥封堵。刷第一道黏胶,固化4h后立即用防水填料填缝,填缝厚3 ㎝,填紧压实;固化24h后,再按上述工序刷第二道黏胶,进行第二次填缝;最后刷一道面胶,固化后用1∶1的水泥砂浆找平;20d后通过引水管压注丙烯酰胺浆液或聚氨酯浆液。

(4)水下隧道内部铁木设施应定期进行除锈、防腐和油漆工作,包括所有铁制件除锈油漆和所有木制件的防腐油漆。

(5)为保证排水,水下隧道的排水泵房内应配备备用水泵,并应定期检查,保持其完好状态。

四、明洞与半山洞

明洞分为两种情况,一种是由于生态环境、地质病害等原因,先明挖修筑后全部覆土恢复原有自然生态的情况;另一种是傍山隧道,靠外侧的半边是敞开的,又称半山洞。

1. 明洞

明洞上的山体边坡存在危石或崩坍可能时,应及时清除或作加固处理;易坍塌处,还可进行保护性开挖。

明洞上的填土厚度和地表线,应经常保持设计要求。当遇边坡坍方形成局部堆积或遇暴雨洪水原填土大量流失时,均应及时调整到设计状态,以免产生严重偏压导致明洞结构变形损坏。

明洞的防水层已失效或损坏的应及时修理;其顶部覆盖填土与边坡交界处,应加修截水沟;有必要时,其他部位也可加建完善的防水、排水系统。

当明洞顶设置过水、泥石流等渡槽设施时,应特别注意检查这类设施是否漏水;如有漏水,应及时修补。

明洞所在位置,通常地形、地质条件比较复杂,对地基要求比较高,容易产生各种病害。其处理措施如下:

(1)当地基强度不足,引起两边墙下沉时,可在两边墙间的路面下加建仰拱,以减小地基压力,如图6-6所示。

(2)在半路堑地段,特别是深埋基础的明洞外边墙可能向外侧位移时,易在路面下设置钢筋混凝土横向水平拉杆,锚固于内边墙基础或岩体中,或用锚杆锚固于稳定的岩体中;当地形条件容许时,也可在外边墙外侧加建支撑垛墙。

(3)如因边墙后回填不实导致边墙侧向位移,应将回填不实部分用片石混凝土、浆砌片石回填密实,或喷注水泥砂浆。

2. 半山洞

半山洞的日常养护工作包括下列内容:

光射进洞口末端，若内装饰材料反光性好，则"黑洞"的相应长度减短，为此，就须对侧墙、顶棚、路面进行内部装饰。

为提高隧道内亮度并诱导视线，可采取隧道内路面的标线、路缘石和侧墙高1.2m以下部分刷白色反光材料，路面采用反光系数高的路面材料。

为减低隧道内的烟尘浓度，提高照明效果，应加强隧道内路面、侧墙、顶棚和照明器具等的清扫工作。隧道是封闭的管状结构，烟尘不易散发，应加强清扫；清扫频率应根据公路性质、交通量大小及其组成、地区特性等因素综合考虑确定；侧壁及顶棚常易黏上烟尘等脏污，宜采用水冲洗，脏污较严重时可加中性洗涤剂；用水冲洗时，应注意保护好洞内有关设施，如灯具、电线、检测器等；清洁照明器时，应注意不使水渗入灯具或电路内。

隧道中设置的照明器应防振、防水、防尘，并应定期检查，及时进行维修和添补。

对高速公路和一级公路的隧道，照明器的灯泡损坏时，应立即更换；当灯泡达到90%额定寿命时，应成批更换。

三、监控、消防及其他应急设施

1.监控设备

监控设备主要包括：量测监视隧道中车辆运行环境的烟尘浓度测定仪、一氧化碳浓度测定仪、交通量测定装置、监视电视，以及照明、通风、配电设备等自动控制设备和监视控制这些设备运转情况的监控设备。

烟尘浓度测定仪和一氧化碳浓度测定仪宜在洞口进深100m处及隧道中点处布设，重要的长隧道和特长隧道可适当加密；交通量测定装置宜布设在洞口以外适宜处，如为收费隧道，则可布设在收费点附近。

烟尘浓度和一氧化碳浓度量测频率，高速公路和一级公路每月不少于三次，二级公路不少于一次，均宜在行车高峰小时时量测；当隧道内发生紧急情况时（如火灾、爆炸、重大车祸），应随时量测；在量测烟尘浓度和一氧化碳浓度的同时，一并观测交通量。

自动控制设备系统的检修：经常对各计量仪表控制部分的运转，继电器、开关、指示灯及安全保护装置正常与否进行检修并更换元件；定期测试电路、测试绝缘电阻、各种继电器动作，并进行修理、更换器件及清洁工作。

闭路电视监视系统的检修：擦拭清除摄像机及镜头外罩，调整影像状态，检修控制部分及输电线路工作状态，并擦拭除尘；检验输送线路、机器装置的绝缘电阻及各部分性能；对不符合规定的进行适当的修理、更换元件，对摄像机可2年进行一次分解检修；检修、检验、处置由本专业熟练人员按各项规程进行。

2.消防及其他应急设施

隧道内的应急设施，主要用作发生火灾事故、阻车时的报警及内部处理，以减少灾害的连续发生，主要包括：

（1）通信器材：电话、无线电话、电台、报警器；

（2）通报显示器材：显示牌、指示灯、指路牌；

（3）避车设施：紧急停车带、避车洞；

（4）消防设备：灭火器（机）、砂、消防栓、水池；

(5)各类检测仪表:CO 检知器、火灾检测装置。

这些设备、装置、器材是备用品,很少使用,一旦急需要得心应手,无故障。检修工作应有熟悉性能的专业人员按行业的规程、规定执行。

经常性检修工作一般每月一次,可采用全检或抽检的方法,发现异常应立即修理、更换、补充。

定期检修最好一年一次,主要检查机器的连动、运行状态,并测试各种数据,维修更换器件,进行清洁工作。

高速公路、一级公路的长隧道和特长隧道,可根据需要设置紧急电话、报警装置、排烟装置、消防给水管网及消防器材库等;长度在 500m 以上的高速公路、一级公路隧道,宜单独设置存放专用消防器材的洞室,并作出明显标志;二级公路的长隧道和特长隧道,可根据具体需要情况,简化设置,但必须在适宜位置设置消防器材库;消防有关设备,应定期检查、补充、更换,保持完好状态。

隧道内不准存放汽油、煤油、香蕉水等易燃物品;严禁明火作业与取暖;隧道内的紧急停车带、行车(人)横洞、避车洞及错车道不准堆放杂物。

隧道内发生火灾时,应用紧急电话、报警装置或其他方法迅速向洞外发出信号,阻止车辆驶入,同时将隧道内的车辆引出洞外,以便使灭火活动顺利开展;摸清火灾的位置、规模等现场状况;利用排烟设备采用适当的排烟措施;用消防器材灭火;迅速通知就近的消防队;如有伤员,急送就近医院。

四、防冻、消音设施

1. 防冻保温设施

高寒冰冻区的隧道,应注意洞口构造物的抗冻保温。防冻层损坏,可用同样的轻质膨胀珍珠岩混凝土或浮石混凝土修补;无防冻层的,可在大修、改善时加筑。

保温材料可作填充物使用。各种制品可粘贴在需要部位,受潮后更换;脱落、损坏宜用原装修材料修补、更换。

隧道内的渗漏水应顺利排入边沟,不使路面积水冻结;对局部易冻结路段的路面,应抓住时机适时撒布防冻药剂或拌砂药剂。

2. 消音设施

对交通繁忙的隧道应设消除噪声的设施,以减轻噪声污染,减少人的烦躁不安心理,确保行车安全。隧道内的噪声随交通量的增加而增加,且声音的传播,在横向空间较小的隧道内反射速度快,纵向扩散量很小,隧道越长,同交通量条件下噪声越大。

一般情况下,人能承受的噪声量参见表 6-8。

可作为吸音的材料有:玻璃棉、矿棉、无机纤维材料及其制成的板材。

吸音结构有:有膜共振吸音、板共振吸音、腔共振吸音。

隧道内的消音设施,应经常擦拭污染;如有损坏,应及时按原式修复。高速公路和一级公路的隧道原无消音设施,随着交通量增大引起噪声增大,影响正常通行管理时,可根据实测的噪声值,增设消音设施;但增设的消音设施,不应侵入隧道建筑限界。

噪声量与承受程度　　表 6-8

承受程度 时间	最佳状态	舒适状态	不舒适状态	难忍状态
白天（dB）	<70	>70 <85	>85 <120	>120
夜晚（dB）<55	<70	<85	<85	

本章小结

为了保证公路畅通无阻，尽量保持和延长现有隧道构造物的技术状态和使用年限，对隧道构造物进行经常性的维修养护是十分必要的。如果隧道构造物不能满足实际承载能力及通行能力要求时，还需对其进行必要的加固技术改造。

隧道内发生事故，对交通影响很大，为保证公路畅通无阻，必须加强对公路隧道的维修养护工作，延长其使用年限，保证其绝对安全。

本章主要讲述隧道在使用过程中为了保证现有隧道构造物的技术状态和使用年限，通过对构造物的检查、养护、维修与加固，提高构造物的使用质量和使用年限；描述了隧道构造物的检查方法、检查手段，以及通过检查对构造物结构使用状况进行评定，并根据检查的情况采取相应的养护、维修及加固措施；描述了隧道的防护、排水以及附属设施的维修及养护工作要点。

复习思考题

1. 隧道的土建结构在养护过程中都应注意哪些问题？
2. 有衬砌隧道的维修与加固方法有哪些？
3. 处治围岩破碎和危石的措施有哪些？
4. 水下隧道渗漏水的处治措施有哪些？
5. 明洞分为哪两种情况？各情况如何？
6. 隧道内的防排水原则是什么？
7. 山体滑动可能引起隧道破坏时，可采取哪些防护措施？
8. 隧道的附属设施包括哪些？

第七章　高等级公路的防洪、防冰、防雪、防沙与防雾

教学要求

1. 介绍了汛前、汛期及水毁的处理措施及治理对策；

2. 介绍了冰害、风雪流、雪崩的防治措施，以及公路防沙、防雾的技术措施。

第一节　防　　洪

一、洪水观测

(1)在洪涝期间应进行必要的水文观测，掌握洪水的动态；并与当地气象、水文部门取得密切联系，及时收集水、雨情况预报资料；或者沿河向居民进行实地调查，预先了解洪水的强度、到达时间和变化的情况，以判断对道路的危害程度。同时，应注意收集、积累和保存观测资料，作为今后制订道路改善和加固措施的重要依据。

(2)大桥和河床处于不良状态的中桥，应作洪水水位变化、流速、流向、浪高、漂浮物等及河床断面变化的观测。一般桥梁只观测和记录当年的最高洪水位。

沿河公路受洪水顶冲部位和平曲线凹岸应作洪水水位、顶冲角(或洪水流向)、流速的观测，并测记洪水前后路基的变化情况。

导流堤、丁坝和护岸等调治构造物应观测洪水时的工作情况，重要地段的调治构造物应观测最高洪水位及洪水前后基础附近河床的冲刷深度。

(3)水位观测：桥梁水位的观测，可借助设在墩上的固定水位标尺或水准仪进行观测。平曲线凹岸、导流堤、丁坝和护岸等调治构造物的水位观测，可视工程设施的重要性，设置固定水尺或临时水尺进行观测。若工程设施较多，设置水尺有困难时，可在各工程设施洪水泛滥线以上设立临时水准点，或利用已有的工程施工水准点，汛期用水准仪进行巡回观测。

(4)流速观测：大型桥梁在观测水位的同时应进行流速观测，其他构造物是否进行流速观测，视工程的重要性及水毁后危害性等实际情况确定。

(5)流向观测：河床不稳定或平曲线应进行水流流向观测，并观测不同水位时的流向变化情况，流向可施放浮标，用经纬仪交会法测定浮标流迹确定。也可以利用洪水后桥墩墩后泥沙淤积与桥墩的关系确定，即测出墩后游积体脊线与墩轴线夹角作为水流偏角。

(6)河床横断面及冲刷深度观测：

①不稳定河床上的桥梁，一般应在桥位处及上、下游各 50m 处测三个横断面。稳定河床上的桥梁可只测桥位处横断面。

②深槽区桥墩、线埋式基础丁坝和导流堤等调治构造物宜在墩前、堤头等水流冲击处，观测洪水期间的局部冲刷深度变化。观测时间应与测速时间相应。

二、汛前的准备工作

1. 洪水前检查和防治的基本经验

高速公路水毁,应坚持以“预防为主,防治结合”的原则,雨前抓预防,雨后抓防毁、抓恢复,做到提前预防,积极抢修,彻底根治,逐步提高,从而增强公路本身的抗洪能力,以减轻暴雨、洪水对高速公路的破坏。在日常养护工作中,以疏导为主,及时消除堵塞物,不断完善排水系统,发现问题,立即消除,做到“堵小洞,防大害”。

2. 雨季前应做好准备

每年雨季前进行一次预防水毁的技术检查,内容包括:河流上游堆积物、漂浮物情况;桥梁墩台、调治构造物、涵洞、引道、护坡基础和挡墙基础有否被冲空或损坏;桥下有无杂草、树枝、石块等杂物堆积;涵洞、透水路堤有无淤塞;河床冲刷情况和傍河路段急流冲击处有无基础被淘空或下沉现象;陡边坡路段的路基有无松裂;边沟、盲沟、跌水等排水系统有无淤塞,路面拱度、路肩横坡度是否适当,路肩上的临时堆积物是否阻碍排水;养护管理生产、生活用房屋等沿线设施的基础有无掏空沉陷,墙(杆、柱、板)体有无破裂倾斜、剥落,屋顶有无漏水等现象。

三、汛期的巡视与排险

1. 巡视检查的目的

高速公路在防洪中巡查的目的是为了及时发现因洪水对公路及其附属设施的破坏和对交通的影响情况,准确地掌握、收集、分析和判断高速公路洪期路况和交通信息,以便及时采取相应对策或向上级主管部门汇报,供主管部门及时作出决策,保证交通畅通。

2. 巡视与排险的主要内容

巡视和检查可分为日常巡视、夜间巡视、定期检查和特殊检查四种。

(1)日常巡视:指平常为了掌握公路路况和交通运行状况等而进行的巡视。主要巡视路基、路面、桥涵、隧道等构造物及绿化、沿线设施的完好程度,检查故障以及与路政管理工作有关的内容。巡视的重点是路面和路障、桥梁及隧道。巡视人员在进行巡视准备工作时,应制订巡视方案,应认真检查巡视车辆和通信联络设备的技术状况,检查巡视交接班记录。在巡视过程中,巡视车辆按规定开启警示灯具,车速一般控制在40km/h,注意掌握公路技术状况的变化,并对重点结构物和路段的巡视情况作好记录。巡视结束后,巡视人员应整理巡视日记,作好交接班工作。

(2)夜间巡视:指为了检查夜间照明和标志、标线的技术状况而进行的巡视,平时每月进行一次,汛期每周一次。每次巡视结束后,应作好记录,对发现的问题提出处理意见。

(3)定期检查:指为了掌握高速公路及其附属设施的技术状况,制订养护工程计划和评定公路使用质量而实施的检查。

(4)特殊检查:指发生大的洪水、台风、地震等自然灾害和有可能对高速公路及其附属设施造成较大破坏的异常情况时所进行的检查。特殊检查时,应携带通信设备和安全标志,以便沟通情况,采取应急措施;同时还应检查沿线养护单位的材料、设备、技术力量和抗灾能力,为合理制订防灾措施,恢复原有技术状况提供决策依据。特殊检查结束后,检查人员应及时将检查情况作出专题报告。

四、水毁的治理对策及修复(抢修)

1. 抢修工作原则

保证重点,照顾全面;先干线,后支线;先修通,后恢复,抢修与恢复相结合;先路基、桥涵、后路面工程;干线公路应随毁随修,力争水退路通,待雨季过后再进行恢复。

2. 抢修措施

公路水毁抢修,要因地制宜,就地取材。

(1)路基水毁抢修措施。

①一般水毁:对于路基水毁,可以分析水毁原因,按照有关养护修理的要求进行修复。如路基发生坍陷,应迅速使用已备好的土料进行修补,如路基行车部分已泥泞难行,应将稀泥挖出,撒铺砂粒料维持通车。

②洪水冲刷:对靠近河流、湖塘及洼地的路基,因洪水猛涨并不断冲刷路基,使路基发生塌陷时,可以根据具体情况,适当采用下面几种方法进行抢修:

a. 在受水冲刷的部分抛石埠、砂袋、土袋等。

b. 洪水冲刷,并有波浪冲向路基时,可在受水浪冲击的部分,用绳索挂满芦苇编成的芦排或带树头的柳树,以防水浪冲打。

c. 如果路基边坡已大部分塌陷,可以在毁坏部分,顺路方向每米打木桩一根,桩里面铺设秸料或树枝,并填土挡水(见图7-1),或用草袋装上砂石、黏土等材料填筑。

d. 当路堤有被洪水淹没的危险时,可在临河一面的路肩上,用草袋或黏土筑成土埂临时挡水。

③浸水:根据浸水的深度,路基宽窄,材料取运难易,可采用下面几种方法:

a. 填土赶水法。路基浸水长度不大,浸水深度在0.3m以下时,可以直接从两头填土把水赶出,填土厚度要比现有水面再高出0.3~0.5m。填土后先将表层夯实维持通车,或填砂砾、碎砖、炉渣等矿料,提高路基以维持通车。

b. 打堤排水法。如路基漫水较长,漫水深度在0.5m以下时,可在浸水路段的两侧路肩上,用草袋装土填起两道土堤,先把路基上面的水围起来,然后将土堤里面的水排除,露出原路面后,有的可以直接维持通车,如土壤较湿软时可以再撒铺一层砂或碎砖、炉渣后再维持通车,见图7-2。

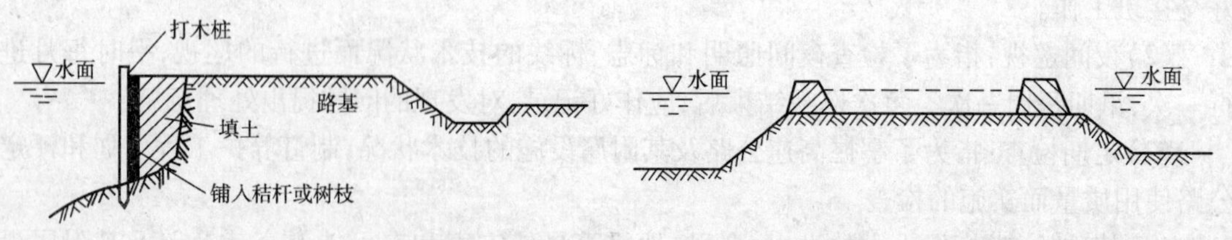

图7-1　打桩护路基　　　　图7-2　打土堤排水

c. 打桩筑堤排水法。如果路基浸水深度在1m左右时,可采取打桩筑堤。每道堤必须先打两行木桩，间距和行距都是1m左右，木桩直径一般为10～15cm，打好木桩后，在桩里面铺秸料，然后在中间填土踏实，达到堤不漏水，以后再把围起来的水从路上排出，并在原路上铺一层砂料、碎砖等维持通车。

(2)桥涵等构造物水毁抢修。

要密切监视漂浮物从桥下通过的情况，并用竹竿、钩杆等引导其顺利通过桥孔，防止其聚积在桥墩附近。堵塞在桥下的漂浮物，必须随时移开捞起。

发洪水时，如桥涵墩台、引道、护坡、锥坡或河床发生冲刷危及整个构造物时，应采取紧急防护措施，如抛石时、砂袋及沉放柴排等，但不能抛填过多，以免减少泄水面积而增大冲刷。抛填块石时，可沿临时设置的木槽滑下，以控制抛填位置。

遇有特大洪水，采取防护措施仍不能保全的重要桥梁，在紧急情况下，经上级主管部门批准，可用炸药炸开桥头引道，以增加泄水面积，保护主桥安全度汛。

当遇水浪、水流冲刷时，可以采用土袋、砂袋、芦排、草席、铅丝石笼等材料来防浪。

冲毁的路基、桥涵，需立即抢修便道便桥，便道便桥是维持通车的临时措施，能够保证在使用期间的行车安全即可。便桥可用打桩或石笼做桥墩，并不宜过高，应尽量省工钱，以免增加施工困难和拖延时间。

3. 水毁后的修复

(1)一般水毁，应及时修复。

(2)路基、桥涵、护岸和挡土墙等构造物大型水毁工程，应在分析水毁原因的基础上，制订方案，进行测量、设计，编制概预算，上报省市高速公路管理部门审批。

(3)根据批准的方案和实施计划，严格按照操作规程和工程质量要求进行施工，必须保证工程质量，做到恢复一处，根治一处。

五、公路、桥涵抗洪能力的评定

为了预测水毁的程度和分析水毁原因及制订治理对策，道路管理机构应组织力量，每5年对所辖道路进行1次抗洪能力评定。如遇上设计洪水及超设计洪水年，宜结合水毁调查当年进行1次抗洪能力评定。道路可根据水文、地质、路面等条件基本类同的原则，划分成若干路段，按表7-1、表7-2进行评定。

道路抗洪能力评定标准 表7-1

等级	评定的主要标准	等级	评定的主要标准
强	1. 路基坚实、稳定，高度达到设计计算高程；路面为半刚性基层、高级路面； 2. 边坡稳定、平顺无冲沟，坡度符合规定的高限值（缓）；边坡有良好的防护加固； 3. 边沟、截水沟、排水沟完善，纵坡适度，无淤塞，水流畅通；进出口良好； 4. 支挡结构物布设合理、齐全，完整无损坏，泄水孔无堵塞； 5. 防冲结构物布设合理、齐全，完整无损坏，基础冲刷符合设计	可	1. 路基坚实、稳定，高度低于设计高程不超过0.5m；路面为半刚性基层、次高级路面； 2. 边坡稳定、平顺无冲沟；坡度不低于规定的低限值（陡）；边坡有必要的防护加固； 3. 边沟、截水构、排水沟完善，纵坡适度，有淤塞但易于清除；进出口良好； 4. 支挡结构物布设合理，有缺损易于修理，泄水孔基本畅通； 5. 防冲结构物重点布设合理，基础冲空面积不超过10%，结构物无断裂、沉降倾斜等变形

续上表

等级	评定的主要标准	等级	评定的主要标准
弱	1. 路基高度低于设计计算高程 0.5m，高于次一技术等级的设计洪水高程，无明显沉降，路面为柔性基层、次高级路面； 2. 边坡有冲沟或少量坍塌；坡度接近规定的低限值； 3. 边沟、截水沟、排水沟有短缺，或淤塞量较大，或进出口有缺损，影响正常排水； 4. 支挡结构物短缺，损坏严重，但无倾斜、沉陷等变形； 5. 防冲结构物短缺，或基础冲空面积达 10% ~20%，或结构物局部断裂、沉陷，但无倾斜等变形现象	差	1. 路基有明显沉陷，高度低于次一级技术等级的设计高程；路面为柔性基层、砂石路面； 2. 边坡沟洼连片，局部坍塌，坡度陡于规定的低限值； 3. 边沟、截水沟、排水沟应设而没有设； 4. 支挡结构物应设而没有设，或结构物断裂、倾斜、局部坍塌； 5. 防冲结构物应设而没有设，或基础冲空面积在 20% 以上，或结构物折裂、局部坍塌等

道路抗洪能力评定标准 表 7-2

等级	评定的主要标准	等级	评定的主要标准
强	1. 孔径大小：桥下实际过水面积满足设计排水面积，桥下净空高度、最小净跨符合规定； 2. 孔、涵位置合适，水流调治构造物设置合理、齐全； 3. 墩、台基础埋深足够，深基础的冲刷深度线在设计冲刷线以上；浅基础已做防护，防护周边的基础深度线在设计冲刷线以上； 4. 墩、台无明显冲蚀、剥落等现象	弱	1. 孔径大小：桥下实际过水面积小于设计排水面积 20% 以内，上部结构底高程与设计水位相同，或净跨小于规定的 10% ~20%； 2. 孔、涵位置偏置，水流调治构造物短缺，或调治构造物局部损坏，河床发生严重的不利变形等； 3. 深基础冲刷深度线在规定的基底最小埋深安全值的 30% ~60% 内；浅基础防护周边冲刷深度线在规定的基底最小埋深安全值的 30% ~60% 内；或防护体损坏明显； 4. 墩、台冲蚀剥落露筋，面积超过 10%，钢筋严重锈蚀
可	1. 孔径大小：桥下实际过水面积满足设计排水面积，上部结构底高程与设计计算水位相同，或净跨偏小但不超过规定值 10%； 2. 孔、涵位置略有偏置，设置了调治构造物，其基础冲刷深度线在基底最小埋深安全值的 30% 以内，或调治构造物有局部缺损，河床无大的不利变形； 3. 深基础冲刷深度线在规定的基底最小埋深安全值的 30% 以内；浅基础防护周边冲刷深度线在规定的基底最小埋深安全值的 30% 以内，防护有局部缺损； 4. 墩、台有冲蚀剥落，面积小于 10%，深度小于 2cm	差	1. 孔径大小：桥下实际过水面积小于设计排水面积 20% 以上，上部结构底高程低于设计水位，或净跨小于规定的 20% 以上； 2. 孔、涵位置偏置，无必要的水流调治构造物； 3. 深基础的冲刷深度线在规定的基底最小埋深安全值的 60% 以上；浅基础未做防护，冲空面积在 20% 以上； 4. 墩、台冲蚀剥落严重，桩有缩颈，砌体松动脱落或变形

第二节　防　　冰

道路遇到冰害时，应根据以往治理的经验，认真做好现场调查，分析研究，制订预防或抢修措施，降低工程造价，提高治理效果，并对沿线冰害的预防和治理措施进行全面记录。

一、气温突然变暖时道路的防冰

气温突然变暖时河流解冻的流冰，对桥梁墩台、桩、破冰体和导流坝等会产生程度不同的

冲击,应采取相应的防护措施。为使流冰从桥下顺利通过,除下游比上游解冻较早的桥梁外,可采取下列方法进行防护:

(1)解冻前,对桥梁上游5km内河道中的冰层及其厚度等,进行调查测深。在流速降低的河湾、浅滩处,流冰可能互相挤压,重新聚结,形成巨型冰块,甚至形成冰坝,造成水位抬高,威胁桥梁安全,应根据所掌握的资料,备足抢护材料、工具和安全照明设备等。在流冰期,指定专职小组分工负责观测、抢护工作,并应提前在桥边设置悬梯,在墩台和破冰体之间搭设跳板。

(2)解冻临近时,对封冻的冰面,应在桥位下游处用人工或爆破方法开挖冰池。其长度为河面宽的1~2倍;宽度为河面宽的1/3~1/4;并不小于河道的最大桥跨。

当水面宽度小于30m时,冰池的长度宜增加到水面宽的5倍。接近冰池下游开凿0.5m宽的横向冰沟。当冰块很厚,有强流冰发生时,可在桥台、墩、桩、破冰体周围及桥位下游20~25m范围内,开挖纵横冰沟。对冰池、冰沟应经常检查,若有冻结,应反复捣开。在危急时刻,可用撬棍、长杆、钩杆等工具,在下游将凿开的冰块逐一送入冰层下冲走。

(3)流冰临近时,应清除上游冰层,冰层厚度在30m以下者,可用人工撬;大于30cm的,宜用炸药炸碎。对较大的流冰体,应在上游用炸药炸碎。

二、涎流冰的防治

涎流冰是在冰冻地区源源不断的水流流到道路及构造物上,随流随冻,形成冰面或冰坎,不但容易引起路基、路面和人工构造物的损坏,而且严重影响交通安全甚至造成公路阻断。对路面上的涎流冰应及时清除,撒布防滑料,并设置明显标志。当冰层在盐类物质和行车作用下变软时,应立即将其铲除,以防降温时重新冻结。涎流冰清除后,应重撒防滑材料。对涎流冰的治理可按以下方法进行。

(1)将路基上侧的泉水、夹层和透水层的渗水,从保温暗沟(或导管)导流出路基外,如含水层下尚有不冻结的下层含水层,则可将水导入下层含水层中排出。

(2)提高溪旁路基的高度,使其高于涎流冰面600mm以上;因受地形或纵坡限制不能提高路基时,可在临冰一侧路外筑堤埂或在路侧溪流初结冰后,从中部凿开一道水沟,用树枝杂草覆盖或加铺雪保温,使水流沿水沟流动,避免溢流上路。如地形许可,可将溪流改至远离道路处通过。

(3)在多年冻土区,可在道路上侧10~15m以外开挖与路线平行的深沟,以截断活动层泉流,在冬季使涎流冰聚集在道路较远处,保证道路不受涎流冰的影响。

(4)根据涎流冰的数量,在道路外侧修筑储冰池,使涎流冰不上道路。

第三节　防　　雪

一、风雪流的防治

(1)设置阻雪设施,使风雪流通过路基时,无大量雪的沉积。

(2)设置下导风板,以加大路基附近的贴地面风速,使风雪流通过路基时不沉积,并吹起路基上疏松的积雪。

(3)路线通过迎风或背风山坡的坡角处和距离坡度转折点5~10m处最易积雪。开阔地区低于该地平均积雪深度或草丛深度以上0.6m的路堤和深度小于6m的路堑也易积雪。在有条件的地方，可采取局部改线或提高路基高程的办法解决，否则，应根据实际情况设相应的防雪设施。

(4)受风雪流影响的公路，其路基边坡和路肩交接处，应建成和保持流线形，清除公路两侧影响风雪流顺畅通过的建筑物、草木和堆积物，公路养护材料应堆积在路外的备料台上，堆放高度不得高于路基的高程。

受风雪流影响的路段，在路旁一定范围内不得植树。高速公路中间分隔带不得栽植和设置有碍风雪流通过的树木及构造物。防雪林带也应按规定的位置种植。

(5)在风雪流影响能见度的路段，为保障行车安全，应在公路一侧设置标柱或导向桩。设置间距在直线段一般为30~50m，弯道上可适当加密，在窄路、窄桥处应在两侧同时设置标柱。

(6)在冬季风雪次数频繁的平原和微丘荒野地区，可沿高速公路另建一条平行的辅道。开始降雪时，立即封闭主线，开放辅道。主线上的雪被清除后，开放主线交通，同时清除辅线的积雪，以备下次降雪时使用。平时对辅道予以必要的维修和养护，保持其良好的状况。

(7)防雪林带是防治风雪流的重要措施，其他防雪工程是配合防雪林带的辅助措施，防雪林带的树种有：

乔木：白榆、白杨、沙枣和白腊等；灌木：沙拐枣、花棒，梭梭和柠条等；草：芨芨草、苜蓿和扫帚苗等。

二、雪崩的防治

(1)原路线，特别是盘线多次通过同一雪崩地带时，应尽量将公路移出。

(2)对危害公路的雪崩生成区，应于雪季前和雪季后，对防雪崩工程如水平台、稳雪栅栏等进行维修，保护森林、植被，以充分发挥稳定积雪体的作用。

(3)对雪崩运动区，应保持防雪崩工程如土丘、楔、铅丝网和排桩等的完好，以减缓和拦阻雪崩体的运动。

(4)对雪崩的运动区与堆积区，应保持使雪崩体从空中越过公路的工程措施如防雪走廊、导雪槽，或将雪崩体引向预定的堆雪场地的导雪堤等的完好。

(5)在大的雪崩发生前，制造一些小规模的“人工雪崩”，化整为零，以减轻雪崩对公路的危害。

(6)各种防治雪崩的工程措施，都应注意保持原有植被和山体的稳定，避免造成人为的滑坡、泥石流与碎落坍方。

第四节　防　　沙

一、沙害的类型

风沙地区公路沙害类型主要有两种：路基和路面的风蚀；路基、路面和桥涵的沙埋。

(1)风蚀包括吹蚀和磨蚀两种作用。风沙地区自然条件的一个重要特征是风大沙多，而修筑的路基又往往是就地取材的沙土，缺乏黏性，易于松散，受到风力作用，沙粒很容易被风吹走，产生路基吹蚀；或因风沙流中的沙粒不断冲击路基、路面，发生磨蚀。

(2)沙埋是风沙地区公路的主要沙害形式。我国风沙地区面积广大，通过沙区的公路干线和支线众多，在治沙工作上尽管作了努力，但公路沙埋的危害仍不同程度存在着。

二、沙害的工程防护措施

1. 道路路基风蚀的防护

为了防止沙质路基遭风蚀，可用柴草、土、砾卵石、无机结合料、有机结合料等材料封固（以全铺为宜），对路基进行防护。

2. 路基、路面沙埋的防护

为防止道路被沙埋，在道路两侧的一定范围内，必须采取各种工程防护措施，控制风蚀过程的发生和改变沙子移动与堆积的条件。按措施的作用与性质，可分固、阻、疏（导）三种方法，应遵守下列规定。

(1)固沙：一是采用各种材料作为覆盖物，将沙质表土与风的作用隔离；二是设置程序沙障，达到降低地表风速，减小风沙流的活动，可分别采取下列措施。

①覆盖物固沙：利用柴草、土类和砂砾石等材料覆盖于沙面上来隔离风与沙面的作用。

②沙障固化：用柴草、黏土、树枝等材料设置成沙障，以减小地表风速，削弱风的活动能力，并阻挡部分外来流沙，可因地制宜，选用下列沙障：

a. 草方格沙障：在流动沙丘上，将麦草等扎成 1～2m 见方的草方格（方格的一边必须与主风向垂直）。这种半隐蔽式沙障，防沙效果良好。

b. 黏土沙障：用黏土碎块在沙丘上堆砌成小土埂。它不但设置简便、耐用，且固沙与保水性能较好。

c. 草把子沙障：将芦苇绑扎成束，铺设于流动沙丘上，将束径的二分之一埋入沙中，以增加地面的粗糙度来阻止沙丘的移动。

d. 树枝条高立式沙障：用树枝条或芦苇按行列式或格状插入沙内。其外露高度要在 1m 以上；达到削弱风沙活动能力，并阻挡部分路外流沙侵入。

(2)阻沙：利用各种材料，在迎风路侧的适当距离和位置上，设置若干人工障碍物，以降低地面的风速，减弱风沙流的作用，使沙粒沉积在一定的范围内，达到减少和抑制沙丘前移，从而减轻或防止对公路的危害。阻沙工程可采取下列措施：

①高立式防沙栅栏：主要用灌木枝条、玉米、高粱或芦苇等高杆植物制作而成。一种形式是用这些植物杆，成行栽入沙内 30～50cm，外露 1m 以上形成防风篱笆；另一种形式是将植物杆编成 1.5m×2.0m 的笆块，固定于桩上。

②挡沙墙（堤）：是直接利用就地沙土或砂砾修筑的紧密不透风的挡沙结构。其高度一般为 2～2.5m，两侧边坡为 1:1.5～1:2。采用就地沙土修筑时，应用土或砂砾进行表面封固。

③为提高阻沙效果，可采取栅栏与挡沙墙（堤）相结合的形式。阻沙设施设置的道路及近路的一道距路基边缘的最近间距，应根据沙源数量，年风沙流量、风向与路线交角等因素进行综合考虑。一般阻沙设施距路基边缘的最小距离不小于 150m；多道防沙设施之间的距离，不应小于设施高度的 15～20 倍。

(3)疏（导）沙：借助人工构造或人为地改变地形，以加大地面风速，使道路两侧的防护范围内成为非堆积搬运地带，达到防沙目的。可采取下列措施：

①修筑路旁平整带。将路基两侧 20～50m 范围内的一切凸出物整平，并用固沙材料封固。有取土坑的，可将坑修成弧形的浅槽。

②设下导风板(又称为聚风板)。由立柱、横撑木及栅板组成。其板面高度与下口高度之比以1:0.7为宜(见图7-3)。

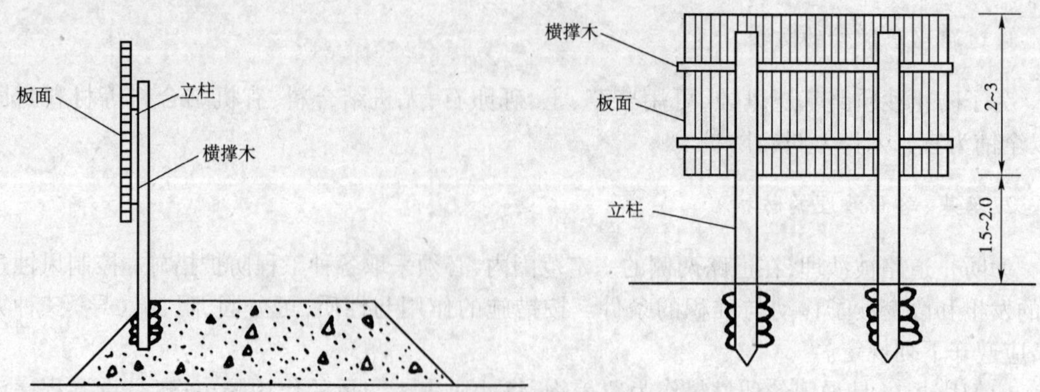

图7-3　直立式下导风栅板的结构和设置部位(尺寸单位:m)

③设有浅槽与风力堤的输沙法。在沙源较丰富的流动沙丘地区,为防治沙丘前移造成对路基的危害,在路基迎风侧设置浅槽与风力堤,借助浅槽特有的气流升力和与风力堤的综合作用,加大风速,达到道路的输沙目的。

④将路堤作成输沙断面。路堤高度低于30cm,边坡坡度采用1:3;路堤高度大于30cm,风向与路线成锐角相交时,边坡度采用1:6,路肩边缘均应做成流线形。

⑤路线与沙垄延长线锐角相交时,可在上风侧30~40m处设置大体与路线平行、尾部稍向外摆的沙障或导沙堤,将风沙流角度做微小的拨动,以便将风沙流导出路外。

三、植物固沙

道路植物固沙的方法,主要是在路基边坡及两侧沙地内种草育林,逐步控制以至最后消灭沙害。植物固沙应贯彻草、灌、乔相结合的原则,以达到最大的防风固沙效果。

对于年降水量在100mm以上的地区,可先播种耐旱的草种,待草生长后再种植灌木,最后再种植适宜生长的乔木。在有条件的地区,可适当进行人工浇灌,保证草木生长良好。而年降水量小于100mm的地区,如有充足的地表水或地下水资源,按优选方法开引水渠,将沙地分割圈围起来,采用适宜树种,沿沟渠营造乔灌防风林带,被分割圈围的沙地可适时灌水种草。如无充足的地表水与地下水资源,可采用先做沙障,在沙障保护下,适时播种耐旱的草、灌木,也可取得一定的效果。

同时还可采用封沙育林保护天然植被。适合沙漠地区种植的植物有:

乔木:油松、小叶杨、小青杨、新疆杨、胡杨、沙枣和沙柳等;灌木:梭梭、花棒、小叶锦鸡儿、柠条、沙拐枣、怪柳、紫穗槐、黄柳和红柳等;草本植物:籽蒿、油蒿、差把夏蒿等。

第五节　防　　雾

一、雾对公路的危害

雾是空气中接近地面后水蒸气遇冷凝结后形成漂浮在大气中的大量粒状水或冰晶,它弥

寝在大气中,使视野不清,难以正确判识路上标志、标线或其他信号,能见度减弱,影响汽车行驶在道路上的速度与安全,造成交通阻塞,甚至发生事故,造成财产损失和人员伤亡。高速公路上车辆密度大、车速快,事故发生时会产生连锁反应,形成追尾连环相撞,往往形成多辆车相撞、人员伤亡惨重,造成特大交通事故,迫使高速公路暂时封闭,严重影响高速公路的正常运营。

另外由于大雾时,部分水蒸气凝结在路面上,造成路面潮湿,冬季易形成一层薄冰,使路面的摩擦系数降低,对高速公路行车造成潜在危险,尤其在桥涵通道上下凌空处,路面薄冰多,也是事故多发地段,往往造成车辆追尾和侧向滑移甚至翻倒,这也是冬季雾天防范的重点部位。

二、能见度及其量测

能见度是正常人的视力在当时天气条件下,将目标物的轮廓从天空背景中区别出来的最大水平距离,能见距离的相应等级称能见度。根据能见度的不同将雾划分为6个等级并相应推荐的行车速度见表7-3所示。

雾的等级表

表7-3

雾的等级	0	1	2	3	4	5
能见度距离(m)	>500	200~500	120~200	80~120	50~80	<50
推荐车速不超过(km/h)	110	100	80	60	40	20

注:路面结冰情况下最大行车时速不得超过40km/h。

一般雾的能见度在300m以上时,虽然路面潮湿,但基本不影响高速公路行车。能见度在200m以上,春秋季车辆仍可采取80km/h以上的速度运行。当能见度再低时,因行车视距不能满足,车辆均应降低速度行驶,否则容易发生事故。

三、公路防雾措施

在高速公路上雾天安全行车的措施一般有:

(1)加强气象预报。应与当地气象部门建立密切联系,以便从气象部门及时得到雾的信息,然后转告给沿线驾驶员,减速慢行,并打开雾灯通行。

(2)及时采用可变情报板、可变限速牌,向来往车辆提出雾讯,使其在思想上有所准备,在技术上有所措施。

(3)在多雾小区内或有雾山区的隧道口、大桥上,安装黄色照明灯具,以增强能见度。

(4)在事故高发区的路段(如桥涵、通道等处)埋设路面温度感应器和冰探测器,以观测收集多种路面气象资料。如当路面出现薄冰时会自动在可变情报板中提醒驾驶员降低车速、保持车距、不准超车等信息,以减少事故的发生。

(5)在有薄冰路段,喷洒盐水或盐砂混合物,以降低路面冰点,增强路面抗滑能力,这种措施费用低,且除冰效果良好。

(6)在未设可变情报板的路上,当出现大雾天气时,可在其进口处设置雾警示牌,并在收费口由收费人员通知驾驶员注意行车安全。同时各地也可利用当地交通电台或电视台等传媒通告各高速公路雾天情况,告知驾驶员注意安全,并可放映“雾天行车安全须知”专题片,以加强行车安全教育。

(7)在接近雾区200m处,设立可移动的闪烁式警告标志,并用锥形标和标志牌按规范逐渐变窄车道,降低车速,形成一定间距的车流安全过渡,这样可防止车辆在刚进入雾区时因紧急制动而发生事故。

(8)公安部要求1999年元旦起行驶在全国高速公路上的驾驶员在车上安装6W的后雾灯，在雾天能见度较低的环境开启雾灯,它能提高车辆行驶安全性,可有效地减少车辆迫尾事故发生。

高速公路的管理部门、路政人员,应配合公安交警在雾天加强巡逻,监督驾驶员严格保持车距,减速行驶,注意观望,不得超车,车多时可施行有序疏导的措施,如有事故也可得到及时处理。

(9)在大雾天,为了行车安全,必要时经一定批准手续实行交通管制措施。交通措施可采取全线或分段封闭,也可采取间断放行办法,控制在每分钟放行4辆车的办法,以策安全。

在高速公路两侧进行合理绿化,能抑制雾的发生,同时会减少大气污染造成空气悬浮颗粒的增多,而增加雾的浓度;还有,绿化可降低工业污染,也有助于降低浓雾的发生频率。

四、雾天安全行车注意事项

当能见度在200~500m时,开启眩目近光灯、后雾灯和尾灯,时速不超过80km/h,与同一车道之前车必须保持150m以上的距离。

当能见度在100~200m时,须开启眩目近光灯、后雾灯和尾灯,时速不得超过60km/h,与同一车道之前车必须保持100m以上的距离。

当能见度在50~100m时开放各种灯与前相同,时速不得超过40km/h,与同一车道之前车必须保持50m以上的距离。

当能见度小于50m时则采取局部或全部封闭交通的措施。

本章小结

高等级公路在运营过程中,会遇到自然灾害及恶劣气候的侵害,如飓风、暴雨、山洪、冰雪等,这些情况虽然发生的几率很小,但造成的危害很大,往往会使高等级公路运营工作陷入瘫痪。本章主要讲述了面对以上自然灾害时,高等级公路养护管理部门应采取的预防方法,以及灾后抢修措施,最终提高高等级公路的社会效益和经济效益。

复习思考题

1. 洪前检查和防治的基本经验是什么?
2. 汛期巡视检查的目的是什么?
3. 水毁的修复措施是什么?
4. 涎流冰的防治措施是什么?
5. 公路的防雾措施是什么?

第八章　高等级公路沿线设施的维护

教学要求

1. 描述公路沿线设施的内容，包括交通安全设施的内容；
2. 能正确识别公路交通标志及标线的类别；
3. 能对公路交通安全设施(包括交通标志及标线)、管理设施、服务设施进行检查、养护及维修。

公路沿线设施是高等级公路的重要组成部分，它关系着行车的安全和道路的畅通，对提高公路服务性能、保障行车安全和道路畅通具有重要意义。公路沿线设施是公路交通安全、管理、服务、环保设施等的总称，包括交通安全设施、交通服务设施、公路管理设施、防护设施、排水设施、渡运设施、绿化设施等。沿线设施应定期加以保养，及时维修和更换损坏部分，经常保持完整、齐全并处于良好状态。设施不全或没有设施的高等级公路，应根据公路性质、技术等级和使用要求，有计划、有步骤地增设。

第一节　交通安全设施的维护

一、交通安全设施的类型

交通安全设施包括：跨线桥、地下通道、护栏、防护栅、标柱、安全岛、反光镜、照明、分隔带、防护栅、遮光栅、公路交通标志栅及标线、隔音墙、震颠设施、安全岛等，是高速公路的重要组成部分之一，对提高公路服务水平、保障交通安全和畅通具有重要意义，如图 8-1 ~ 图 8-4 所示。

图 8-1　护栏实例

图 8-2　反光镜实例

图 8-3　照明实例

图 8-4　隔音墙实例

二、交通安全设施的维护

交通安全设施的检查内容及维护工作要点见表 8-1。

交通安全设施的检查内容及维护工作要点　　表 8-1

类别	维护要点
跨线桥	1. 每年应定期检查 1 ~ 2 次，如遇暴风雨、地震、大雪等严重自然灾害或被车辆碰撞，应进行临时检查。检查内容：结构检查、外观检查（检查油漆涂料的剥落、磨损及褪色情况）、照明设施检查（检查线路、灯具及配套设施的损坏情况）、桥面检查； 2. 维护工作可参照本书第五章桥梁的维护技术； 3. 及时清理桥面杂物、积水积雪； 4. 保持照明设施绝缘良好，工作正常
地下通道	1. 每月定期检查。检查内容：结构物有无渗漏等异常现象，排水道有无堵塞或损坏，排水泵是否工作正常，照明与通风设施、消防、安全等防范设施有无损坏； 2. 检查发现有异常情况时，应及时维修与保养，经常清扫地下通道，保持其清洁； 3. 墙体应定期整饰，一般每年一次； 4. 通道地面与踏步应保持完好状况； 5. 照明、排水、通风及消防设施应定期进行例行保养
护栏	1. 每季度检查结构有无损坏变形，有无脱漆、锈蚀及污秽，有无拉索松弛、护柱及反光膜缺损及立柱与水平构件的紧固情况； 2. 经常清除周围杂草、积物，脱漆应修补，反光膜脱落应补贴； 3. 由自然灾害及交通事故造成护栏损坏或变形，应按原样修复或更换； 4. 路基路面高程变化后，护栏高度应予以调整； 5. 严重锈蚀的金属护栏应予以更换； 6. 涂有油漆的护栏，应定期更新涂漆，周期可按当地气候、护栏污染褪色程度、油漆质量决定，一般 1 ~ 2 年一次

续上表

类别	维护要点
防护栅	1. 除日常巡视外,每季度定期检查结构有无损坏变形,有无污秽,是否有脱漆锈蚀; 2. 污秽、广告、启事应定期清洗,2~4年重新油漆一次,损坏按原样修复或更换; 3. 如有锈蚀,应及时加以维修保养
标柱	1. 经常检查有无缺损、歪斜变形,反光膜或反光漆有无剥落、破损积褪色; 2. 保持位置正确,油漆鲜明醒目,缺损应及时修复、更换或添补
反光镜	1. 经常检查反光镜设置位置、方向、角度是否正确,支柱有无倾斜和损坏,镜面有无污秽和损坏; 2. 及时清除镜面污秽及反光镜周围杂草树枝等遮蔽物,保证位置、方向、角度正确
照明	1. 日常巡回时应检查亮灯情况,线路、电杆、灯具安装损坏情况,对存在的问题应及时解决; 2. 车辆事故造成损坏,应马上处理;暴风、台风、暴雨、地震等灾害后应检查检修孔或探孔的排水、配电盘及电源线的引入情况、涂漆情况,发现问题及时解决; 3. 定期检查,一般一年一次,应对设备安装、检查孔或探孔的排水、配电盘状态、电杆、油漆、照明进行全面检测
中央分隔带	日常巡查时,及时清除杂草、污秽、积水,修剪高草;检查路缘石变形、损坏情况,并修复或更换;排水通道阻塞及时疏通
遮光栅	1. 在日常巡回中应检查有无缺损歪斜,有无脱漆锈蚀,支柱有无变形; 2. 发现缺损应修复或更换,歪斜的扶正,定期除锈涂漆
隔音墙	除日常巡查外,应定期检查隔音墙板是否变形破损,并及时修复,排水通道是否畅通,经常清理杂草、杂物,疏通排水设施
震颠设施	1. 经常检查与路面的固定有无松动,结构有无裂缝、损坏; 2. 经常清扫震颠设施上的杂物; 3. 发现松动、损坏、磨损、缺损的应修复、更换或重新设置

第二节 公路交通标志、标线的维护

一、公路交通标志的维护

公路交通标志是用图形符号和文字传递特定信息,用以管理交通,保证交通安全,协助车辆顺利通行的安全设施,包括:主标志、辅助标志和其他标志。

主标志包括:警告标志、禁令标志、指示标志、指路标志等。警告标志是指警告车辆、行人注意危险地点的标志;其颜色为黄底、黑边、黑图案,形状为顶角朝上的等边三角形;常有平面交叉路口标志、连续弯道标志、陡坡标志等。禁令标志是指禁止或限制车辆、行人交通行为的标志;其颜色(除个别标志外)为白底红圈、红杠、黑图案,形状为圆形、顶角向下的等边三角形;常见的有禁止驶入标志、限制质量标志、限制高度标志等。指示标志是指指示车辆、行人行进的标志;其颜色为蓝底、白图案,形状为圆形、长方形和正方形;常见的有直行标志、向右行驶标志、准许掉头标志等。指路标志是指传递道路方向、地点、距离信息的标志;其颜色(除里程碑、百米桩、公路界碑外):高速公路为绿底白图案、其他公路为蓝底白图案,形状(除地点识别标志外)为长方形和正方形;常见的有里程碑、分界碑、指路牌等,如图8-5所示。

警告标志
十字交叉
T 形交叉
T 形交叉
T 形交叉
Y 形交叉
向左急弯路
向右急弯路
反向弯路
边续弯路
上陡坡
指示标志
直行
向左转弯
向右转弯
直行和向左转弯
直行和右转弯
向左和向右转弯
靠右侧道路行驶
靠左侧道路行驶
立交直行和左转弯行驶
立交直行和右转弯行驶
禁令标志
禁止小型客车通行
禁止拖 、挂车通行
禁止拖拉机通行
禁止农用运输车通行
禁止直行和平向左转弯
禁止直行和向右转弯
禁止掉头
禁止超车

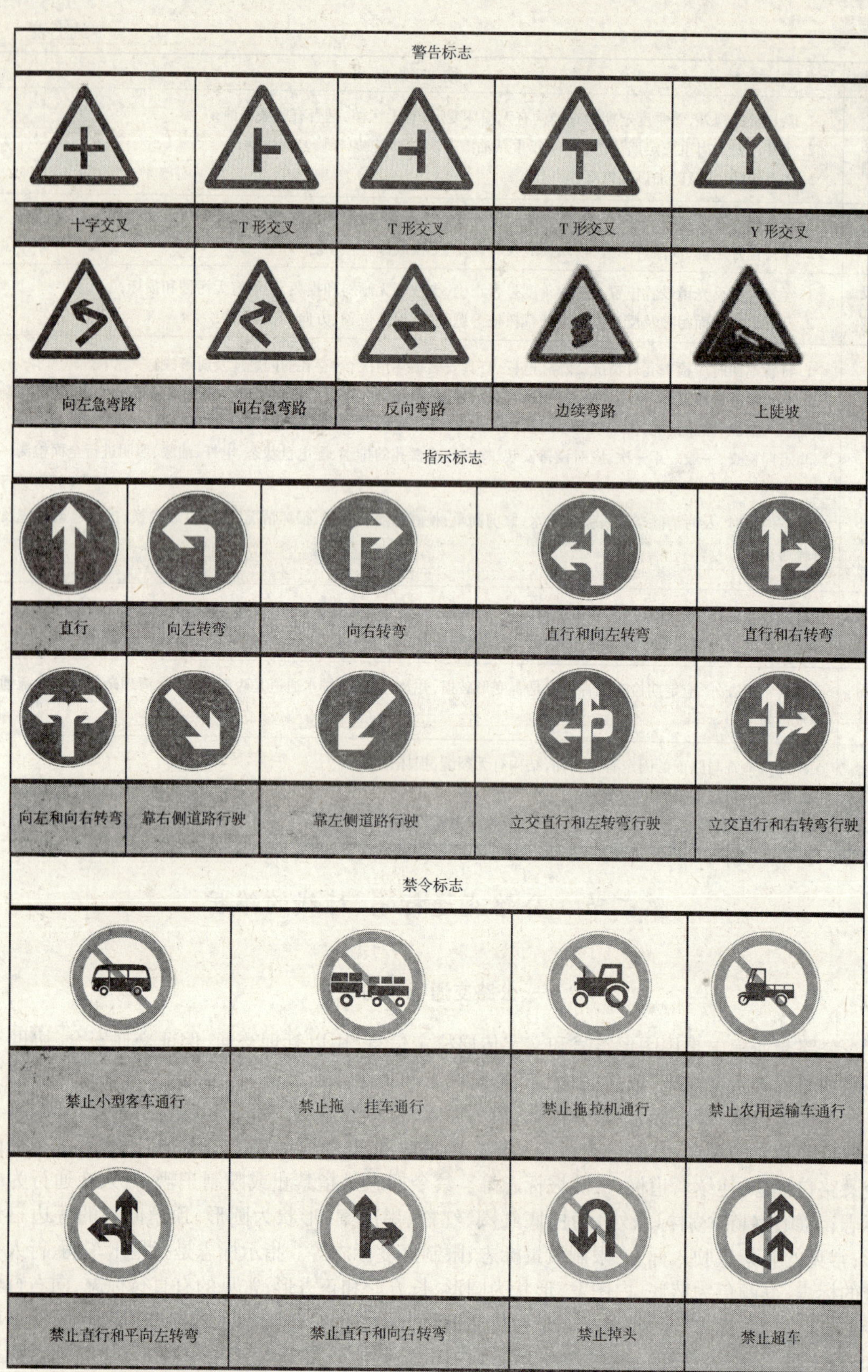

图 8-5

指路标志
G105
S203
X08
国道编号
省道编号
县道编号
行驶方向
香河
崔黄口
下仓
前方 500m
长椿街 宣武门 前门
前方 300m
贵阳
天龙
织金
阜成门
新街口
白石桥
长陵 5km
南口
顺义
10km
30km
交叉路口预告
交叉路口预告
十字交叉路口
十字交叉路口
十字交叉路口
中央门
挹江门
太平门
草场门
香河
北京
天津
黄果树
惠水
六枝
马驹桥
廊坊
大羊坊
关岭
黄果树
郎岱
环形交叉路口
互通式立交
互通式立交
互通式立交
互通式立交
火车站
飞机场
P
停车场
火车站
飞机场
停车场
慢
多雾路段
软基路段
大型车
靠右
多雾路段
软基路段
大型车靠右
S203
京珠高速
入口
ENTRANCE
京珠高速
JINGZHU EXPWY
入口
ENTRANCE
虎门高速
HUMEN EXPWY
500m
终点
END
200 m
减速慢行
SLOW DOWN
虎门高速
HUMEN EXPWY
入口预告
入口
终点预告
终点提示
终点
下一出口
NEXT EXIT
25 km
下一出口
组合使用
旅游标志
云居寺
YUNJUSI
金山寺
JINSHANSI
2km
?
旅游区方向
旅游区距离
问询处
徒步
索道
野营地
营火
游戏场
骑马
钓鱼

图 8-5 公路交通标志

辅助标志是指附设在主标志下，主要起表示时间、车辆种类、区域或距离、警告、禁令理由等辅助说明作用，其颜色为白底、黑字、黑边框，形状为长方形。

夜间交通量大的公路，应尽量采用反光标志。

属于国际公路和重要的旅游公路，宜同时标注汉英两种文字。

为使交通标志防护正常作用，应对其认真检查，精心维护，经常保持其位置适当、准确、完整、醒目和美观。

1. 公路交通标志的检查

公路交通标志的检查分日常检查和定期检查。除在日常巡回时检查其是否受到沿线树木等遮挡以及标志牌、支柱是否受到损伤外，一般还要定期检查，遇有自然灾害或交通事故等，还应进行临时检查。检查包括下列内容：

(1)公路标志牌、支柱变形、损坏、污秽及腐蚀情况；

(2)油漆及反光材料的褪色、剥落情况；

(3)标志牌设置的角度及安装情况；

(4)照明装置情况；

(5)基础或底座情况；

(6)反光标志的反射性能；

(7)缺失情况；

(8)根据公路条件或交通条件的变化，检查公路交通标志的设置地点、指示内容、各标志间的相互位置、标志的高度和尺寸等是否适当。

2. 公路交通标志的养护与维修

通过检查，发现公路交通标志出现异常时，应及时采取适当有效的措施恢复到正常状态。

(1)标志如有污秽或贴有广告、启示等，应尽快清洗交通标志上的污秽；

(2)有树木等遮蔽时，必须清除阻碍视线的物体或在规定范围内变更标志的设置位置；

(3)定期刷新；

(4)标志牌变形、支柱弯曲、倾斜应尽快修复；

(5)标志牌、支柱损伤、生锈引起油漆剥落，其范围不大时，可对剥落部分重新油漆；油漆严重剥落或褪色，应重新油漆；

(6)标志牌或支柱松动应及时紧固；

(7)由于锈蚀、破损而造成辨认性能下降或夜间反光标志反射能力降低的标志，应予更换；缺失的应及时补充；

(8)设置的标志有类似、重复、影响交通的情况，或设置位置和指示内容不符合时，应进行必要的变更。

此外，为保证车辆、行人安全和施工正常进行，应按国家标准规定设置路栏、锥形交通路标、导向标等告示性和警告性标志。应及时清除和修剪导向标周围的杂草和树枝；保持表面、牌面清洁及油漆或反光材料的完好；损坏严重或缺失时，及时更换或补充。

为预告前方公路阻断状况，指示车辆改变行车路线或提请驾驶人员提高警惕的路段两端，应设置临时性的情报告示牌。情报告示牌应保持牌面清洁，字体工整、醒目。公路一旦修复，恢复正常行车后，应立即撤除。

在公路上进行开挖沟槽等作业以及禁止车辆驶入的施工区,除按规定设置醒目的施工标志外,夜间应设置施工标志灯。施工标志灯光源可因地制宜选用,但必须具备夜间有足够的照明时间、亮度和不易被熄灭的功能。

在高速公路和一级公路上,宜设置随交通、道路、气候等状况变化可改变显示内容的可变信息标志。除日常巡回检查外,应定期检查下列内容:显示器内照明器照明情况;电源工作状态;通过通话检查输送线路情况;显示器和支撑物等的损坏情况。动作检查:主控制机的动作状态;通过设在显示器旁的副控制机,检查显示器可动的机械部分动作是否正常。动作检查一般通过系统结构上的试验操作进行,每年检查2~3次。根据系统的形态或显示器的种类、操作频度、机器设置地点周围环境等不同,按照各种机器说明书所规定的保养要点进行保养。定期整修:根据显示器显示的不同方法,其整修的项目也不尽相同;一般应整修的项目有主控制机、电源、显示器和支撑物等安装部分的封闭及油漆状况;定期整修一般每年一次;由于各种机器内安装着大量的电子元件,整修时应使用特殊的测定仪器,由专职人员负责进行整修。

二、公路交通标线的维护

公路交通标线是管制和引导交通的安全设施,包括:路面标线、箭头、文字、立面标记、凸起路标和路边线轮廓标等。它可以和交通标志配合使用,也可单独使用,如图8-6所示。

图8-6 公路交通标线

1.路面标线

高速公路、一级公路、二级公路均应设置路面标线。路面标线应采用耐磨耗、耐腐蚀、与路面黏着力强、具有较好的辨认性、便于施工、对人畜无害的路标漆、塑胶标带、陶瓷和彩色水泥等材料制作。

路面标线、箭头、文字标记应经常清扫或冲洗;路面标线磨损严重或脱落,影响辨认性能时,应重新喷刷或修复,并避免与原标线错位;进行路面局部修理使路面标线局部缺损或被覆盖,应在路面修理完工后予以修补或喷刷。

2.立面标记

应保持颜色鲜明、醒目,经常清除表面污秽,如已褪色或脱漆,应及时重新涂漆。

3.凸起路标

凸起路标的主要养护内容是保持其反射性能,应经常清除凸起部位周围杂物、反光玻璃球表面污秽;主要修理内容是保持完好的反射角度,发现松动、损坏、丢失应及时固定、修复或更换。

4. 路边轮廓标

应经常清除表面污秽及遮蔽轮廓标的杂草、树枝、杂物;脱漆及反光矩形色块剥落的应及时涂漆或补贴;标注倾斜、松动、变形、损坏或丢失的,应及时扶正固定、修复、更换或补充。

第三节　公路管理设施与服务设施的维护

一、公路交通监控、通信设施的检查与维护

公路交通监控、通信设施是公路管理和维护人员的耳朵和眼睛,它的运行正常与否直接关系到高等级公路运行安全和服务质量。

(一)监控设施

监控设施是高速公路和长大隧道等量测、监视车辆运行状况和运行环境以及照明、通信、配电设备等的自动控制设备和监视控制运转情况的设备。它可以及时准确地提供高速公路和隧道的运行状况和信息,以便采取相应的措施来管理和诱导交通流,达到最合理利用高等级公路的目的。

1. 监控设施的组成

(1)按系统划分:有信息采集系统、信息传输系统、信息处理系统和信息显示系统。信息采集设备主要指就地设备,主要有车辆检测器、烟雾浓度测定仪、一氧化碳浓度测定仪、风速检测仪、气象检测器;信息传输系统主要指电缆;信息处理系统主要指中心计算机处理设备、综合控制台等;信息显示系统主要指模拟显示设备、可变情报板、可变速度牌等。

(2)按照设备功能所属系统划分:有中央控制系统、交通控制系统、环境检测系统、通风控制系统、照明控制系统等。

(3)按照设备所处位置划分:主要包括中央控制室、监控中心、监控分中心设备。主要设备有:计算机及其相关设备、模拟显示设备、综合控制台、交通控制设备、环境检测设备、通风控制设备。

2. 监控设施的维护

监控设施的维护包括日常维护与定期维护。

日常检查主要是指自动控制设备、计量仪器的工作状况是否正常以及仪器校正工作。内容包括仪器仪表、控制设备、输送线路、电源及各种安全保障装置等的工作状况。检查中发现工作异常,应立即进行必要的处理。

定期检查是指对各种监控设备及仪器进行综合性测定和性能试验以及仪器校正工作,并对检查结果及保养内容记录备查。检查内容包括仪器仪表、控制设备、输送线路、绝缘电阻等的功能测定、试验,检查各部位性能是否保持在规定值范围内。定期检查应一年进行一次。检查中发现仪器设备性能超过规定值范围时,可根据需要采取维修、更换零部件或整机等方法适

当处理。对烟雾透过率测定仪、监视电视的摄像机等,应两年进行一次分体检查。

(二)通信设施

通信设施是指在高速公路路侧每隔一定距离设置的供紧急情况时使用的紧急电话和其他公路、长大隧道、特大桥、服务区等的管理机构与公路使用者、居民间的电话或无线电联络系统,以便及时向管理机构报告事故、故障和救援等。

通信设施维护要点:经常巡查保持电话线路畅通;电话或无线电装置完好,工作性能正常。发现故障,应立即采取措施,及早排除。

二、公路交通收费设施的检查与维护

收费设施是收费管理、收费桥梁、收费隧道、收费渡口等用以收取车辆通行费的设施。收费设施包括:收费岛、收费广场、收费亭、停车雨棚、照明装置以及收费站预告牌、指示标志、禁令标志、车道红绿指示灯、路面标线等交通安全管理设施。

收费设施应保持完好。收费设施应及时维修,收费系统的关键设备必须有一套完整的备件。在设备发生故障时,立即换上备件,投入正常运行。对换下来的故障设备,要求在24h内修好。对于送出外修的故障设备,要求在一周内修好。其日常维护由收费员进行。

在高速公路收费管理中,宜逐步建立有车辆自动分割识别、多车道行驶车辆监测、自动计费统计的自动计费系统。自动计费系统包括:红外探测器、前端机、图像处理、通信、供电、监视、主控、电子牌照等系统。

自动计费系统是由大量的电子元件组成的系统,应按照各种仪器设备说明书所规定的保养要点和间隔周期进行保养和检修。保养和检修时,使用检测仪器,应有专职人员负责进行。

三、服务设施的检查与维护

服务设施是高速公路为过往车辆、旅客提供人员食宿、信息和停车、加油、修理等服务的服务区设施以及长途汽车停靠站、停车场等。其检查与维护内容主要包括以下内容。

1. 加油站

(1)加油站应经常检查、更换消防设备和器材,定期检查消防设备的数量及完好情况,灭火器药剂必须定期更换,严格出入人员防火纪律;

(2)每天清扫加油车辆通道,清除所有障碍和杂物,保证车道出入畅通;

(3)经常检查油料装卸和存储安全规程的执行情况。

2. 停车场

(1)每天清扫一次场内公共环境卫生(包括公共厕所);

(2)停车场路面如有损坏应尽快修复,各种标志、标线如有损坏应及时恢复;

(3)停车场排水设施应经常清理疏通,保证场内排水畅通,无积水;

(4)停车场出入口应畅通无阻,如有障碍应及时清除。

3. 洗车场

(1)洗车场必须排水畅通,无积水污物,环境干净整洁;

(2)洗车设备应保持完好,使用正常;
(3)供水正常,压力充足。

4. 维修站

(1)经常保持维修设备完好,备件齐全;
(2)保持站内整洁,各种工具应摆放整齐,维修车辆停放有序。

5. 公共电话

(1)电话亭内外环境应经常清扫,保持整洁;
(2)公共电话标志的位置应显而易见,并保持清洁、醒目;
(3)电话机及其线路应经常检查,发现故障及时排除,保持其正常使用。

6. 其他设施

服务区内的饭店、商场以及其他设施,应按工商、公安、卫生等部门的要求,经常对服务质量、治安、价格、卫生等进行检查,其建筑物和有关设备可通过承包方式实施维修保养,经常保持其完好状态,确保服务区的服务质量。

本章小结

高等级公路沿线设施包括交通安全设施、公路标志、路面标线、监控和通信设施、收费设施以及其他设施等。其设置是否完整、齐全并处于良好状态,直接关系着车辆行驶的安全性;其检查、养护及维修工作是公路维护工作不可缺少的,也是不可忽视的。

复习思考题

1. 公路沿线设施有哪些?
2. 公路交通安全设施有哪些?
3. 试述公路交通标志的分类。
4. 简述公路交通标志的养护与维修内容。
5. 简述公路交通标线的养护内容。
6. 简述公路交通监控设施的组成及养护、维修内容。
7. 简述公路交通通信设施的养护与维修内容。
8. 简述公路交通收费设施的养护与维修内容。
9. 简述公路交通服务设施的养护与维修内容。

第九章　高等级公路绿化

教学要求

1. 介绍公路绿化的检验工作，描述公路绿化工作的内容及基本要求；

2. 描述公路树木的栽植要求、管护措施以及路树的采伐要求、苗圃的建设方案等。

第一节　公路绿化及其规划

一、公路绿化的检验

（一）公路绿化基本概念

公路绿化是国土绿化的重要组成部分，是公路建设中不可缺少的一个重要内容。公路绿化是利用乔木、灌木、花草合理地覆盖公路两侧边坡、分隔带、道班房周围及沿线空地等一切可绿化用的公路用地。公路两侧有自然生长的乔木、灌木和花草，其覆盖密度较大，通过人工适当修饰，能基本达到保护路基、边坡的目的，可列为自然绿化路段。

（二）公路绿化在公路工程中的作用

公路沿线的环境绿化是公路建设的重要内容之一，其主要作用包括以下几个方面：

（1）边坡的生态防护（又叫植物防护、柔性防护）是公路边坡防护的重要种类，它利用绿色植物预防和治理边坡水土流失，起到稳定边坡、保护路面和路基、延长公路使用寿命的作用。

（2）通过植物栽植可以有效地防治汽车尾气污染，减少噪声。

（3）中央隔离带的绿篱可起到防眩、确保行车安全的作用。

（4）植被恢复美化了路容路貌，更好地发挥了公路的经济效益和社会效益。

（三）公路绿化工程质量检验内容

1. 中央分隔带绿化

（1）中央分隔带的苗木修剪后的高度应为1.4～1.6m，栽植的株行距合理，应满足防眩功能的要求，不得影响交通安全。

（2）中央分隔带应进行绿化用土回填，回填土的厚度应大于60cm。

2. 路侧绿化

（1）路侧绿化的种植材料应符合设计要求，不能及时种植的苗木应进行假植。

（2）边坡绿化施工应按照设计文件所规定的施工方法与工艺进行，严格施工过程质量控制。

(3)边坡绿化施工不得破坏公路路基。

3. 互通立交区绿化

(1)互通立交区绿地整理、排水应符合设计要求;播种前应清除绿地内的施工废弃物;整体图案应符合设计要求。

(2)孤植树、珍贵树种以及乔木树种应保证成活。

(3)树木种植不应影响行车安全视距。

(4)喷灌设施施工应按施工规范进行,其质量按《建筑工程施工质量验收统一标准》(GB 50300)验收。

4. 养护管理区、服务区绿化

(1)养护管理区,服务区的绿化宜按照《城市绿化工程施工及验收规范》(CJJ/T 82)进行施工。其绿地面积应大于总面积的30%,绿地内的植被覆盖率应大于85%。

(2)绿化附属设施的质量按《建筑工程施工质量验收统一标准》(GB 50300)验收。

(3)孤植树、珍贵树种以及乔木树种应保证成活。

(4)绿地草坪应符合设计要求,整体图案美观。

5. 取、弃土场绿化

(1)取、弃土场绿化应营造适合植物生长的环境条件后方可进行。

(2)取、弃土场绿化应充分覆盖裸露、松散的地表,满足水土保持的要求。

二、公路绿化的类型及规划

(一)公路绿化的类型

根据公路绿化的功能目的,公路绿化可分为以下四种类型。

1. 封闭型

植物高密度连续栽种,起封闭视线、阻挡行进、保护路面、屏蔽污染、遮掩劣境和隐蔽设施的作用。植物株行距比小于1/3左右成年树冠直径,树下常配置灌木以封闭下层。植物选择枝叶茂密,耐隐蔽,耐修剪的种类。

2. 开放型

在公路沿线景观优良处,如田野、水面、自然风景、城市远景、重点景物,或从密林、隧道、路堑等闭塞空间转出处,公路绿化宜采用地被植物或疏植乔木,使行人视线通达,领略优美风景,变换情绪,感受新的境界。

3. 自然型

公路路线所经过的区域自然景观优良,天然地被植物丰富,如公路所经过的自然风景区、天然林区和植物丰茂的荒闲土地等,无不良因素侵扰路线,公路绿化仅考虑对景观进行弥补和修饰,使公路沿线的近中远景更加优美、更加有利起到防护作用。

4. 景观型

这些公路主要位于城区、风景区,如滨水区、城市景观大道等,公路的两侧或一侧规划很宽的园林绿化带,并且常运用较多的园林要素。

(二)公路绿化规划

一般公路的绿化比较简单,主要包括路侧行道树种植、路基挖方及填方地段进行绿化和路侧取土坑及弃土场进行修整后的绿化等工作。而高等级公路由于它的工程类别多,要求绿化的功能又有所不同,因此对中央分隔带、两侧隔离带、路基边坡、互通式立交、隧道以及收费站、服务区、管理区等房建处所,都要进行绿化规划设计。

高等级公路绿化的总体要求是:

(1)高速公路的绿化着色应以绿色为主,以显著其宁静、富有生命活力的特征。在绿化的图形上要简洁,如有造型,寓意也要明确。

(2)按"近花草,中灌木,远乔木"的顺序,由路两侧向外展开,以美化路容为主,兼顾防护功能。

(3)以大环境绿化为依托,与大环境绿化相融合,大部分地区做到三季有花,四季有绿。

(4)注意与周围自然环境及生态环境相协调,尽量通过和谐的修复与绿化来恢复自然景观,使公路沿线的景观更具美学价值。

(5)绿化植物的选择、配置要适应自然条件,要因地制宜。

(6)要方便公路设施的养护维修,应考虑机械化养护作业。

三、公路绿化工作的内容与要求

高等级公路从建设、绿化工程等的技术指标来看,高速公路是高等级公路的典型代表,高速公路的绿化可以包括高等级公路绿化的全部内容。高速公路的绿化断面结构包括主干道和外围环境设施,图 9-1 是高速公路典型断面组成与平面结构。

其绿化内容及具体要求如下。

1. 中央分隔带绿化

中央分隔带是高速公路干道路面的重要设施带,主要功能是让车辆分道行驶,减轻夜间行车车灯眩光,保障高速行驶中车辆的安全。这个部位的绿化,是高速公路最重要的绿化部位,又是评价路容、路貌最直观的主要内容,其具体要求如下:

(1)防眩植树可选用常绿树或植株较高的花灌木。常绿树、花灌木分段栽植,使景观有所变化,冬季也应有绿色景观。

(2)防眩树可与道路平行栽植成连续不断的树篱,它的防眩效果非常好,但栽植工程量大,投资大,后期养护管理中的修剪量也很大。

(3)防眩树要适时修剪,根据车灯位置及扩散角度,控制树的高度一般在 1.5m 即可。

(4)常绿树、花灌木应分段间植,每段花灌木的品种、花色要有所变化。

2. 路堤边坡防护绿化

高速公路路基一般都比普通公路路基高,形成的边坡绿化面积最大,功能最强,对稳定路

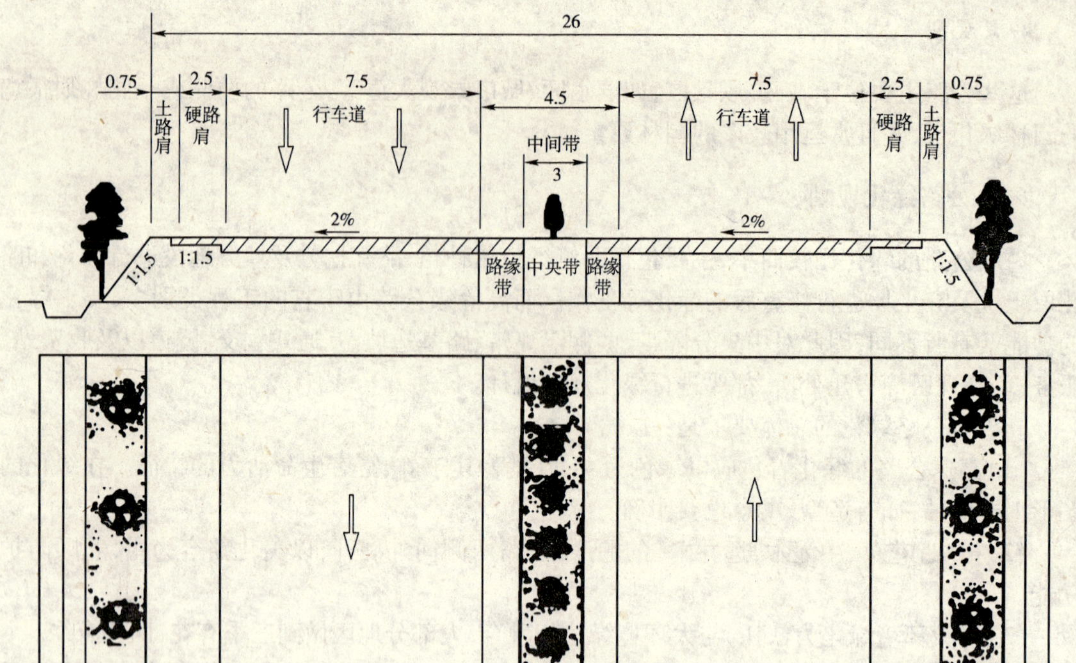

图 9-1 高速公路典型断面组成与平面结构(尺寸单位:m)

基、保障安全,保土、保水,防止冲刷具有直接作用。边坡绿化要求防护坡面路基,植被群落有长期的生态稳定性,养护管理粗放。所以边坡绿化选择的植物要能适应边坡的特殊立地条件,根系要发达,固土能力强,生长缓慢,植株低矮,能形成密实的植被覆盖。适宜边坡绿化的植物有草本和小灌木类,草本植物可种植于边坡的上部,小灌木栽植边坡的下部。

3. 行道树种植绿化

路树主要栽植在护网内,路堤下方(边坡脚下)。高路堤路段栽植高大乔木,低路堤路段栽植矮乔木或高大灌木(包括花灌木)。其具体要求是:

(1)栽植目的在于防止水土流失,视线引导、遮蔽、降噪,以美化路容为主,兼具防护、恢复和改善沿线环境的功能。

(2)植物品种以乔木为主,常绿、落叶间植,观叶、观花植物间植,有利于四季常青,冬季有绿色,丰富景观和观光旅游。

4. 绿篱护网绿化

绿篱护网在金属护网内 0.5 ~ 1m 处栽植带刺灌木,形成封闭性绿篱,作为高速公路的第二道屏障,若干年后金属护网被锈蚀,绿篱护网起替代作用。植物栽植要选抗逆性强、易繁殖、易管护、移栽成活率高、成篱封闭快和外形美观的多年生带刺灌木。

5. 路堑土、石质坡面垂直绿化

路堑的坡度一般较大,绿化难度大,国内外目前主要采取机械喷播绿化和人工沟、穴绿化。机械喷播绿化是以专用机械设备,将种子、各种养分、保水剂和黏结剂混于水中,用高压喷射于土质或半土质坡面进行绿化。我国北方地区多用人工沟、穴法绿化,即在坡面上开挖一定密度的种植穴或条形沟，播种或栽植适宜的草本、小灌木。石质坡面绿化可在坡底，坡顶植攀缘性和吸附性藤本植物，如爬山虎、凌宵、紫藤等进行垂直立体绿化，也可在坡底靠坡栽植乔木、灌木，形成树木屏障。

6. 立体交叉区绿化

城区以外的高速公路立体交叉区多位于农田中，且多为简单立交，一般不能形成专门的绿化地带，在为纵或横道路绿化延续时，注意提高立交路口的识别性，如较密栽植常绿和乔灌花木。复杂立交可参照城市立交区绿化。

7. 服务区、收费站环境绿化

如果说高速公路其他部位的绿化是“行驶中观赏”，而服务区、收费站的绿化则是“停车后观赏”，这就决定了这部分只能以园林景观来绿化了；通过空间划分和植物配置，以建筑物为主体，形成与周围环境相协调的一种风格。

第二节　公路树木的栽植与管护

一、公路树木的栽植

栽植公路树木，应按照公路绿化工程设计及任务大小，合理安排和组织劳力、机具，做好场地整理、定点、挖坑；及时选苗、起苗、运苗；在春秋或雨季适当时期，进行栽植。并应保证理想的种植成活率，其具体要求为：

(1)乔木及灌木的行距一般要根据不同树种和冠幅大小来确定：速生乔木，株距4～6m，行距3～4m；冠大慢生的株距8～10m，行距4～6m为宜；灌木的株行距以1m为宜。

(2)选苗工作，应适合当地土壤、气候，选择速生和经济价值较大的树种及健壮优良的树苗。树苗要发育正常，有良好顶芽；根系发达、有较多的须根；苗茎、苗株未受虫害和影响生长的机械损伤等。树苗规格应一致，落叶乔木应选用胸径3cm以上的树苗；常绿树选用高度1.5m以上的树苗；灌木宜选用高度在0.6m以上的树苗。

(3)栽植宜选择在无大风的阴天或多云的天气。

(4)植物栽植要严格按常规栽植技术要领，做到根系舒展、填土肥沃、浇水及时充分、苗木稳固（捣实围根土或加支撑）。

(5)行列栽植时，要求树干或树冠中心保持在规则的直线或曲线上，树体要正直。树干弯曲的苗木，树弯部应在树行里。常绿树应将树形好的一面朝向公路的主要观赏面。

(6)移植较大树和珍贵果树、花木及常绿树等，应带原土栽植，土球直径一般为树木地径的10倍以上，尽量使土球完整无损，以保成活。

二、公路树木的管护

俗话说“三分栽，七分养”，绿化效果的好坏，不仅取决于规划设计和栽种，还要取决于后期的养护管理是否适时、得当。其主要工作内容包括浇水、松土、除草、施肥、修剪和防治病虫害等。

1. 浇水

一般而言,幼树栽植成活后的 2 ~3 年内,仍应坚持浇水。通常每年初浇一次返青水,初冬浇一次封冻水,其间根据雨量情况再浇 1 ~2 次水。每次浇水要求浇足浇透,以利幼树的生长和发育。

2. 松土和除草

在春、夏植物生长旺盛季节,应对树穴进行松土和除草。松土可以切断土壤的毛细微管作用,从而减少水分蒸发,增加土壤通气性。松土深度随植物种类、大小而定,通常以 5 ~6cm 为宜。但在风沙较大的地区,可不松土。在松土的同时,应清除树穴内的杂草,防止其争水夺肥。除掉杂草根系时,注意不要损伤绿化植物的根系。此外,如有条件可使用化学药剂除草。

3. 施肥

树木在生长发育过程中,需要从土壤中吸取大量的养分。如果土壤贫瘠,就会导致树木生长不良。因此,根据树木生长的不同阶段,适时、适量地加以施肥,有助于促进树木茁壮成长。

4. 修剪

树木长大郁闭后,为了促进其生长和成型,需对其进行修剪抚育。修剪应在秋季落叶后或春季萌芽前进行,常用的工具有斧子、手锯和高枝剪等。修剪时,主要应将乔木、灌木的枯枝、病枝、弯曲畸形枝、过密枝以及对侵入公路净空、遮挡交通标志、影响视距的枝条及时剪除。修枝的切口必须平滑,并与树干表面齐平,防止树干损伤、高枝凸起和树冠大小不一等。

5. 补植

各类树木如栽后枯死,要及时进行补植。补植的树苗,应与原来栽植的树种相同,苗木规模,应大于原植树规格,并合乎植树技术要求。对于已基本成材的行道树,除株行距大于 20m 补植后不影响生长者外,一般可不补植。

6. 防治病虫害

树木花草在生长过程中,会不断遭受各种病害和虫害。因此,在日常养护工作中,要注意调查了解树木病害发生的特点和虫害发生的规律。根据各类树木病虫害发生、发展和传播蔓延的规律,及时进行检查。一旦发生病虫害,即应采取相应的防治措施,确保树木正常生长。

三、路树的采伐

几年生长后,路树可能产生衰老、密度过大、生长旺盛、影响交通等现象,此时就应该进行适当的采伐和更新。

1. 路树采伐

(1)改建路段上胸径小于 10cm 的路树不准采伐,要进行移植。

(2)采伐一般为渐伐,防风、防沙、防雪的地区采用渐伐。

(3)风、沙、雪害严重的地区,采用透风伐、透光伐。

(4)枯立木、风倒风折木、机械损伤及病虫害严重的树木可进行卫生伐。

(5)从幼树到成熟之前,伐除生长不良、感染病虫害或过密的树木,进行抚育采伐。

(6)伐根尽量低矮,一般离地面不超过10cm,采伐后伐根要及时清除。

(7)采伐路树时,应维护好交通秩序,严格控制树倒方向,保证公路安全畅通。

2. 更新

(1)采伐后以及改建主体工程结束后的当年或次年内,必须完成更新任务。

(2)更新质量必须达到相应的绿化标准。

(3)路树更新后,核发路树采伐许可证的部门要对更新路段进行检查验收。

四、苗圃的建设

(一)苗圃地选择

苗圃是专门生产苗木的地方,建立起足够数量并具有较高生产技术水平的苗圃,并培育出优质壮苗是做好绿化工作的物质基础。选择苗圃地,一般要考虑以下几点:

(1)苗圃应选设在排水良好的平坦地或坡度不超过30°的缓坡地。

(2)苗圃地应设在靠近河流、湖泊、池塘和水库但又不易被水淹没的地方。在没有自然水源的地方需要打井以利于灌溉。

(3)苗圃应选设在绿化地区的中心或附近,这样不仅可以减免由于长途运输使苗木质量降低,同时还可使苗圃的环境条件与造林地条件更趋一致,有利于提高造林成活率。

(4)应尽量避免在虫害过多和多病原菌感染的地方设置苗圃。

(二)整地

整地是对苗圃地进行土地平整、耕翻、清理,是育苗前一项重要的准备工作。整地的基本要求是土地平整、全面耕翻均匀碎土、无大草根和石块。苗圃地的整地一般在秋冬季进行为好。

(三)繁殖方法

苗木繁殖可分为有性繁殖及无性繁殖两种。有性繁殖是指植物经过开花、受粉而生长种子,且利用种子来繁衍下一代的方法,育成的苗木叫实生苗;无性繁殖是指通过扦插、分株、压条、嫁接及组织培养等来繁育苗木的方法,无性繁殖能保持品种的特性。

(四)苗期管理

加强对播种苗和无性繁殖苗木的养护管理,是培养壮苗的关键,必须加以重视。

1. 水肥管理

合理灌溉是保证苗木正常生长发育的前提。灌溉应掌握重点浇透,时干时湿的原则。灌溉也可结合施肥进行,以节约用水,或在施肥之后,以提高肥效来进行。

2. 松土除草

幼苗出土期的松土除草,一般在灌溉或雨后能操作时进行,松土深度应浅于覆土厚度。有覆盖物的播种区，或覆盖浅、发芽快的小粒种子，在幼苗出土前一般不松土除草。苗木生长初期根系较浅，松土深度为2~4cm；苗木速生期，可增至8~12cm。

3. 遮荫

为了降低地面温度和日光暴晒，减少苗木的蒸腾和土壤水分蒸发，宜对播种和扦插的幼苗进行适当的遮荫。

4. 间苗

幼苗出土后，要揭去遮盖物，并随时拔掉拥挤、瘦弱或有病虫害的幼苗，以确保幼苗充足的生长空间，获得良好的光照与通风条件，这是一项培育健壮苗必不可少的措施。间苗工作不宜太迟，在幼苗长出真叶后即可开始，间苗后应立即浇水，以防在间苗过程中被松动的小苗干死。

5. 防治病虫害

幼苗期的病害主要是立枯病、猝倒病和白绢病，一般在幼苗根茎木质化之前每隔10~15d用800倍地菌灵灌根，能较好地控制幼苗病害的发生。

第三节　高等级公路绿化方案实例

近年来，我国公路发展非常快，到2005年为止我国公路里程数已达193万千米，高速公路里程数已达4.1万千米。随着高速公路在我国的大量兴建，公路绿化的模式和建设规模也发生了深刻的变化。从最初的种行道树，到公路边坡绿化，直到高速公路的中央分隔带、路堑边坡生态防护、互通立交区和服务区的全方位绿化。本章主要对四川成雅高速公路绿化和南京机场高速公路绿化做以下介绍，以供参考与借鉴。

一、四川成雅高速公路绿化实例

（一）公路简介

成雅高速公路起于四川省成都市二环路永丰立交桥，途经成都高新区、双流、雅安九县市。沿路多浅丘低山和沟壑，地势南高北低，西南高东北低。地质和土壤成分复杂，有风化泥、砂岩、含砾黏土、膨胀土、过湿土等。全线均处于亚热带湿润气候区，气候温暖，年平均气温15~16.2℃。极端最高温度37℃，极端最低温度-5℃。降雨充沛，年降雨量952.5~1860.4mm，年平均相对湿度85%，年均风速1.2m/s。成雅高速公路设计时速为六车道120km/h，四车道100km/h，雅安过境段80km/h，全封闭、全立交。

（二）绿化设计与施工

成雅高速公路绿化范围含中央分隔带绿化、边坡及平台绿化、立交区绿化、服务区和管理处绿化。设计的总体思想为：适时、适地地利用自然地貌，结合人工辅助造景，营建绿色走廊，实现公路建设、使用和养护的可持续发展。全线共选择种植了乔灌木23种、草本15种以上。从经济、实用和快速绿化的角度出发，分别选择了毛叶丁香、香樟和柳杉作为中央分隔带和行道树。

种植结果表明:中央分隔带种植毛叶丁香,球型修剪,株距200cm,冠径90cm,株高110cm完全具备防眩功能。边坡种植大叶香樟和柳杉,株距300cm,胸径20cm,树高250cm,既能满足快速绿化的效果,又能节约工程造价,还能增加行道树的种类。全线的绿化施工中,植草的工程量最大,它直接关系到公路沿线的景观质量。为保证绿化质量,全线均采用液压喷播技术植草。

成雅路沿线土壤、气候、降雨差距很大,增加了草种类型、草坪建植和养护管理的难度。从功能角度上划分边坡植草可分为景观和水土保持并重的上边坡和以水土保持功能为主的下边坡两类。上边坡多为开挖形成,坡面表土为心土层土壤,十分贫瘠。草种应以耐瘠薄、抗干旱、根系发达、生长速度快、抗病虫害且四季常绿的为主。种植结果表明:上边坡(特殊地段除外)草种配方以高羊茅60%、二指雀稗20%、狗牙根10%、草地早熟禾10%最佳。下边坡为填方形成的路基边坡,表层土壤多为外来客土,主要应考虑稳固边坡、防止水土流失,因此草种选择以高羊茅40%、二指雀稗40%、狗牙根20%为宜。公路两侧的平台一般土壤条件较好,又能保水,且在行车的视线范围以内,因此平台植草主要是满足景观的需要,要求草坪的质量较好,草种选择以高羊茅80%、草地早熟禾20%为佳。互通式立交绿化在整个高速公路中的位置十分重要,互通立交桥是公路本身与其连接城市的交通枢纽,面积巨大的交通区通过恰当的绿化设计,又可以成为高速公路的壮丽景观。为保证立交区内草坪草的正常生长,我们根据各区的立地条件,分别回填了10~20cm深的种植土。立交区内草种选择以草地早熟禾80%、多年生黑麦草20%,或者高羊茅80%、草地早熟禾20%为佳。各立交区采用自然式设计为主,遵守立交区设计规范,有效地利用了由于修路遗留的弃土进行造型。不但增加了各立交区的景观差异性,而且极大程度地降低了土方搬运的工程造价。易塌方边坡采用削坡减载和打抗滑桩的办法。

成雅路岩石边坡可分为两类:风化岩石边坡和不风化岩石边坡。在风化岩石边坡采取挂网植草的先进技术。先用国产四层尼龙网,中间人工回填4.5cm厚、按一定比例添加黏合剂和养分的黄黏土。不风化岩石边坡也作了一定面积的挂网试验,结果草坪生长基本正常。要真正解决好这类坡面的绿化,应该用攀缘植物通过"上悬下爬"来达到绿化效果。攀缘植物以选择本地、野生、常绿种为宜,如蔷薇科和豆科的一些植物。

生物隔离应用。根据沿线的土壤气候条件,我们合理选用了具有钩刺和药用价值的枳壳种植在浸塑外隔离网的内侧,旨在形成一道天然的生物隔离屏障。较长时间以后不但起到有效隔离人和动物的进入,而且具有声音屏障的功能。据研究,该类植物的果实具有较高的药用价值,可为高速公路非路产业经营开发提供一些尝试。

(三)结果分析

实践表明,成雅高速公路沿线的景观生态的恢复与重建取得了良好的社会效益、生态效益和经济效益。线内生态得到合理的改善和治理,生态系统趋于一个新的稳定。并且全线通过合理的取消上边坡二级、二级以上的护面墙和下边坡网格,而采用植草生物防护和稳固边坡,直接节约资金591万元。增加生物多样化,快速恢复边坡植被覆盖率。通过3年施工建设,人工引种了30余种乔灌草本植物。形成了以引进品种为主的群落优势植物,全线达到了很高的植被覆盖率。

二、南京机场高速公路绿化实例

(一)公路简介

南京机场高速公路位于南京市以南、秦淮河以西,凤凰山、将军山以东,属宁镇低山丘陵区。该区东接长江三角洲平原，西连安徽丘陵岗地，呈东南低西北高之势。沿线附近有翠屏山、牛首山、方山等，地形起伏较明显。本线路沿秦淮河谷平原，地势低平，地面水系较多，地表水蚀严重，形成沟岗相间的波状地形景观，地面高程在6～12m之间。沿线水文地质条件较好，地下水位随地形高低而变，一般为1.0～3.0m，部分路段地势低洼，土层含水量较高。土质多为冲积亚黏土，土层厚1～4m，pH值5.5～6.5，土壤肥力一般。本路段属北温带区域内的北亚热带季风气候，全年四季分明，雨量充沛。年平均气温15℃，年平均最高气温32.3℃，全年以7～8月最热，极端最高气温43℃，年平均最低气温－1.5℃，极端最低气温－14℃，最大冻土深度9～10cm，无霜期230d。年平均降水量1124mm，降水日124d，雨季多在6～8月，雨量占全年50%以上，常年主导风为东北风。

（二）绿化设计

南京机场高速公路是江苏对外开放、迎接国内外和省内外宾客的重要窗口。在绿化设计中力求反映江苏特色、时代风貌、省会南京市现代化气息，并结合高速公路车速快、车流量大、车型以客车和轿车为主、运量以客运为主的特点，绿化应突出景观、生态效益，满足高速公路绿化功能的需要。使旅客有“人在车中坐，车在画中行”的良好感觉。

1.中央分隔带绿化

由于中央分隔带土层薄、立地条件差，防眩树种应选择抗逆性强、枝叶浓密、常绿的蜀桧，按防眩效果和景观要求，蜀桧控制高度为1.6m为宜，单行株距2.0～3.0m，蓬径50cm。中央分隔带的地表绿化，从美化路容和改善小气候出发，则应以铺草坪和植地被物为主，使地表得以有效覆盖，防止土层污染路面，达到保湿效果。选用常绿草坪矮生高羊茅（品种有碧西、圣南多等）满铺；地被物选择月季、丝兰、茶花、栀子花、矮生大花美人蕉等花灌木。

从中央分隔带绿化整体效果来看，该配置方式满足行车安全要求，起到了防眩、诱导作用，且不影响高速公路的气势；通过地被物、草坪的合理立体布置，花灌木的不同花期、花色以及叶色变化，以常绿草坪为背景，减少蜀桧的单调感，增强美化效果。

2.主线两侧预留带的绿化

预留带绿化是建设绿色通道工程的主体，是景观环境再造、协调公路与周围环境关系的基本措施，其绿化配置的好坏关系到高速公路的建筑美和景观美能否充分展现。这部分的绿化要有一定的规模，才能形成一道壮观的绿色风景线。

（1）预留带以栽植水杉和雪松为主，配栽紫叶李、紫薇、碧桃以及地被植物，色彩较丰富，视觉效果较好，而雪松又是南京的市树，驰名中外，使行驶在机场高速公路上的中外旅客首先看到的是苍劲挺拔、浓郁翠绿的雪松，从直觉上感到南京到了。在排水边沟的外侧设置1m宽的花带，以不同花期的木本花灌木和草本花卉进行分段重复布置。

（2）为做到公路用地黄土不露天，两侧绿化带中遍撒白花三叶草，一方面白花三叶草成坪覆盖快、四季常绿、花期长，易形成大块面的绿带；另一方面可防止水土流失，有保湿作用，改善了绿化带的小气候，抑制杂草的生长，有利于上层林木和地被植物的生长发育，也可减少绿化养护工作量。

（3）根据沿线水文、土质条件以及适地适树的原则，地势低洼易积水路段，以栽植耐水湿的垂柳、中山杉、蜀桧等，保持了沿线绿化带的连续性。

3. 边坡及垂直绿化

从边坡的防护功能、美化效果和绿化管护难易程度考虑,以铺植或栽植多年生宿根草坪(矮生天堂草或地被植物)为主。通过在机场路边坡多草种边坡铺植试验结果表明,矮生天堂草节节生根,根系发达,具有固坡能力强、抗逆性好、免修剪等特点;且易铺植,成坪较快,覆盖度高,平整均匀,病虫害少。

垂直绿化部位有浆砌片石路堑、挡墙和跨线桥等,通过沿桥墩、桥头锥坡、挡墙下栽植攀援植物,如大、小叶爬山虎、凌宵等,在挡墙上部、路堑顶部栽植垂枝型藤本地被植物,如迎春、金钟、常春藤、藤木月季,并配置多花灌木紫薇、碧桃、夹竹桃、茶花等。形成多层次空间立体绿化,快速遮蔽构造物,以减少构造物的压迫感和粗糙感,给人以生机勃勃之感,并能增强桥梁的艺术美和路堑防护工程的置景效果。

4. 互通立交区的绿化

互通立交区是高速公路的出入口,其绿化必须满足行车功能的需要和视觉要求。南京机场高速公路共设有4座互通式立交,绿化以植草为主,辅以少量植物造景来点缀,创造一种自然、开阔的意境。花神庙互通是机场路的起点,全铺矮生天堂草,以大乔木法桐、广玉兰、白玉兰自然组团布局,并能较快的形成绿化美化气氛,以棕榈沿匝道边沟、垂柳或丝兰沿池塘栽植,起诱导置景作用。四号路互通全植常绿草坪矮生高羊茅,在沿匝道外侧布置植物景点,给人以简洁之感。路口互通、机场互通全铺半常绿草坪马尼拉结缕草,水塘四周自然栽少量垂柳,塘内植荷花。由于四处互通绿化采用简洁明快的布置手法,使互通空间更具有开阔的意境,大块面的绿色与庞大的立交在气魄上相协调,更能表现互通的线形美,突出行车标志,提供更佳的行车视距,使人一进入机场高速公路就能感受其宏大的气势。同时,大块面绿化草坪能缓和阳光的辐射,减轻和消除驾乘人员视觉的疲劳。

5. 服务区、收费站的绿化

南京机场高速公路服务区占地70亩,收费站占地20亩。服务区集加油、修理、餐饮、住宿、娱乐、购物以及广告业为一体,并兼有机场路管理的综合区。其绿化设计主要是通过空间划分和植物配置,以建筑物为主体,在传统的园林艺术基础上,结合现代园林表现手法,并以亭或石的小品、灯光及植物造景点缀而成,达到观赏休闲、提高环境质量的目的。服务区四周以常绿树种香樟、桂花,落叶树种银杏为主,收费站四周以广玉兰、桂花、紫薇为主,从整体上营造一种外围绿色大环境,形成浓郁的绿化气氛。在服务区、收费站内全植高档常绿高羊茅草坪,其上少量自然点缀树型优美、观赏价值高的乔灌花,并通过园林小品和灯光的有机结合,表现出简洁明快的现代气息,且具有缓和分隔作用,更能衬托出建设物的建筑美和艺术效果。

(三)结果分析

南京机场高速公路绿化是结合公路线形特征、公路特点和功能要求,绿化美化服从于公路功能景观需要,在保持和发展南京园林绿化特色的基础上,通过植物多品种的选择、合理布局、科学配置,从公路沿线的地形地貌特征出发,从植物品种生物学、生态学特性入手,点、线、面结合,使公路主体与周围环境充分协调,从而构成优美的自然画面。

本章小结

公路绿化是国土绿化的重要组成部分，是公路建设中不可缺少的一个重要内容。高等级公路绿化的内容包括中央分隔带、边坡防护、行道树种植、绿篱护网、立体交叉区内绿化和服务区绿化等。公路绿化检验也主要从这几个方面来要求。从公路绿化的功能目的划分，公路绿化类型可分为封闭型、开放型、自然型和景观型等四种类型。在公路绿化工作中树木的栽植与管护也是非常重要的一个方面。经过若干年的生长，树木可能会由于衰老、生长旺盛等影响交通，此时就应进行适当的采伐和更新。为了能够给绿化工作提供足够优质壮苗，苗圃的建设也是必不可少的。

复习思考题

1. 公路绿化的检验内容有哪些？
2. 公路绿化的类型有哪些？
3. 公路绿化工作的主要内容有哪些？具体要求是什么？
4. 公路树木的栽植要求是什么？
5. 公路树木的管护措施有哪些？
6. 路树的采伐要求有哪些？
7. 苗圃的建设有哪些内容？

应及时地将公路上发生故障而不能行驶的车辆、发生肇事而损坏的车辆以及违章停放的车辆拖运移离现场，排除路障，疏通交通，以确保车辆的正常运行，避免重复肇事。拖带、清障是一项必须使用专门机械完成的工作。一是将故障车辆牵引拖走，二是清除因事故或其他原因滞留在公路上的损毁车辆或物资。常用的机械是拖车和排障车。目前国内普遍使用的综合型排障车具有托举、起吊、牵引等多种功能，适用于不同状态的排障作业，可一机多用，利用率高。

3. 排障与清理作业

(1)利用现有手段抢救伤员,保护现场;实施现场交通控制,加设明显标志,防止新事故发生。

(2)通知当地交通管理部门及高等级公路管理部门;有重大伤亡时报告上级管理部门及领导。

(3)按有关规定设置排障作业区,必要时封闭区段交通,并尽快将闲杂人员疏散至安全地带;实施排障作业,清除妨碍交通的路障。

(4)在车辆失火等紧急情况下,除用消防设备灭火外,上述程序应同时快速进行。

(5)对交通事故车辆,有条件时应先牵引至紧急停车带,为其指挥简易维修服务;对经简单、维修后仍然不能行驶的故障车,应尽快牵引离开高等级公路。清障完毕后,要清扫作业区,将残留物品清出现场,及时撤除有关标志,恢复正常交通。

二、自然因素所造成的故障的排障与清理

1. 自然因素所造成的故障及处理

由于公路是暴露在大自然中的人工构造物,自然环境的变化对公路的正常运营起着至关重要的影响,故自然因素所引起造成的故障也是在所难免。高等级公路在运营过程中,会遇到各种不良灾害天气的侵害,如飓风、暴雨、山洪、冰雪、地震和岩体滑塌等。这些情况尽管发生的机会较少,但危害很大,往往会使高等级公路运营工作陷入瘫痪。因此,对于上述由于自然因素所造成的各种故障,应尽快采取有效措施排障、清理,改善通行条件,减少高等级公路不必要的关闭,提高高等级公路的社会效益和经济效益。

2. 排障与清理作业

(1)利用现有手段抢救伤员,保护现场;实施现场交通控制,加设明显标志,防止新事故发生。

(2)通知当地交通管理部门及高等级公路管理部门;有重大伤亡时报告上级管理部门及领导。

(3)按有关规定设置排障作业区,根据需要摆放有关标志、设施,必要时封闭区段交通,并尽快将闲杂人员疏散至安全地带。

(4)将由于各种原因造成的故障车辆尽快牵引离开高等级公路;排除易爆、有毒物品时,要采取必要措施,确保人身安全。清障完毕后,要清扫作业区,将残留物品清出现场,及时撤除有关标志,恢复正常交通。

第三节 冬季养护

在冬季寒冷积雪地区公路上经常会有道路积雪和结冰情况，它使公路本身的使用品质下降，产生各种公路病害，不仅影响高等级公路的运营，而且对交通安全造成较大威胁，因此除雪时间的长短与效果的好坏直接影响到高等级公路营运的经济效益和社会效益。高等级公路冬季养护应根据随时监测到的气象变化情况按计划部署相应的养护作业，尽可能减轻积雪和冰冻对行车安全造成的危害，缩短交通中断的时间，尽快恢复高等级公路的正常交通。

冬季寒冷积雪地区公路冬季养护的重点是除雪、除冰、防滑作业，重点是桥面、坡道、弯道及其他严重危害行车安全的路段。养护作业应根据当地历年气象记录资料、气象预测资料、路面结构、沿线条件、危害交通范围等确定作业计划，制订适用于各种不同气温、降雪量和积雪深度条件下的作业规程，作好人员培训，机械设备、作业工具、防冻防滑材料准备等，从而保证养护作业的高效、安全。

一、除　　雪

我国北方大部分地区每年都有3~5个月的降雪期，几十万公里的道路存在着清除积雪问题。常年降雪地区的除雪和防冻一直是高等级公路养护的重点。

1.除雪方法

除雪就是通过一定的方法将道路上的冰雪去除，以清除冰雪危害的养护作业。

目前，世界各国普遍采用的除雪方法有两种：融解法和机械法。融解法是指依靠热能作用或撒布化学药剂使冰雪融化的方法（一般使用药剂撒布车及撒盐机、融雪车等），可供利用的热源有：电热、地热、天然气、蒸气等，可用于融雪的化学药剂有：氯化物（如 NaCl）及尿素等。机械法是指通过机械（除雪机）对道路上的冰雪直接作用使其去除，以消除冰雪危害的方法。融解法所需费用较高，易对道路和周围环境造成污染，在气温过低时将失去作用，故使用范围受到一定的限制，而机械法除雪速度快，应用范围广。

2.冬季除雪作业

（1）除雪作业应以清除新雪为主，雪化时应及时清除雪水和薄冰，除冰困难的路段应以采取防滑措施为主、除冰为辅，除冰作业应防止破坏路面。

（2）除雪应以机械为主，在机械除雪不能操作的地方可辅之以人工除雪。为防止雪被压实或便于集中管理，除雪作业通常采用成组的作业方式，每组除雪机械2~4台，顺行车方向前后成梯形行进，保证前后除雪机械间的安全车距（200m以上），以后车能看清路况为准，控制好作业车速（30~50km/h为宜），消除不安全因素，保证除雪作业的顺利进行。

（3）除雪作业时应加强交通安全管制。在除雪机前后适当范围内设立除雪作业标志，以保证行车安全。

（4）在降雪过程中，当路面积雪厚度超过1cm时即可开始除雪作业，从路左侧向右侧依次进行。当降雪量较大，不能在降雪过程中清除全部积雪时，应在雪停后清除路面全部积雪。

（5）使用除雪车清除中央分隔带附近积雪时，要做到缓行作业，防止将硬雪块或冰块等硬物抛向分隔带另一侧，伤害行驶车辆及驾乘人员。

(6)在立交桥、上跨桥上进行除雪作业时，要注意防止落下冰雪伤害下面行人；清理桥面积雪时如果下面有车辆和行人通过，要采取预防措施，不使冰柱或积雪落下。

二、防冻、防滑

由于道路积雪随时间会产生压实的雪层及结冰，因此为确保行车安全，必须采取必要的防冻、防滑措施。

(1)采用除冰雪机械及时清除道路上的雪层和结冰。路面上破碎的冰层应及时清除，避免重新压实结冰。

(2)在刚开始下雪时或在路面出现结冰前1～2h可撒布融雪剂等降低路面上的结冰点；路面上出现结冰时撒布砂、炉渣、矿渣、砂砾、石屑等防滑材料或氯化钙、氯化钠等盐类防冻剂，加大轮胎与路面间的摩擦系数，以防行车产生滑溜，并设置明显标志，以保行车安全。

(3)防止路面结冰时，通常撒布一次防冻材料即可；除雪作业时撒布次数可与除雪作业频率一致。

(4)在冻融前，应将积雪及时清出路肩以外，以免雪水渗入路肩；冰雪消融后，应及时清除路面上的残留物。

第四节　养护安全作业的交通控制

一、交通控制区

为引导车流平稳变化，为公路养护作业所设置的交通管理区域，称为交通控制区。分为警告、上游过渡、缓冲、工作、下游过渡和终止等六个区域。

交通控制区布置的基本要求是：

(1)养护作业交通控制区布置应考虑养护作业的内容与要求、时间和周期、交通量、经济效益等因素，控制区内交通标志的设置必须合理、前后协调。

(2)养护作业工作区应设置工程车辆专门的进口和出口，出入口应设在顺行车方向的下游过渡区内。

(3)同一方向不同断面的相同车道同时作业，下游工作区距上游工作区1000m以上，应在下游工作区前端设置施工标志。同一方向不同断面的不同车道不宜同时作业；当必须同时作业时，其控制区布设间距，高速公路应不小于1000m，一级公路应不小于500m。

(4)当单向三车道及以上公路的中间车道养护作业时，应与相邻一侧车道同时封闭。应利用作业区上游的可变信息板显示“前方××公路封闭车道施工，请谨慎驾驶”的信息。

二、交通控制方式

(1)在警告区内应设置施工标志、限制速度标志和可变标志牌或线形诱导标等；在上游过渡区至下游过渡区之间应放置锥形交通路标；在缓冲区与工作区交界处应布设路栏。控制区内其他安全设施可以视具体情况而定。

(2)当需要布置改变交通流方向的作业控制区时，可与分隔带开口位置相结合，利用非作业控制区一侧的车道。当警告区范围内有入口匝道时，应在匝道右侧路肩外设置施工标志。

(3)立交区进出口匝道养护作业区的布置，应根据工作区在匝道上的具体位置和匝道的长度而定，当匝道长度比规定的警告区最小长度短时，作业控制区最前端的交通标志可设置于匝道的起点处。

(4)在同一位置的作业时间在半天以内时，可适当减少交通标志，但应设置施工标志以及锥形交通路标，并应在上游过渡区内设置移动式标志车或配备交通指挥人员。

(5)当养护作业位置移动时，可按实际条件做适当简化。

三、交通标志设置

根据养护作业的情况，为养护作业而临时设置的交通标志，主要有警告标志、禁令标志、指示标志和施工区标志。交通标志的设置除应符合《道路交通标志和标线》(GB 5768)规定外，在养护作业时，还应根据具体情况设置于专门的位置，并尽可能利用公路可变信息板，配以图案或文字说明。在弯道、纵坡处进行养护作业时，应根据实际情况增设交通标志。

在养护作业控制区内必须设置两块施工标志，一块设置在作业控制区的最前端，另一块设置在警告区的中间断面。在警告区内的其他断面处要设置禁止超车标志、限速标志、窄路标志以及线形诱导标。

当工作区在道路右侧时，交通标志宜设在车道右侧或工作区上游车道上；当工作区在道路靠中央分隔带一侧时，交通标志宜设在中央分隔带护栏外侧或绿化带上。

其他交通标志具体设置位置如下：

(1)禁止通行标志设在禁止通行的道路入口附近；禁止驶入标志设在禁止驶入的路段入口或单行路的出口处。

(2)禁止超车标志设在禁止超车路段的起点；解除禁止超车标志设在禁止超车路段的终点。

(3)限制速度标志设在需要限制车辆速度的路段的起点；解除速度标志设在限制车辆速度的路段的终点。

(4)限制质量标志设在需要限制车辆质量的桥梁两端；限制轴重标志设在需要限制车辆轴重的桥梁两端。

(5)窄路标志设在车行道变窄或车道数减少的路段以前适当位置。

(6)双向交通标志设在由双向分离行驶、因某种原因出现临时性、永久不分离双向行驶的路段或由单向行驶进入双向行驶的路段以前适当位置。

(7)施工标志设在作业控制区的最前端。

(8)车辆慢行标志设在作业控制区内需要车辆车速减慢的路段；车道封闭标志设在封闭车道上游的适当位置。

(9)改道标志、线形诱导标或灯泡矩阵标志设在车流方向发生变化的路段上游适当位置。

(10)车道合流标志设在因一条车道被封闭而要求车辆合流到另一车道的路段上游适当位置。

本章小结

随着高等级公路的发展，公路养护作业也愈发成为一项极为重要的工作。根据公路养护的工作要求，日常养护作业的内容有：路面保洁，交通事故及自然因素所造成故障的排除与清理，冬季的除雪、防冻、防滑养护及为保证养护安全作业进行的交通控制。其目的是为最大限度地减少或避免公路损坏。一旦损害，应及时修复，始终保持公路的安全畅通，避免和减少事故的发生,尽可能缩短限制行车的时间。为此,为使高等级公路取得最佳的经济效益和社会效益,保证交通畅通,路容美观,路线环境良好,高等级公路的日常养护必须及时、认真地进行。

复习思考题

1. 高等级公路日常养护内容有哪些?
2. 如何做好交通事故及自然因素所造成故障的排除与清理工作?
3. 如何保证冬季养护安全作业?

《高等级公路维护技术》课程教学大纲

学时:72 学时,其中讲授 60 学时,实训 6 学时,机动 6 学时。

先修课:工程制图、工程测量、工程地质与土质、道路建筑材料、路基路面工程、桥梁工程、公路工程检测等。

适用专业:高等级公路维护与管理专业。

一、总　论

(一)课程性质

本课程是高等级公路维护与管理专业的一门专业必修课,它是公路维护的基本工作,也是公路维护的重要环节,是公路交通从业者必备的专业技术。

(二)开课的目的与任务

公路是国家的基础设施,尤其是高等级公路,是国家路网中的主干线,我们应根据国民经济和社会发展对交通运输的要求,建立适应我国国情的现代化运输体系,既要加快公路建设,提高整个路网技术等级,又要切实加强对已建成公路的维护,尤其是高等级公路,改善路网结构,保障公路畅通。

本课程以高等级公路维护为研讨对象,阐述高等级公路在使用过程中,通过对公路的调查,确定对高等级公路的路基、路面、桥涵等构造物采取小修保养、大中修工程、改善工程,保证高等级公路的使用质量和使用年限;以公路工程维护为背景,有效处理各种公路病害为控制核心,阐述公路工程维护的基本概念,维护技术措施等基本问题。

(三)课程教学重点、难点、手段等说明

本课程主要是讨论高等级公路工程在使用过程中受到各种自然因素和行车荷载作用下产生的各种病害,通过对各种病害产生的原因、后果的分析,学习各种技术处理措施。

本课程的教学难点是对各种病害的原因分析和处理措施的掌握,可以根据实地授课和多媒体教学,结合工程实习和实际案例分析掌握课程内容。

二、教学内容及学时分配、教学目标

总学时 72 学时,其中理论教学 60 学时,实训教学 6 学时,机动 6 学时。

(一)绪论(4 学时)

1. 高等级公路概况(1 学时)

介绍高等级公路的分类及组成,并介绍高速公路的发展概况。

2. 高等级公路维护工作的任务及其工程分类(2 学时)

描述高等级公路维护的基本要求；阐述高等级公路维护的工程分类和具体工作要求。

3. 我国公路维护工作的技术方针、政策、措施及发展方向(1 学时)

总结我国高等级公路维护的过去，展望高等级公路维护的未来。

(二)高等级公路路基的维护(9 学时)

1. 路基维护的内容与基本要求

2. 路基的日常养护工作(4 学时)

描述路基维护的内容和基本要求；阐述路肩、边坡、排水、防护、挡土墙等构造物病害产生的原因，并对处治措施进行分析。

3. 特殊地区路基的维护工作(2 学时)

分析特殊地区病害产生的原因，并对其进行维护。

4. 典型路基病害的防治技术要点(2 学时)

描述几种典型路基病害产生的原因，阐述处治措施和日常养护的方法。

5. 实习(1 学时)

(三)高等级公路沥青路面的维护(10 学时)

1. 概述(2 学时)

描述沥青路面维护的工作要求及内容；阐述沥青路面状况调查内容；并通过对沥青路面现有使用质量的评价，确定沥青路面维护对策。

2. 沥青路面的维护(4 学时)

阐述沥青路面的小修保养及沥青路面常见病害的修理，以及沥青路面的罩面技术。

3. 沥青路面的改善

4. 沥青路面的翻修与再生利用(2 学时)

阐述沥青路面的补强、加宽在施工和设计中应注意的问题；以及沥青路面的翻修与再生利用。

5. 实习(2 学时)

(四)高等级公路水泥混凝土路面的维护(10 学时)

1. 概述(2 学时)

描述水泥混凝土路面维护的工作要求及内容；阐述水泥混凝土路面病害类型、分级及水泥混凝土路面状况调查内容；并通过对水泥混凝土路面现有使用质量的评价，确定水泥混凝土路面维护对策。

2. 水泥混凝土路面日常养护(2 学时)

阐述水泥混凝土路面日常养护措施。

3. 水泥混凝土路面常见破损处理(2 学时)

分析水泥混凝土路面产生的各种破损原因并阐述修补措施。

4. 水泥混凝土路面的改善

5. 水泥混凝土路面的修复(2 学时)

阐述水泥混凝土路面的罩面、加铺层、加宽与修复及再生利用技术。

6. 实习(2 学时)

(五)高等级公路桥梁、涵洞的维护(12 学时)

1. 桥梁的检查与检验(2 学时)

通过对桥梁检查与检验,对桥梁现有状况进行评定。

2. 桥梁上部结构的维护与加固(4学时)

分析桥梁上部结构在养护维修中应注意的问题和加固的方法。

3. 桥梁墩台和基础的维护与加固(2学时)

分析墩台基础受到各种因素的作用产生病害的类型和处治措施。

4. 桥梁抗震与超重车辆过桥的加固措施

5. 涵洞的维护与加固

6. 调治构造物的维护与加固(2学时)

分析地震区桥梁养护的重点,并对其上、下部结构进行加固;分析超重车辆过桥的加固措施;分析各种不同类型的涵洞在养护中应注意的问题;描述增建和维修调治构造物应考虑的问题和注意事项。

7. 高等级公路桥梁、涵洞维护方案的实例(2学时)

通过对实例的分析,进一步说明桥涵维护技术的应用;可采用多媒体教学。

(六)高等级公路隧道的维护(6学时)

1. 隧道的检查与保养(2学时)

阐述隧道检查内容、养护内容;并通过对隧道的检查,分析隧道常见病害原因,并对隧道进行保养。

2. 隧道的维护与加固(2学时)

通过对隧道的检查,分析隧道病害原因,并对各种不同隧道进行维修与加固。

3. 隧道的防护与排水

4. 隧道的附属设施(2学时)

分析隧道的防护、排水、附属设施的维护技术。

(七)高等级公路的防洪、防冰、防雪、防沙与防雾(4学时)

1. 防洪

2. 防冰(2学时)

描述汛前、汛期及水毁后的处理措施及治理对策;并对公路、桥涵抗洪能力进行评定;分析冰害的防治措施。

3. 防雪

4. 防沙

5. 防雾(2学时)

分析风雪流、雪崩的防治措施;描述防沙、防雾的技术措施。

(八)高等级公路沿线设施的维护(4学时)

1. 交通安全设施的维护

2. 公路交通标志、标线的维护(2学时)

描述交通安全设施的类型、检查内容,阐述交通安全设施的维护技术;描述公路交通标志及标线的类型、检查内容,阐述其维护技术。

3. 公路管理设施与服务设施的维护(2学时)

阐述监控、通信设施,收费设施,服务设施的检查内容与维护技术。

(九)高等级公路绿化(4 学时)

1. 公路绿化及其规划
2. 公路树木的栽植与管护(2 学时)

描述公路绿化的检验内容,绿化工作的类型、内容及具体要求;阐述公路路树的栽植要求、管护措施,描述路树的采伐要求、苗圃的建设方案。

3. 高等级公路绿化方案的实例(2 学时)

介绍高等级公路具体绿化方案;可采用多媒体教学。

(十)高等级公路日常养护(3 学时)

1. 路面保洁
2. 排障与清理
3. 冬季养护
4. 养护安全作业的交通控制(2 学时)

介绍高等级公路日常养护的内容及工作要点;可采用多媒体教学。

5. 实习(1 学时)

三、教 学 说 明

1. 本课程实践性相当强,与路基路面施工、桥涵施工、工程检测等有很多相关之处,学习本课程时要注重联系工程实际的特点。

2. 在教学过程中,应重视和利用多媒体教学手段,以增加学生的感性认识。

3. 本课程的实训教学项目主要是参观实习,教学过程中应有一定的学时保证,以作为对课堂理论教学不足的补充。

4. 本大纲留出一定的学时作为机动学时,以便各院校和相关教师根据工程生产技术的发展和不同地区的实际情况,及时调整和更新教学内容,并为学生自主学习创造条件。

教学时数分配参考表

序号	单元课题	教学时数		
		讲授	实训	机动
1	绪论	4		
2	高等级公路路基的维护	8	1	
3	高等级公路沥青路面的维护	8	2	
4	高等级公路水泥混凝土路面的维护	8	2	
5	高等级公路桥梁、涵洞的维护	12		
6	高等级公路隧道的维护	6		
7	高等级公路的防洪、防冰、防雪、防沙与防雾	4		
8	高等级公路沿线设施的维护	4		
9	高等级公路绿化	4		
10	高等级公路日常养护	2	1	
合计:	72 学时	60	6	6

注:机动 6 学时可根据各校各专业具体情况自行分配。

参 考 文 献

[1] 郭贵平.高等级公路养护技术与养护机械.北京:人民交通出版社,2001
[2] 高速公路养护管理编委会编.高速公路养护管理.北京:人民交通出版社出版,2001
[3] 李世华,张建辉.道路桥梁养护手册.北京:中国建筑工业出版社,2002
[4] 高速公路养护管理手册编委会.高速公路养护管理手册.北京:人民交通出版社,2002
[5] 徐培华.高等级公路路基路面养护技术.北京:人民交通出版社,2003
[6] 游金梅.高等级公路养护与管理.北京:机械工业出版社,2004
[7] 贾长海,展朝勇,郑忠敏.公路养护机械与养护机械化.北京:人民交通出版社,2004
[8] 许洪国.道路交通事故分析与处理.北京:人民交通出版社,2004
[9] 王进思.公路路政管理学.北京:机械工业出版社,2004
[10] 彭世古.沙漠地区公路设计、施工与环保养护.北京:人民交通出版社,2004
[11] 陈淑贤.公路养护与管理.北京:人民交通出版社,2005
[12] 白史且,胥晓刚.高速公路绿化工程技术.北京:中国农业出版社,2005
[13] 赵德龙,刘万共,赵凤良.道路绿化.北京:人民交通出版社,2005
[14] 熊焕荣,刘书套.公路路基/路面/环保工程质量检验评定实用手册.北京:人民交通出版社,2005
[15] 彭富强.公路养护与管理.北京:人民交通出版社,2006
[16] 中华人民共和国交通部.JTJ 073—1996 公路养护技术规范.北京:人民交通出版社,1996
[17] 中华人民共和国交通部.JTJ 073.1—2001 公路水泥混凝土路面养护技术规范.北京:人民交通出版社,2001
[18] 中华人民共和国交通部.JTJ 073.2—2001 公路沥青路面养护技术规范.北京:人民交通出版社,2001
[19] 中华人民共和国交通部.JTG B01—2003 公路工程技术标准.北京:人民交通出版社,2004
[20] 中华人民共和国交通部.JTG D30—2004 公路路基设计规范.北京:人民交通出版社,2004
[21] 中华人民共和国交通部.JTG H11—2004 公路隧道养护技术规范.北京:人民交通出版社,2003
[22] 中华人民共和国交通部.JTG H11—2004 公路桥涵养护技术规范.北京:人民交通出版社,2004
[23] 中华人民共和国交通部.JTG H30—2004 公路养护安全作业规程.北京:人民交通出版社,2004